프로메테우스의
경 제 학

프로메테우스의 경제학
새로운 세대를 위한 맑스경제학 강의

초판 1쇄 발행 • 2009년 2월 27일
초판 2쇄 발행 • 2014년 3월 12일

지은이 • 류동민
펴낸이 • 강일우
책임편집 • 김도민
펴낸곳 • (주)창비
등록 • 1986년 8월 5일 제85호
주소 • 413-120 경기도 파주시 회동길 184
전화 • 031-955-3333
팩시밀리 • 영업 031-955-3399 편집 031-955-3400
홈페이지 • www.changbi.com
전자우편 • human@changbi.com

ⓒ 류동민 2009
ISBN 978-89-364-8553-5 03320

류동민
지음

프로메테우스의
경제학

새로운 세대를 위한 맑스경제학 강의

창비

| 책머리에 |

맑스경제학 공부를 업으로 삼은 뒤로 나는 때로 부당한 대우를 받기
도 했지만 때로는 과도한 기대를 받기도 했다. 예컨대 맑스경제학자이므
로 매우 사변적이고 치밀하지 못한 '큰 주장'만 할 것이라는 통념이 부당
한 대우라면, 반대로 맞건 틀리건 맑스라는 키워드 하나로 세상을 남김
없이 설명하고 나아가 바꾸기 위한 정리된 견해를 가지고 있을 것이라는
(또는 있어야 한다는) 통념은 과도한 기대였던 셈이다. 대립되는 이 두
가지 반응은 어떤 의미에서는 서로 맞물려 있는데, 결국은 맑스라는 이
름에 대해 정서적으로 어떤 태도를 갖는가에 따라 갈리는 것일 뿐 밑바
닥에는 공통의 그 무엇을 깔고 있는 생각이기 때문이다. 사실 내가 전문
적인 연구자로서 해온 작업은, 맑스경제학도 자본주의경제의 움직임을
엄밀한 수학적 논리에 기초하여 설명할 수 있음을 보이려는 것이었다.
그러다보니 예의 '부당한 대우'에 맞서는 것이 주된 일이었지만, 솔직히
말하자면 다른 한편으로는 '과도한 기대'에 부응하지 못하는 내 작업에

자주 회의를 느끼기도 했다.

실제로 경제학이 당연히 세상을 바꾸어야 한다고 믿던 시절, 나는 '이론적 실천'이라는 말은 어디까지나 '이론'을 '실천'으로 미화하기 위한 궁색한 변명에 지나지 않는다고 생각했었다. 그러나 물질적 힘을 등에 업고 밀어붙이는 '이론' 또는 '이름 붙여 부르기'가 마침내 우리의 삶과 민주주의까지 위협하는 두려운 실체가 될 수 있다는 것은, 최근 한국에서 근현대 역사교과서를 둘러싸고 일어나는 해프닝에서도 쉽게 확인할 수 있다. 즉, 생활인으로서의 우리가 전혀 알아차리지 못하는 사이에도 우리네 삶의 조건을 둘러싼 '해석의 투쟁'은 지속되고 있으며, 궁극적으로는 그 누구도 이러한 투쟁에서 자유로울 수 없다.

언젠가 1929년의 세계 대공황에 관한 다큐멘터리에서 유명한 경제학자의 인터뷰를 본 적이 있다. 대공황 당시 미국 명문대 학생이던 그는, 그의 담당 경제학교수가 고무줄을 잡아당겼다 놓으면서 이처럼 불황도 시간이 지나면 자연스럽게 회복될 것이라는 어이없는 강의를 했었다고 회고했다. 내가 대학원생이던 시절, 경기변동을 강의하던 교수는 맑스주의자들은 '불황(不況)'을 '공황(恐慌)'이라는 무서운 말로 바꿔 부름으로써 대중의 막연한 공포를 불러일으키려 한다고 비판했다. 이처럼 1929년의 대공황, 1990년대 후반의 IMF위기뿐 아니라 최근의 미국발 금융위기에서 비롯된 경제위기에 이르기까지 현실의 변화를 어떻게 해석할 것인가의 투쟁은 그치지 않고 있다.

우리가 맑스경제학을 공부하는 것은 세상을 해석하는 또 하나의 방법을 배우는 것이며, 주류적인 해석방식에 문제를 제기하고 비판할 수 있는 능력을 기르기 위한 것이다. 다시 말해 팽팽하게 당긴 고무줄이 원래 길이로 되돌아가는 모습을 균형의 회복으로 해석하는 것이 아니라, 그

과정에서 엄청난 변화를 겪는 물질적 삶의 조건을 견뎌내야 하는 수많은 사람들을 잊지 않기 위함이다.

　창비 편집부를 통해 무언가를 써보라는 권유를 받은 것은 벌써 몇년 전의 일이다. 오랜 친구이기도 한 창비 신채용 부장도 이 책의 구상단계에서부터 많은 격려와 조언을 해주었다. 그러나 게으름 탓에 이리저리 미루던 작업은 2007년 여름부터 1년여 미국에 머물면서 비로소 실행에 옮길 수 있었다. 신문칼럼과 학술논문의 중간적인 형태, 즉 문체는 칼럼처럼 자유롭되 논리는 논문처럼 좀더 엄밀한 그 무엇을 쓰면 되지 않을까라는 막연한 생각으로 시작했으나, 이를 위해서는 엄청난 내공이 필요하다는 것을 깨닫고 제풀에 지쳐 글쓰기를 중단하기도 했었다. 다만 연구년을 헛되이 보내지 말아야 한다는 심리적 압박감으로 겨우 작업을 마칠 수 있었고, 창비 인문사회출판부의 수고를 거쳐 이나마 책의 꼴을 갖추게 되었다. 친구 김성계는 내 책의 표지디자인을 해주겠다던 약속을 기꺼이 지켜주었다. 많은 분들의 도움으로 출간된 책에 혹여 문제가 있다면 이는 당연히 내 능력 부족 때문일 것이다.

2009년 2월
류동민

차 례

경제학은 세상을 바꿀 수 있는가

해마다 대학에 입학하는 많은 학생들이 경제학을 전공으로 선택한다. 중앙일보가 2007년도에 실시한 대학평가사업에서 경제학이 학문분야 평가대상 중 하나였는데, 그에 따르면 전임교수가 7명 이상인 4년제대학 경제학과만 해도 전국 36개교에 이르렀다. 줄잡아 계산해보아도 한해 이삼천명 정도의 경제학 전공자가 생기는 셈이다. 한국의 입시구조상 그저 점수에 맞춰 합격할 만한 학과를 고르다보니 경제학인 경우도 있고, 대충 취직은 잘될 것 같은 느낌에 경제학과에 들어오는 경우도 있을 것이다. 점점 줄고 있기는 하지만, 아직도 경제학이 돈벌이에 도움이 될 거라는 생각에 전공하는 경우도 있는 듯하다. 그래도 대다수 학생들은 최소한 '다른 모든 조건이 같다면'(*ceteris paribus*),* 경제가 어떤 원리에 따라 움직이는지를 알 수 있으리라는 기대로 경제학 공부를 선택했을 것이다. 우리가 사는 세상을 좀더 정확히 해석할 수 있으리라는 기대감은 경제학뿐 아니라 여타 사회과학을 공부하려 할 때 누구나 자연스럽게 품게 되는 것이라 할 수 있다. 의학이 어떤 질병의 발생원리를 알아내려 노력하는 목적이 결국에는 그 병을 고치기 위한 것과 마찬가지로, 세상을 해석한다는 것은 궁극적으로 그 세상을 우리가 원하는 방향으로 바꾼다는 것을 전제로 하는 작업이다. 그렇다면 과연 경제학은 세상을 바꿀 수 있는 것일까? 이것이야말로 이 책 전체에 깔려 있는 물음이다.

요즘 대학생들도 가끔씩 만들어 입는 것 같기는 하지만, 내가 대학생이던 시절에는 유독 '학과 티셔츠'라는 것이 유행이었다. 우리는 그것을 '과티'라 불렀다. 거의 매 학기마다 새로운 과티가 하나씩 만들어질 지경이었는데, 대개 소속 학과의 정체성을 나타내는 구호 같은 것을 새겨 넣는 것 또한 하나의 유행이었다. 내가 다니던 경제학과에서 어느 가을학기에 새로 만든 과티는 대담하게도 폴로티셔츠의 디자인을 그대로 베낀 것이었다. 물론 불법복사한 영어원서가 대학 구내서점에서 늠름하게 팔리던, 지적재산권 개념이 거의 없던 시절이었다. 당시 폴로티셔츠는 돈 좀 있고 멋깨나 부리던 학생들의 전유물이었으므로, 과티는 예상대로 큰 인기를 누렸고 행동이 굼뜬 내가 학과사무실로 달려갔을 때는 이미 매진된 상태였다. 그 티셔츠의 가슴 한편에는 영어로 "Economics change

---

* 학생들이 경제학 교과서를 펼치는 순간부터 지겹도록 듣게 될 경제학 특유의 표현이기도 하다. 이 표현은 영국 케임브리지(Cambridge)대학의 경제학자 알프레드 마셜(Alfred Marshall)이 체계적으로 사용하기 시작했다고 한다. 여러 변수들이 동시에 영향을 미치는 복잡한 현상을 분석하기 위해, 하나의 독립변수를 제외한 다른 모든 독립변수들은 그대로인 가상적인 상황을 가리킨다. 이 가정이 경제학도들에게 가져다준 현실적인 쓸모는 '편미분'이라는 수학적 기법을 사용할 수 있게 해주는 것이다.

the world"(경제학이 세상을 바꾼다)라는 문장이 씌어 있었다. 이를 두고 친구 하나가 Economics는 3인칭 단수이기 때문에 'Economics changes the world'가 되어야 한다고 지적하던 기억이 난다. 그가 덧붙이길, 학생회 간부들이 대부분 운동권학생들이라 영어를 못해서 그런 실수를 했다는 것인데 다소 얄밉지만 제법 재치있는 해석이었다.

사실 1980년대 한국 대학가의 분위기를 아는 이라면, 그 문장이 어디서 왔는지 정도는 쉽게 유추할 수 있을 것이다. 바로 카를 맑스(Karl Marx)의 「포이어바흐에 관한 테제」(Die Thesen über Feuerbach) 중 맨 마지막인 열한번째 테제이자, 런던 외곽 하이게이트(Highgate) 묘지의 맑스 무덤에 새겨 있는 그 유명한 문장이다. 즉 '지금까지 철학자들은 세계를 여러가지로 해석해왔을 뿐이다. 그러나 중요한 것은 세계를 변화시키는 것이다'(The philosophers have only interpreted the world in various ways; the point, however, is to change it). 사실 '변화'라는 밋밋해 보이는 말 대신에 '변혁' 같은 어딘가 과격하면서도 멋져 보이는 단어를 써야 제맛이 난다. 나 자신도 스무살 무렵 이 문장을 처음 보았을 때, 철학의 자리에 경제학을 대입해놓고서는 왠지 모를 가슴 설렘을 맛보기도 했었다. 물론 어찌어찌해서 경제학자가 된 지금, 동업자인 다른 경제학자들조차 알아볼 수 없을 정도로 협소해진 내 전공분야에서 수식과 기호로 가득 찬 논문들이나 읽고 쓰고 있노라면, 과연 경제학은 세상을 바꿀 힘은 고사하고 그럴 의도를 가진 것인지조차 의심스러워질 때가 많기는 하지만.

토마스 쿤(Thomas Kuhn)이 『과학혁명의 구조』에서 논증하고자 했던 것처럼, 과학자 집단이 특정 문제를 어떤 방식으로 생각하는지에 따라 불과 얼마 전까지 누구도 부정할 수 없을 진리처럼 보이던 것이 하루 아침에 잘못된 생각이었음이 밝혀지기도 한다. 자연과학의 역사가 이럴진대, 사회과학은 두말할 나위도 없을 것이다. 더구나 사회과학은 자연과학과도 달라서 한때 무대의 뒤편으로 사라졌던 이론이 시대가 바뀌면서 다시 전면에 부각되는 경우도 많다. 천동설이 다시 나타나 지동설을 엎어버리는 것은 상상할 수 없다. 그러나 틀린 이론으로 치부되던 경제이론이 세월이 지난 뒤에 힘을 얻는 경우는 종종 있다.[1] 즉 경제학과 세상의 관계는 일방적인 것은 아니어서, 경제학이 세상을 바꿀 수 있는 만큼이나 세상도 경제학을 바꿀 수 있는 것이다.

만약 경제학이 세상을 바꾸는 것이 아니라 세상이 바뀌면서 경제학도 바뀌는 것이라면, 경제학을 배우는 의미는 무엇일까? '경제학을 배우는 유일한 목적은 경제학자들에게 속지 않기 위함이다'라는 유명한 블랙유머가 떠오른다. 이 유머는 특히 현대경제학의 수학적 표현방식에 지친 많은 학생들이나 비전공자들에게 위안을 가져다주곤 한다. 그런데 이 유머는, 모든 경제이론은 특정한 입장에서 세상을 해석하고 바꾸려는 시도이거나, 최소한 그러한 시도들에 저항함으로써 또다른 특정한 입장을 지키려는 시도임을 의미하는 것으로 해석돼야 하지 않을까.

겉보기에는 지극히 중립적이고 객관적인 것처럼 보이는 생각이나 제도가 의도적이건 아니건 간에 특정한 입장을 정당화하는 이데올로기 역할을 하는 예는 많다. 프랑스의 철학자 루이 알뛰쎄르(Louis Althusser)가 강조한 '이데올로기적 국가장치'(ISA, Ideological State Apparatuses)라는 개념이 있다. ISA란 한마디로 물리적 폭력에 의존하지 않으면서도, 우리가 살고 있는 사회에 관해 일정한 방향으로 생각하게 만들어주는 다양한 장치들을 일컫는다. 학교나 가족, 종교 등이 대표적인 예들이다. 우리는 초등학교에서 덧셈·뺄셈이나 악보 읽기, 기초질서 지키기처럼 사회에 필요한 기본 지식도 배우지만, 우리가 살고 있는 사회를 정당화하는 암묵적인 교육도 받는다. 이솝의 「토끼와 거북」 이야기가 자본주의사회에서는 성실히 노력하면 경쟁에서 승리하여 정당한 댓가를 얻는다는 교훈을 준다면, 사회주의사회에서는 개인의 이익만을 추구하고 집단의 이익을 저버린 '거북 동무'에게 자아비판을 요구한다는 오래된 유머는 단순히 유머만은 아니다. 예를 들면 지극히 비정상적인 군사정권하에서 도입된 '국기에 대한 맹세'는 모든 한국인이 공식행사 때마다 외야 하는 문구로 한세대 이상 존속해왔다.[2] 자주 문제시되는 한국인의 국가주의적 습속이나 사고방식이 국기에 대한 맹세라는 특이한 형태의 ISA에 의해 지속적으로 강화되어왔으리라는 점은 쉽게 짐작할 수 있다. 1970~80년대 한국인들은 국기 게양식이나 하기식 때 울려 퍼지는 애국가에 가던 길을 멈추고 부동자세로 서서 거수경례를 올려야 했다. 20여년 뒤에 이 모습은 「말죽거리 잔혹사」라는 영화에서 일종의 희극적 소품으로 등장한다. 그러나 군사정권 시절 만들어진 국기에 대한 맹세를 없애지 못하고 머뭇거리는 운동권 출신 국회의원들의 모습에서, 바로 이데올로기적 국가장치가 몸과 마음속에 스며들어버린 우리네 슬픈 자화상을 발견한다.

경제학이 세상을 바꿀 수 없다거나 경제학이 세상을 오롯이 해석하지 못한다는 생각은, 경제학에 큰 기대를 걸고 있는 이들에게는 너무나도 허무한 생각이다. 그러나 개인의 재테크에 얼마나 기여하는지가 사회과학으로서의 경제학의 성공 여부를 결정하지 않는 것처럼, 눈앞의 현실이 당장 바뀌지 않는다고 경제학이 무의미해지는 것은 아니다. 경제학과 세상은 상호작용하면서 어떤 의미에서든 둘 다 발전·진화한다. 그러므로 어떤 의미에서 모든 경제이론은 그 출발점에서부터 하나의 이데올로기인 셈이다. 이것이 경제학은 과연 세상을 바꿀 수 있는가라는 물음에 이 책이 준비해두고 있는 답변이기도 하다.

『자본론』의 추억, 그리고……

2003년 겨울 객원연구원으로 가 있던 일본의 어느 대학 경제학부 건물 계단 밑. 정확히 말하자면 재활용품을 쌓아둔 곳에서 깨끗하게 보존된 일본어판 『자본론』 다섯권[3]을 발견했다. 이미 인터넷에서 언제든지 『자본론』 원문을 검색할 수 있는 세상이 되었지만, 나는 그 다섯권을 끝내 한국까지 들고 왔다. 1990년대 초반까지의 한국사회에서는 『자본론』을 가지고 있는 것만으로도 처벌받을 수 있는 금서였다. 그리고 일본어는 금지된 이념서들에 접근을 가능하게 해주는 중요한 도구였다. 물론 난해하던 영어판 『자본론』의 용어들을 쉽게 이해할 수 있게 도와준 것도 일어 번역본이었다.

세상을 바꿀 수 있을지도 모른다는 기대를 품고 경제학과에 입학한 내 또래들에게 주어진 경제학은 딱 두가지였다. 하나는 폴 쌔뮤얼슨(Paul Samuelson)의 『경제학』(Economics)으로 대표되는 주류경제학이었고, 다른 하나는 『자본론』으로 상징되는 맑스경제학이었다. 두 책 모두 최소 1000면이 넘는 엄청난 분량이지만, 다행스럽게도 둘 다 읽을 필요는 없었다. 쌔뮤얼슨의 책을 혼성모방한 많은 한글 교과서들이 있었고, 쏘비에뜨 교과서식의 해석에 입각하여 맑스의 『자본론』을 이리저리 재생해놓은 책들도 이미 나오고 있었기 때문이다. 쌔뮤얼슨의 경제학이 그닥 싫을 이유도 딱히 없었지만 금단의 열매가 주는 유혹처럼 맑스경제학은 많은 학생들을 사로잡았다.

그 『자본론』을 실물로 처음 접한 것은 대학원에 들어간 뒤였다. 여전히 자행되던 길거리 불심검문 등에 대비하여, 여고생들이나 쓸 법한 꽃무늬 종이로 겉표지를 위장한 『자본론』의 불법복사본을 손에 쥐었을 때 흥분하던 기억은 지금도 생생하다. 아마도 어느 일본인 교수가 내다버렸을 책을 끙끙거리며 들고 온 것도 그때의 기억 때문이리라.

『자본론』은 맑스 생전에는 제1권만 출간됐는데, 초판이 나온 것은 1867년이었다. 맑스가 아무리 천재라 한들, 100년도 더 전에 쓰인 책에서 현대사회에 대한 해답을 직접 구하기는 어렵다. 비유하자면, 1997~98년 외환위기의 직접적 원인을 다산 정약용(丁若鏞)의 『목민심서』에서 찾을 수 없는 것과 마찬가지라고나 할까. 그렇지만, 아마도 일본의 영향으로 오래전부터 정치경제학*이라 불려온 맑스경제학은 여전히 비주류경제학의 가장 중요한 흐름이다. 정치경제학(political economy 또는 political economics)이라는 말은 적어도 한국사회에서는 맑스경제학의 위장된 이름으로 사용된 측면도 있다. 경제학에다 정치적 요인을 덧붙인 것처럼 보이는 첫인상도 완전히 틀린 것이라고는 할 수 없다. 주류경제학에서 '비경제적 요인'으로 치부되어 무시되곤 하는 제도적·정치적 요인들도 '정치경제학'에서는 중요한 분석대상이기 때문이다.**

---

* 흥미롭게도 이름 바꾸기에 인색하기로 유명한 일본학계에서는 최근 '정치경제학' 대신에 '사회경제학'이라는 명칭을 사용하기 시작했다.
** 최근 주류경제학에서는 '경제학 제국주의'라는 말이 나올 정도로 인접 사회과학의 분석대상이던 정치·사회 등의 거의 모든 문제를 경제학적 분석도구를 이용하여 설명하려는 경향이 확산되고 있다. 한때 그리고 지금까지도 맑스주의자들이 역사발전과정을 오직 경제적 요인으로만 설명하려 한다고 비판받아온 점을 생각하면, 매우 흥미로운 현상이다.

아마도 경제학자들 중에서 맑스만큼 읽는이의 정치적 입장에 따라 반응이 극과 극으로 갈리는 이도 드물 것이다. 맑스도 분명 좋아했을 자신에 대한 긍정적 이미지는 인간에게 불을 가져다준 프로메테우스(Prometheus)일 것이다.[4] 물론 프로메테우스의 인간이란 맑스에게는 노동자계급이고, 프로메테우스의 불은 『자본론』으로 상징되는 맑스의 경제이론이라는 유비가 따라붙을 것임에 틀림없다. 사실 프로메테우스의 불은 인간이 자연환경을 어느정도 통제할 수 있다는 의미에서 생산력의 발전, 더 거창하게 말하면 생산력의 해방을 상징한다. 역사학자 데이비드 란데스(David Landes)가 1969년에 쓴 이름난 책은 『풀려난 프로메테우스』(*The Unbound Prometheus*) 정도로 번역될 수 있다. '풀려난 프로메테우스'는 바로 산업혁명 이후 말하자면 자본주의사회에서의 비약적인 생산력의 발전을 압축적으로 표현해주는 말이다. 그렇지만, 생산력이 비약적으로 발전했다고 경제문제가 사라지는 것은 아니다. 오히려 그 때문에 정치경제학 자체가 등장하게 됐음을 주목해야 한다.

프로메테우스의 어원이 '먼저 생각한다'는 의미에서 비롯됐다는 사실에서, 나는 다소 엉뚱하지만 경제학의 역할은 바로 '먼저 생각하는' 데 있다고 주장해보려 한다. 물론 우리가 생각하기 이전부터 현실은 우리 앞에 존재하면서 전개되고 있었다. 그러나 우리가 어떤 개념과 분석도구를 이용하여 어떻게 생각하는지에 따라, 그 현실은 우리 머릿속에서 다른 형태로 재생된다. 그렇게 우리 머릿속에 재생된 현실은 실제로 우리 옆에 있는 현실 중 무엇이 잘못됐고 어떻게 변화되어야 할지에 관한 안내자 역할을 하게 될 것이다. 프로메테우스가 인간에게 준 것은 인간이 외부환경을 통제할 수 있다는 현실적인 가능성일 뿐이다. 그 가능성을 어떻게 사용하며 사용과정에서 발생하는 사람들 사이의 문제를 어떻게 풀어나갈지는 아무것도 결정되어 있지 않다. 우리는 바로 이런 것들을 '먼저 생각해야' 하는 것이다. 이러한 의미에서 비판적 정치경제학은 비유컨대 프로메테우스의 경제학이 되어야 한다.

연전에 출간된 프랜씨스 윈(F. Wheen)의 『마르크스 평전』 한국어판의 옮긴이는 후기에서 생계에 도움을 준 맑스에게 감사한다는 조크를 덧붙였는데 정작 나야말로 맑스 때문에 먹고살고 있다. 비록 세상을 바꿀 수 있다는 기대나 기백은 행렬이나 벡터로 표현되는 정치경제학 이론 속에 매몰되면서 다소 희미해졌지만, 『자본론』을 해석하고 소개하는 것은 여전히 상아탑 안에서 내 존재근거를 확보하는 데 큰 역할을 하고 있다. 나중에 다시 얘기하겠지만, 비판적 정치경제학을 공부하는 것에는 고유한 딜레마가 존재한다. 자본주의체제의 문제점을 지적하고 그 정당성을 부정하는 경제학 공부가 개인적으로는 자본주의체제 안에서 생존기반이 된다는 역설. 이것은 취업과 무관한 공부를 함으로써 취업에 필요한 학점을 얻어야 한다는 의미에서, 내 강의를 들어야 하는 학생들에게도 마찬가지일 것이다. 물론 중요한 차이는 있다. 학생들은 한학기 강의를 듣고 시험답안지를 제출하는 순간 모두 잊어도 아무 문제가 없다. 그러나 내게 맑스경제학은 연구자로서 생명을 유지하기 위해서는 물론이고, '이론적 실천'이라는 알량한 핑계를 위해서라도 어쩔 수 없이 지고 가야 하는 짐이다.

맑스경제학자들은 성경을 해석하는 기독교 신학자 같다는 불명예스런 비판을 자주 받아왔다. 19세기에 맑스가 제시한 『자본론』의 서술 순서나 체계를 그들은 아직도 그대로 따르면서, 때로는 맑스의 진의를 파악하기 위한 '훈고학'적 논쟁에만 몰두했기 때문이다. 이러한 비판을 상당부분 받아들이면서도, 이 책에서 역시 맑스경제학의 전통적 논점들을 다루지 않을 수 없으며, 맑스의 의도가 무엇이었는지 그려보는 작업을 어느정도 할 수밖에 없다. 때로는 맑스경제학 전문가나 관심을 품을 만한 내용을 다루기도 할 것이다. 그러나 그 순간에도 내 목적은 『자본론』에 입각한 관점에서 우리가 경험하는 경제현상을 어떻게 이해할 수 있는지에 있다. 따라서 개인적 추억이나 경험담도 많이 등장할 것이다.

맑스경제학자라면 자본의 논리에 따라 움직이는 세상 현실을 개탄하겠지만 이익의 차원에서 본다면 개인은 철저하게 자본의 논리에 올라타서 움직여야 한다. 그래야 자본주의에서 살아남을 수 있다. 어느 유명한 미국의 경제학자가 명백히 환투기로 보이는 달러 바꾸기를 시도하자, 은행원이 신사의 행동이 아니라고 점잖게 충고했다고 한다. 그러자 경제학자가 대꾸하기를, "이익을 취할 수 있을 때 최대한 취하는 것이 신사다"라고 했다는 40여년 전의 실화가 있다. 그런데 정치경제학의 사명이 자본의 논리를 비판하며 동시에 극복을 모색하는 데 있다면, 다시 우리는 개인적 이익과 학문적 목표 사이의 충돌이라는 딜레마에 빠지게 된다. 이제부터 펼칠 이야기들이 적어도 이러한 딜레마를 피하지 않고 정면으로 맞서보려는 태도가 값진 것이라는 사실을 알리는 데 조금이라도 기여한다면 다행이겠다.

-1장-

진리와 이데올로기

우리 안의 「라쇼몽」 | 물은 과연 섭씨 100도에서 끓는가 | 최후통첩게임과 '쎅스'라는 이름의 별 | 밥은 법보다 중요한가

경제학에는 누구든지 설득할 수 있는 객관적 진리 같은 것은 없을지도 모른다. 그러나 특정한 경제생활의 방식을 정당화하는 해석과 비판하는 해석이 서로 투쟁하며, 그 투쟁의 결과가 사람들의 삶 자체를 바꾸기도 한다.

우리 안의 「라쇼몽」

쿠로자와 아끼라(黑澤明) 감독의 영화 「라쇼몽(羅生門)」에는 죽임을 당한 사무라이, 겁탈당한 사무라이의 아내, 그 아내를 겁탈한 산적 그리고 그 과정을 처음부터 끝까지 목격한 나무꾼이 등장한다. 죽은 사무라이의 혼령까지 포함한 네 사람은 각자의 입장에서 사건을 설명하지만, 무엇이 진실인지는 끝까지 밝혀지지 않는다. 사무라이가 왜, 누구의 손에 죽었는지조차도 정확하게 알 수 없다. 스스로 명예를 지키기 위해 무사답게 자살했다는 사무라이 자신의 주장은, 비겁한 싸움 끝에 죽어갔다는 목격담이나 겁탈당한 자신을 차갑게 쳐다보는 눈초리 때문에 얼떨결에 죽여버렸다는 아내의 진술과는 서로 모순된다. 유일한 객관적 목격자인 나무꾼조차 자신의 사소한 이익을 위해 진실을 은폐한다. 그렇다고 보통이라면 이미 죽어서 세속적 이해관계에서 벗어난 것으로 추정될 사무라이의 말을 믿을 수도 없다.

돌이켜보면, 어린시절 친구와 놀다 깨버린 이웃집 유리창에 대한 배상책임에서부터 가벼운 접촉사고의 가해자와 피해자를 가리는 일에 이르기까지, 우리는 항상 「라쇼몽」의 등장인물처럼 행동해오지 않았던가? 그것은 때로는 책임회피나 전가 혹은 자기과장으로 이루어지지만, 그럴듯한 용어를 붙여보자면 '기억의 정치학'쯤 되겠다. 정치라는 말을 자기 이익을 위해 타인을 설득하는 행위쯤으로 정의한다면, 지나간 사건에 대한 기억은 그 자체가 중요한 정치적 행위이다. 수많은 회고록이나 증언, 다큐멘터리 따위를 면밀하게 검토하면 할수록 오히려 실체적 진실로부터 멀어지곤 하는 현상도 바로 이 때문이다. 실제로 나는 한국사회운동사를 연구하려는 목적에서 몇몇 관련인물들을 인터뷰한 적이 있다. 그때 나는 인터뷰 당사자의 현재 입장에 따라 같은 사건에 대한 해석, 나아가 실제로 일어났던 일에 대한 기억조차도 미묘하게 달라지는 것을 경험했다. 물론 누가 누구를 죽였는지도 확실치 않은 「라쇼몽」 정도는 아니었지만 말이다.

개인의 이해관계를 넘어 사회적 갈등이나 대립이 내포된 사안을 다룰 때, 기억의 정치학 나아가 해석의 정치학은 더욱 본격적으로 작동한다. 인터넷 보급이 세계 최정상급인 한국에서는 각종 게시판의 댓글들만 잘 읽어보아도 우리 안의 「라쇼몽」을 찾아내기란 식은 죽 먹기다. 「즐거운 보고서 소동」이라는 2007년 5월 16일자 동아일보 칼럼을 읽어보자.

삼성전자에서 있었던 '보고서 소동'이다.
팀장이 회식 자리에서 "팀 단합을 위해 스포츠를 같이하면 어떨까"라고 가볍게 말했다. 며칠 뒤 한 팀원이 A4용지 10여쪽 분량의 '팀

내 스포츠 활동 방안'이란 보고서를 제출했다. 팀장은 '아차' 하면서 자신의 술자리 발언을 후회했다고 한다. (…) 필자는 '보고서 소동'을 삼성전자 팀장과 다른 관점에서 봤다. 말단 직원까지 문제를 분석하고 해법을 제시하는 데 익숙하다는 점에 주목했다. 미국 노동부장관을 지낸 로버트 라이시 브랜다이스대 교수는 이처럼 문제를 분석하고 창의적 해법을 내놓는 일을 상징분석(symbolic analysis)작업이라고 규정했다. 미국에선 오직 이와 관련된 일자리만이 높은 임금을 받는다고 한다. 삼성전자가 계속해서 전자업종 입사 선호 1위를 유지하려면 직원들의 자발적 보고서 제출을 격려해야 한다.

삼성전자라면 자타가 공인하는 한국 최고수준의 기업이다. 나는 가끔 한국경제의 수출구조를 설명하면서 올림픽경기에 관한 비유를 든다. 한국은 항상 올림픽이나 아시안게임 등에서 1인당 GDP 같은 국력을 나타내는 지표들에 비해 상대적으로 우수한 성적을 올려왔다. 어떤 면에서는 냉전시대 소련이나 동독 같은 나라들의 올림픽 성적이 유달리 뛰어났던 것과 비슷하다. 그런데 한국의 금메달은 몇몇 전략종목에 집중되어 있다. 더구나 그런 종목들도 사회체육의 기반은 매우 미약한 현실 속에서 소수 엘리뜨를 집중적으로 육성한 결과인 경우가 대부분이다. 고등학교 야구팀이 수천개 있는 일본 야구대표팀과 대등한 경기를 펼치는 한국 야구대표팀이, 불과 수십개 고교야구팀에서 육성된 선수들로 구성되어 있다는 것은 일종의 기적이다. 오랫동안 수출지향정책에 의존해 세계가 놀랄 만한 경제성장을 이룩한 한국경제에서 삼성전자가 생산하는 메모리반도체나 휴대폰이 차지하는 비중은 가히 압도적이다. 이를테면 국민 대부분은 양궁장 근처에도 가본 적이 없는 나라가 올림픽 양궁 금메달을

휩쓰는 격이라고나 할까?

　어쨌든 칼럼은 바로 이러한 기업에서 일어난 해프닝을 다루었다. 에피소드 하나만으로 특정 사내문화를 선악의 차원에서 논하기는 힘들다. 누구는 문제의 보고서를 작성한 회사원을 술자리의 발언조차도 가벼이 넘기지 못하도록 만드는 빡빡한 착취구조의 희생양으로, 또다른 누구는 모든 문제를 심각하게 받아들일 정도로 분위기 파악을 못하거나 튀어서 출세해보려는 말단사원으로 치부할 수도 있을 것이다. 다만 이 해프닝을 일종의 지식노동자를 바라보는 '즐거움'으로 받아들이는 것 그 자체가 칼럼을 쓴 필자의 훌륭한(!) 상징분석이라는 점만은 틀림없다.

　이제 우리의 주제로 돌아가보자. 그렇다면, 경제학 또는 좀더 일반적으로 말해 사회과학은 어떠한가? 수많은 우리 안의 「라쇼몽」들이 나름대로 '기억의 정치학'으로 무장한 채 치열하게 맞서는 사회현상에 대한 '상징분석'이 사회과학의 임무다. 그 상징분석이 종종 분석가인 사회과학자나 경제학자 자신의 먹고사는 문제와 관련된다는 사실도 결코 잊어서는 안된다.

　1980년대 장기침체에 빠져 있던 미국에 놀라운 속도로 성장하던 일본경제는 두려움이자 따라 배우기의 대상이었다. 더구나 일본의 대기업들은 막대한 자금력으로 미국의 대학에 연구비를 제공했다. 그렇게 이루어진 경제·경영학 연구의 결과물 대부분은 일본적 생산방식이나 경영의 성공요인을 부각하는 것이었다. 그런데 불과 10여년 뒤 거품경제 붕괴와 함께 '잃어버린 10년'을 맞이한 일본경제의 침체요인을 분석하는 것이 새로운 트렌드가 되었다. 이 새로운 트렌드에서는 연줄을 중시하는 자본주의라든가 관료주의, 경직적 노동시장 등의 일본적 특징들이 10여년 전과는 정확하게 반대의 맥락에서, 즉 실패요인으로서 인용되고 분석되었다. 이쯤 되면 10년째 똑같은 문제를 내는 경제학교수가 '그래도 답은 다르니 걱정하지 마라'고 했다는 농담은 더이상 농담이 아니다. 결국 우리는 과연 경제학에 대문자로 시작하는 진리(Truth), 즉 객관적 논리를 통해 어느 누구든지 설득할 수 있는 '유일한 진리'는 존재하는지 물음을 던져보아야 한다. 이 물음이 바로 우리의 출발점이기도 하다.

물은 과연 섭씨 100도에서 끓는가

중학생이던 시절 과학경시대회 교내 예선이 열렸다. 상위권에 입상하면 학교 대항 지역대회 출전권을 얻는 대회였다. 입상 여부를 결정짓는 가장 중요한 관건은 개인별 실험을 통해 좋은 결과를 내는 것이었다. 아마도 실험과제는 라부아지에(Lavoisier)의 질량불변의 법칙을 증명하는 것으로 기억한다. 학교 측에서 사전에 준비한 몇가지 물질을 화학반응시켜 반응 이전과 반응 후의 질량을 비교한 다음 차이가 적을수록 높은 점수를 얻는 경기였다. 알코올램프와 플라스크를 이용해 뭔가를 끓이거나 침전시키기도 했던 듯하다. 어쨌든 라부아지에의 법칙에 따르면 반응 전이나 후나 물질 전체의 질량에는 변화가 없어야 할 것이므로, 이론상 질량차가 0이 나와야 하는 실험이었다. 나를 포함해 대략 수십 학생들이 각자 실험을 했는데, 일등을 한 친구는 질량의 차이가 거의 0에 가까운 결과를 얻은 반면 나는 수십그램이나 되는 놀라운 결과가 나왔다. 그날 이후 나는 자연과학도의 꿈을 접어버렸지만, 지금 생각해보면 진짜로 놀라운 것은 내가 아니라 오히려 친구의 실험결과일지도 모르겠다. 교과서에 등장하는 여러 자연과학법칙은 엄격하게 통제된 실험환경 아래에서만 오차없이 순수한 형태로 성립할 것임은 상식이다. 그런데, 1년에 한 두번 장학사 시찰 때에나 시범으로 사용하던 변두리 중학교 과학교실의 실험환경이 잘 통제된 상태였다고 믿을 만한 근거는 별로 없다. 그러고 보면 물이 섭씨 100도에서 끓는다는 지극히 단순한 법칙조차도 엉성한 실험실에서 한번의 실험으로 증명할 수 있는 것은 아닐 게다.

경제학을 비롯한 사회과학에서는 자연과학과 달리 실험을 하는 것조차 불가능하다. 물론 최근에 생긴 실험경제학이라는 분야는 노벨경제학상*을 받을 수준에까지 이르렀다. 그러나 이때의 '실험'이 우리가 흔히 생각하는 자연과학의 실험과 똑같은 의미를 지닌다고 보기는 어렵다. 그래서 맑스는 『자본론』 제1권의 초판 서문에 "경제적 형태들을 분석할 때, 현미경이나 화학적 시약을 사용할 수는 없다. 추상력이 이들을 대신해야 한다"는 유명한 구절을 남겼다. '추상'이라는 단어는 맑스경제학 방법론에서는 아주 중요하게 사용되는 개념이다. 아마도 주류경제학을 공부하는 학생이 미적분학에 절망하는 것만큼이나 맑스경제학을 공부하는 학생은 추상이라는 용어를 이해하지 못해 절망한다 해도 지나친 말은 아닐 것이다. 이 단어를 영어로는 'abstraction'이라고 한다. 그 사전적 의미 중의 하나는 무언가를 빼내거나 잘라낸다는 것이다. 흔히 우리가 추상화라고 부르는 그림은 묘사대상의 특징을 몇가지로 집약해 표현하기 때문에, 얼핏 보아서는 무엇을 그린 것인지 알기 힘든 경우가 많다. 이처럼 추상을 통해 얻어지는 결과물은 현실을 그대로, 즉 구체적으로 재

---

* 경제학상은 원래 노벨재단이 주는 노벨상에는 포함되어 있지 않았다. 노벨경제학상은 정확하게는 '노벨을 기념하여 스웨덴 국립은행이 수여하는 경제학상' 정도로 번역할 수 있다.

생해놓은 것이 아니라 중요한 몇몇 특징만을 뽑아서 재생해놓은 것이다.

그런데 사회과학은 사람과 사람이 모여서 일어나는 사회문제를 다루기 때문에, 당연히 사람이나 사람의 행동 그 자체가 추상의 대상이 될 수밖에 없다. 그런데 사람은 의지를 갖고 움직이는 존재이기 때문에 화학물질과는 다르다. 우스꽝스러운 비유를 들자면, 물이 섭씨 100도에서 끓지 않으려고 저항하는 법은 없지만 사람은 저항할 수 있는 것이다. 예를 들면 맑스경제학은 노동력이라는 상품의 특수한 성질을 매우 강조한다. 노동력이 상품이 된다는 것은 그 자체가 자본주의경제에 관한 정의일 만큼 누구에게나 자명한 사실이다. 그런데, 노동력은 사람이 가진 일할 수 있는 능력을 말한다. 따라서 노동력이 사용되는 과정에서 그것을 사용하는 사람과 원래 소유자 사이에서 갈등과 저항이 생겨난다. 자본주의사회에서 파업으로 대표되는 노동자와 자본가 사이의 대립도 이 때문에 발생한다. 주류경제학이 최적통제(optimal control)라는 관점에서 경제정책을 접근하다가, 1970년대 이후에는 정책당국과 대중 사이의 상호작용이라는 틀로 보기 시작한 것도 어쩌면 사람이 의지를 갖고 움직인다는 사실을 반영하기 위해서일 것이다.

어쨌든 추상은 어쩔 수 없이 그 주체인 연구자, 즉 경제학자가 어떤 특징을 대상의 본질로 파악하고 어떤 특징을 무시해버려도 좋은지를 판단하는 과정이 필요하다. 그렇다면 여기서 특징을 선별하는 과정이 과연 순수하게 객관적인 것일까? 아니, 질문을 조금 바꿔보자면 그러한 과정이 현실을 객관적으로 반영하는 것일까? 정치적으로나 학문적으로 맑스경제학과 정반대편쯤에 놓여 있을 미국의 경제학자 밀튼 프리드먼(Milton Friedman)은 이 질문과 관련해 유명한 당구의 비유를 들었다. 당구선수가 원하는 방향으로 당구공을 쳐서 득점한 이유가 물리적 법칙을 정확하게 계산했기 때문은 아니다. 그러나 옆에서 이를 관찰하는 물리학자는 당구선수의 플레이를 정확한 물리법칙을 이용해서 설명할 수 있다. 여기에서 프리드먼이 얘기하고자 하는 바는 이렇다. 설사 비현실적인 가정을 동원하여 경제현상을 설명하더라도 실제 현상을 제대로 설명하면 문제가 없다는 것이다. 검은 고양이건 흰 고양이건 쥐만 잘 잡으면 된다는 일종의 흑묘백묘(黑猫白描)론인 셈이다.

경제학이 재테크나 취업에 도움이 될 거라는 막연한 인상만 갖고 경제학과에 입학한 많은 학생들이 절망하게 되는 첫번째 이유는 경제학 교과서가 소비자나 생산자 등의 경제주체들이 끊임없이 최적화행동을 추구해야 한다고 가르치기 때문이다. 더 나쁜 것은, 그들이 최적화할 때 사용하는 테크닉이 미적분학이라는 것이다! 그러므로 이를테면 그들이 배우는 것은 당구를 잘 치는 방법이 아니라 당구공의 움직임을 물리학적으로 계산하는 방법인 셈이다. 프리드먼이 결과적으로 사람을 전자계산기나 미분기계처럼 취급한다는 의미에서 비인간적이라 비판당한다면, 그는 아마도 자본가가 노동자를 착취한다고 주장하는 맑스경제학이 오히려 비현실적이고 비인간적이라 응수할 것이다.

그렇다면 추상력을 발휘하는 경제학자가 의존하는 판단기준은 무엇인가? 미국의 맑스경제학자인 스티븐 리즈닉(Stephen Resnick)과 리처드 울프(Richard Wolff)는 '입구'(entry point)라는 용어로 이를 설명하고자 했다.[1] 이를테면 경제학자에게 주어진 입구는 여러개가 있고, 어떤 입구로 들어가는지에 따라 분석내용과 설명방식은 달라진다는 것이다.

문제는 왜 하필이면 어떤 특정한 입구로 들어가게 되는지를 설명하는 것인데, 그것은 매우 많은 요인들에 의해 결정된다. 연구자 개인이 삶의 과정에서 겪은 사적인 경험이나 우연적 요인들 때문에 입구가 바뀔 수도 있다. 아주 거창하게 말하자면, 해당 연구자가 어떤 계급적 기반에 있는지에 따라 달라질 수도 있다. 이른바 입에 은수저를 물고 태어나 베버리힐즈(Beverly Hills)의 대저택에서 자란 백인과 할렘가의 뒷골목에서 끼니 걱정을 하며 자란 흑인이 세상을 보는 눈은 다를 가능성이 크다. 예를 들어보자. 교과서에 등장하는 위대한 경제학자들 중에서 존 메이너드 케인즈(John Maynard Keynes)는 매우 유복한 환경에서 태어나 이튼칼리지(Eton College)에서 케임브리지대학으로 이어지는 정통 엘리뜨코스를 거친 인물이다. 그는 주식투자를 통해 많은 돈을 벌었고 젊은 나이엔 동성애를 즐기다가 늦은 나이에 러시아 출신 발레리나와 결혼해서 화제가 되기도 했다. 정부의 경제개입을 매우 강조했기 때문에 그는 한때 보수세력으로부터 볼셰비끼로 오인받기도 했다. 그러나, 삶의 궤적만 보더라도 케인즈가 자본주의체제에 적개심을 품었으리라 상상하기는 어렵다. 물론 예외도 없지는 않다. 20세기 미국 좌파의 상징이던 폴 스위지(Paul Sweezy)는 뉴욕의 은행가 출신 아버지로부터 물려받은 재산 덕에 자의반 타의반으로 대학을 떠난 뒤에도 평생 동안 자신의 이념적 지향에 맞는 학술활동을 펼칠 수 있었다. 그러나 스위지가 경제적 곤궁에 시달렸다면 죽을 때까지 자신의 학문적 소신을 지킬 수 없었을 가능성도 크다. 이러한 의미에서 스위지의 경우도 반드시 예외라고는 할 수 없을지도 모르겠다. 어쨌든 여기서 말하고 싶은 것은 연구자의 '입구'가 개인적인 인생경험 같은 요인으로 좌우될 수 있다는 것이다.

좀더 시야를 넓혀보면 이러한 삶의 경험 중에는 특정 개인이 아니라 같은 시대를 사는 많은 사람들에게 공통적인 것도 있음을 알 수 있다. 예를 들어, 1980년대 군사정권 시대에 대학을 다닌 내 또래의 이른바 386세대들은 맑스–레닌주의를 비롯한 다양한 급진적 이데올로기를 비교적 쉽게 받아들이는 경향이 있었다. 군인이 쿠데타를 일으킨 후 정권 유지를 위해 시민을 학살하고 대학 캠퍼스에 사복경찰이 상주하는 환경에서, 많은 젊은 학생들은 체제에 대한 저항의식을 자연스럽게 키워갔기 때문이다. 때로 그들 중 상당수는 군사정권에 대한 반감과 자본주의에 대한 반감을 혼동했고, 그 결과 얼마 지나지 않아 급속하게 자본주의 찬미자로 전향하기도 했지만 말이다. 맥락은 약간 다르지만, 유럽의 68세대나 미국의 반전세대, 일본의 단까이(團塊)세대 등에서도 특정 시기의 동년배들이 비슷한 의식을 가진 경우를 관찰할 수 있다. 이러한 경향은 흔히 말하는 지식사회학적 연구의 대상이 되기도 한다. 미셸 푸꼬(Michel Foucault)가 강조했던 에삐스떼메(episteme),[2] 즉 특정 시대의 사람들이 사물을 인식하는 특정한 틀은 바로 이런 것이다.

어쨌든 여기서 말해두고 싶은 것은, 저 건너편에 이미 완성되어 존재하고 있는 참된 진리를 향해 수많은 연구자들이 서로 협력하면서 한걸음씩 다가가는 모습이 경제학 연구의 과정을 제대로 묘사한 것은 아닐 수 있다는 점이다.

최후통첩게임과 '쎅스'라는 이름의 별

대학의 학기초 첫주 강의는 어수선하기 짝이 없다. 수강신청 변경기간이 끝나지 않았기 때문에, 지금 이 자리에 앉아 있는 학생이 다음주에도 그대로 앉아 있으리라는 보장은 없다. 물론 반대로 지금 다른 강의실에 앉아 있는 학생이 다음주부터 내 수업에 들어올 수도 있다. 어수선한 분위기를 다잡아보기 위해 드는 몇가지 선정적인(?) 예화 중에서 두가지만 옮겨와보자.

첫째 예화

사람과 매우 유사한 생명체가 살고 있는 태양계 밖 행성이 발견되었다. 천문학자들은 이 행성에 사는 생명체들의 행동을 유심히 관찰한 결과, 이 행성에 '쎅스'라는 이름을 붙였다. '쎅스' 별의 사람들은 지구인들이 성행위에 대해 갖고 있는 것과 유사한 생각을 먹는 행위에 대해 갖고 있다. 그들은 무릇 성년이 된 남녀는 은밀한 공간에서만 밥을 먹어야 한다고 생각한다. 혼자나 미성년자들끼리 밥을 먹는 것, 여러 사람이 함께 밥을 먹거나 동성끼리 밥을 먹는 것은 해서는 안될 짓, 매우 변태적인 짓이라 간주되어 심한 박해와 처벌의 대상이 되기도 한다. 이런 변태적인 짓을 촬영한 동영상이 은밀하게 거래되기도 한다. 오래전 남자친구와 함께 밥 먹는 장면을 촬영한 비디오테이프가 유출된 어느 유명한 여성 연예인은 각종 루머와 사생활노출에 시달리다 결국 연예계를 떠나야 했다.

이 예화는 사실 학부생 시절 우연히 읽은 『사회심리학』 교과서의 한 부분을 무단으로 각색한 것이다. 성행위와 먹는 행위는 가장 기본적인 인간의 본능이라는 공통점을 갖고 있다. '쎅스' 별 사람들의 행동이 이상하게 여겨지는 것처럼 지구인들의 행동이 이상하게 여겨질 수도 있다. 결국 올바른 도덕과 정상적인 행동의 기준에 대한 우리의 생각은 어떤 사회에 살고 있는지에 따라 달라진다는 것을 이 예화는 말하고 있다.

둘째 예화

　서로 모르는 학생 둘을 강의실 앞으로 불러낸다. 학생 A에게 만원짜리 지폐를 건네주고 나서 한가지 게임을 제의한다. 학생 A는 만원을 전부 가지거나 옆 학생 B에게 100원 단위로 돈을 나눠줄 수도 있다. 1분 정도 생각할 시간을 준 후, 학생 A는 학생 B에게 나눠줄 금액을 제안하도록 한다. 학생 B가 이 제안을 받아들이면, 둘은 A의 제안대로 돈을 나눠 갖는다. 그러나 학생 B가 제안을 거절하면, 둘 다 한푼도 가질 수 없다.

　이 예화는 행동경제학에서 자주 언급되는 '최후통첩게임'(ultimatum game)이다. 게임에서 두 학생 모두 합리적으로 행동한다고 가정하면, 학생 A는 자신이 9900원을 갖고 나머지 100원만 주겠다고 제안하고 학생 B는 이를 받아들이는 것이 정답이다. 왜냐하면, 학생 B는 이 제안을 거절한다면 한푼도 받지 못하므로, 100원이라도 얻는 것이 이익이기 때문이다. 또한 학생 A가 합리적이라면 학생 B의 이러한 입장을 잘 알 것이기 때문에, 자신이 얻을 수 있는 최대치인 9900원을 가지려 할 것이기 때문이다. 이것이 '정답'인 이유는 경제학 교과서가 묘사하는 합리적 개인의 행동은 마땅히 그러해야 하기 때문이다.

　다행스럽게도 내 강의를 듣는 경제학 전공학생들은 대부분 최후통첩게임의 '정답'을 찾아낸다. 그러나 실제로 지명되어 나온 학생들은 대부분 절반보다 약간 작은 금액, 그러니까 3000원에서 4000원 정도를 제안하고 받아들이는 선에서 게임을 끝낸다. 그 이유를 물어보면, 100원을 제안하는 것은 너무 야박해 보여서라든지, 그냥 절반 정도씩 나누는 것이 공평하지 않나요, 라는 등의 대답이 돌아온다.

최후통첩게임을 어떻게 해석할 것인지, 게임의 쎄팅과 실험결과는 어떤 상관관계가 있는지 등을 설명하자면 책 한권으로도 모자랄 것이다. 예컨대, 게임의 금액이 1만원일 때와 1억원짜리 수표일 때는 똑같은 피실험자라도 결과는 달라질 수 있다. 피실험자가 서로 아주 친한 사이거나 반대로 매우 싫어하는 사이라면 게임의 결과는 분명히 달라질 것이다. 나는 프로야구 경기를 구경하러 갔다가 경품으로 당첨된 워크맨을 함께 있던 여자친구에게 추호의 망설임도 없이 그 자리에서 주어버렸던 기억도 있다. 그렇다면 둘째 예화의 교훈은? 최소한 경제학 교과서에서 말하는 합리적이고 이기적인 인간형이 현실에서는 그대로 존재하지 않는다는 것이다. 그러나 슬프게도 대부분의 경제학자들은 어떤 결과도 자신의 이론에 맞도록 해석할 수 있는 능력이 있거나 최소한 그렇게 교육받았기 때문에, 교과서와 현실의 차이를 갖은 이유를 들어서 정당화하는 데 성공할 가능성이 크다.

위의 두가지 예화는 인간의 본성이나 행동방식, 사고방식 등은 주어진 고정불변이 아님을 보여주는 것은 아닐까? 그렇다면 그것들은 얼마나 시간이 흘러야 바뀌는 것일까? 진화생물학적 견해에 따르면, 이러한 것들이 변화하는 데는 몇만년의 시간이 필요할 수도 있다. '쎅스' 별 같은 본능의 충족방식이 형성되는 데는 몇백년의 세월로도 부족할지도 모른다. 조선시대 사람들의 성에 대한 사고방식이 21세기 한국 사람들의 사고방식과 본질적인 부분에서는 크게 변하지 않았을 수도 있는 것이다. 사회주의혁명을 꿈꾸었던 많은 혁명가들은 이보다 훨씬 더 짧은 시간 안에 인간의 품성이나 습속을 변화시킬 수 있으리라 믿었다. 노동자계급의 당이 국가권력을 장악하고 나면, 자연스러운 과정을 거쳐 대부분의 인민들이 때로는 자신의 이익을 희생하면서까지 사회 전체의 발전을 고려하는 사회주의적 인간형으로 변모해가리라 그들은 기대했던 것이다.

소설가 복거일(卜鉅一)은 『정의로운 체제로서의 자본주의』에서 시장 경제가 효율적이라는 주장을 넘어서 정의롭기까지 하다는 파격적인 주장을 펼친다. 여러가지 복잡한 논의를 전개하지만, 한마디로 자본주의는 가장 자연스러우며 자연스럽지 않은 그 무엇이 정의로운 것은 상상할 수 없기 때문이라는 주장이었다. 그렇지만, 자연스럽지 않은 것이 정의롭지 않다는 명제를 받아들이더라도, 모든 자연스러운 것이 정의롭다는 명제가 참인 것은 아니다. 누군가에게 자연스러운 것이 다른 누군가의 입장에서는 지극히 부자연스러운 것일 수 있고, 과거에 자연스러웠던 것이 지금은 자연스럽지 않을 수도 있기 때문이다. 그러나 어쨌든 그가 진화생물학에 논의를 기대고 있다는 점은 매우 시사적이다. 지금 우리가 경험하는 인간의 본성이 최소 수만년의 시간을 거쳐 형성된 것이라면, 우리 생전에 사회를 개혁하는 것은 불가능할지도 모른다. 그러나 피터 씽어(Peter Singer)는 『다윈의 대답 1: 변하지 않는 인간의 본성은 있는가?』에서 어떤 것이 '자연적'이기 때문에 그것이 '옳다'는 식의 추론을 단호하게 거부한다. 오히려 좌파의 전통적 가치, 예컨대 경쟁보다는 협조를 촉진하는 사회구조를 어떻게 형성할 것인지를 고민해야 한다고 주장한다.

어쨌든 맑스가 강조한 '의식이 존재를 결정하는 것이 아니라, 사회적 존재 그 자체가 오히려 의식을 결정한다'는 유명한 유물론적 문구는 우리가 다루는 경제문제가 시대나 사회적 배경을 뛰어넘는 초역사적인 것은 아님을 역설하고 있다. 물론 그 시간 지평은 진화생물학에서 말하는 것처럼 수만년에 걸친 것도, 혁명적 맑스주의자들이 종종 오해하던 것처럼 짧은 시간 안에 이루어지는 것도 아닐 것이다.

밥은 법보다 중요한가

학창시절 경제학과에 인접한 법대생들이 '하늘이 무너져도 정의를 세워라'는 구호를 자랑삼아 되뇔 때, 나를 포함한 경제학과 학생들은 '밥이 곧 정의다'라고 응수하곤 했었다. 그러던 어느날 예의 '과티'에 아예 '밥 > 법'이라는 기묘한 부등식을 새겨 넣고 나타난 한 무리의 법대생들이 있었다. 그 부등식이 기묘했던 까닭은 법학의 존재의의를 스스로 부정하는 것으로 해석될 수 있었기 때문이다. 어쨌든 이 역시 밥을 경제적 토대(base)로 법이나 문화·예술 등은 상부구조(superstructure)로 본 다음, 경제적 토대가 상부구조를 결정한다고 생각하는 정통적인 유물론적 역사관에 기초한 주장이었을 것이다.

유물론적 역사관 또는 사회발전관을 좀더 쉽게 표현하자면, 어느 사회이거나 간에 밥—빵이라도 좋다—은 만들어 먹어야 할 터인데, 그 밥을 어떤 방식으로 만들어서 어떻게 나누어 갖느냐는 문제가 그 사회의 여러 법이나 제도, 사상 등을 결정한다는 것이다. 밥은 혼자 만드는 것이 아니라 여러 사람들이 모여서 만들게 되는데, 이들 사이에 어떤 사회적 관계가 성립하느냐가 바로 밥을 만드는 생산관계를 나타낸다. 한편 주어진 시간 동안에 얼마나 잘 또는 얼마나 많이 밥을 만들 수 있는지를 나타내는 것이 생산력이라는 개념이다. 생산력과 생산관계는 일대일로 대응하지 않더라도 서로 영향을 미치는 밀접한 관계에 놓여 있다. 생산력이 어느 수준 이상으로 발전하면 그에 걸맞는 생산관계가 필요하게 되며, 반대로 생산관계는 생산력의 수준에 영향을 미치기도 한다.

국가안보를 걱정하는 많은 이들에게 다소간 불경을 무릅쓰면서, 내가 자주 드는 예가 있다. 내가 근무하는 대학건물에 딸린 주차장은 겨울마다 쌓이는 눈 때문에 홍역을 치른다. 응달이라 한번 내린 눈은 녹지 않고 그대로 있기 때문이다. 어느 해인가는 기상이변으로 3월초에 무려 50쎈티미터가 넘는 눈이 내려 사실상 주차장이 폐쇄된 적도 있었다. 그렇다면 이 눈을 어떻게 치울 것인가? 자본주의사회라면 아마도 중장비업자에게 돈을 지불하여 치우게 만들 것이다. 한국의 국립대학교는 그다지 돈이 많지 않기 때문에 치우지 않고 녹을 때까지 버틴다. 만약 내 아이들이 뛰노는 우리집 안마당이라면 아이들 걱정에 밤잠 안 자고 내가 치울 것이다. 한국 군대라면? 걱정할 필요가 없다. 눈이 내리자마자 동원된 병력들이 치워버리니 쌓일 염려가 전혀 없기 때문이다. 군대에 다녀온 예비역 학생들은 고개를 끄덕이며 쓴웃음을 짓는다. 징병제에 의존하는 한국 군대에는 거의 무상으로 제공되는 노동력이 언제나 널려 있기 때문에, 경제학적으로 말하자면 굳이 자본집약적인 생산방식을 쓸 필요가 없다. 중장비 한대면 한시간에 치울 수 있는 눈을 부삽 하나씩 든 병사 수백명이 몇시간 동안 치우는 것이 군대 안에서는 훌륭한 경제논리가 된다. 그러므로 생산관계가 어떻게 조직되느냐에 따라 사용하는 기술의 내용도 달라지는 것이다.

다시 한번만 불경을 저질러보자. 20여년 전 내가 훈련병으로 입소했을 때의 일이다. 일과시간에 받는 정규훈련이 끝나면 나를 포함한 훈련병들은 부대 인근에 스케이트장을 만드는 노동에 동원되었다. 우리들 대부분은 훈련이 끝나면 그 부대와 다른 부대로 배속될 것이므로, 스케이트장이 소문대로 장교들만의 것이건 아니건 간에 우리와는 무관한 시설이었다. 당연히 훈련병에게 초과근무수당이 지불될 리도 없었다. 훈련기간이 끝날 때가 되어가자 다급해진 부대 측에서는 밤에 불을 켜고 작업을 하도록 했다. 물론 훈련병들은 불만에 가득 차 있었지만 야간작업을 거부할 수는 없었다. 그래서 우리는 노예처럼 일했다. 노예처럼 혹사당했다는 뜻이 아니라, 감시자의 눈을 피해 적당히 일하는 흉내만 내면서 시간을 때웠다는 뜻이다. 우리가 훈련을 마친 뒤 트럭에 실려 역으로 떠나는 날 아침, 누군가가 몇주 동안 만든 스케이트장 둑이 부실공사로 무너졌다는 말을 전해주었다. 몇주 동안 헛고생을 한 셈이었지만, 우습게도 우리들 중의 일부는 달리는 트럭 속에서 만세를 불렀다. 인쎈티브라고는 전혀 없는 생산조직이므로 생산력 수준은 물론이거니와 자신들이 한 일에 책임감조차 없었던 것이다.

그런데 생산력이 생산관계를 결정하고 경제적 토대가 상부구조를 결정한다고 말할 때, '결정'이라는 말은 너무 강한 표현이라서 유물론이 자칫 기계적으로 이해되고 말 소지가 있다. 예를 들어 노예제사회의 상부구조인 그리스시대의 조각과 건축물을 21세기 자본주의시대를 사는 사람들이 보고도 충분히 아름다움을 느낄 수 있다는 점에서 예술에는 시간을 뛰어넘는 일종의 보편성이 존재하는 것이다. 그래서 유물론적 사회관의 직관적인 호소력에도 불구하고, 밥이 법을 결정하는 것이 아니라 법도 밥을 결정할 수 있다는 반론이 나올 수 있다. 이래서 만들어진 말이 경제라는 심급은 최종적으로만 작용한다는 것이다. 말하자면 1심이나 2심 재판에서는 몰라도, 최종심에서는 경제가 판결에 영향을 미친다는 뜻이다. 그런데 이런 주장을 한 알뛰쎄르조차 다시 '최종심의 고독한 시간은 결코 오지 않는다'라고도 말했다. 이쯤 되면 맑스가 『정치경제학 비판을 위하여』의 서문에서 특유의 힘찬 언어로 간결하게 설명한 바 있는 유물론적 역사관은 다소 힘이 빠지는 듯한 느낌이다. 물론 밥이 법을 일방적으로 결정한다고 말하기는 힘들지 모른다. 그렇지만, 밥을 만들고 버는 과정은 그저 그 밥을 먹고 살아가는 사람들의 개인사로만 이루어지는 것이 아니라, 그들 자신이 어찌할 수 없는 구조를 만들어내고 그 구조를 통해 사회가 움직여나간다는 점을 지적하는 것이라면, 유물론적 사회관은 여전히 중요한 의미를 지닌다.

물론 밥을 강조한다고 반드시 진보적이거나 혁명적인 주장으로만 이어지는 것은 아니다. 소설가 김훈(金薰)이 말한 『밥벌이의 지겨움』은 사회의 발전이니 자유니 하는 것과는 무관하게 생활인의 삶 그 자체에 대한 긍정 내지는 동정을 담고 있다. 그에게 있어 밥을 버는 행위란 그닥 신성한 것도 아니고 그저 지겹도록 반복될 따름이지만, 다른 어떤 가치 때문에 쉽사리 포기되거나 조롱당해서는 안되는 것이기도 하다. 그러나 정치경제학자로서 나는 그 지겨운 밥벌이들이 모여서 이 사회의 밥벌이를 규정하고, 그 결과 이 사회는 일정한 방향으로 나아가게 되는 것이라 말할 수밖에 없다. 밥벌이에 내몰려 하루하루를 살아가기에 바쁜 생활인들로 이루어진 사회 전체를 꿰뚫는 어떤 보이지 않는 구조가 있다는 것, 그 구조를, 아니 그 구조를 정당화하는 관점과 비판하는 관점이 서로 투쟁한다는 것을 인식하기 위해 노력해야 한다는 것, 이것이 바로 비판적 정치경제학이 진리와 이데올로기의 문제에 관해 취하는 기본 입장이다.

-2장-

가치란 무엇인가

시장은 결코 투명하고 평등한 공간이 아니라, 힘을 가진 누군가가 다른 누군가를 지배하는 공간이다. 이러한 관점에서 가치 개념을 통해 시장을 새롭게 이해해보자.

...

타이피스트와 식료품가게 주인의 차이

경제학이 준비하고 있는 가장 단순하면서도 강력한 분석도구는 무엇일까? 바로 중학교 사회 교과서에도 등장하는 수요곡선과 공급곡선이다. 오늘날과 같은 형태의 수요공급곡선을 본격적으로 사용한 최초의 인물은 알프레드 마셜이다. 사실 현대경제학에서는 미적분학이나 위상수학 같은 이름만 들어도 골치 아픈 수학적 기법들이 은어처럼 사용되고 있다. 전문적인 경제학자가 되려는 학생들은 이 은어체계를 익히는 데 많은 시간과 정력을 소비해야 한다. 나아가 경제학자로 명성을 얻고 좋은 직장을 잡으려면, 이러한 은어체계를 익숙하게 활용하여 유명한 전문 학술지에 많은 논문을 실어야 한다. 그러나 전문적인 경제학자들이 현실의 경제문제를 실제로 분석할 때 사용하는 가장 기본적인 도구는 수요공급 분석의 틀을 벗어나지 않는 것이 보통이다. 물론 여기에는 대중에게 알기 쉽게 내용을 설명하려는 목적도 있을 것이라는 점, 그밖에 통계적 기법을 이용하여 데이터를 처리하는 계량경제학적 분석도 즐겨 사용된다는 점을 덧붙여야 할 것이다. 그렇지만, 계량경제학적 분석에는 어떤 데이터를 가져다줘도 원하는 결과를 얻어낼 수 있다는 악명높은 빈정거림이 따라붙곤 한다. 이를 감안하면, 결국 수요공급분석의 틀이야말로 경제학의 가장 중요한 분석도구라 해도 지나친 말은 아니다.*

그런데 대부분 수요공급 분석의 틀이 사용되는 방식도 알고 보면 매우 단순하면서도 판에 박힌 것이다. 예를 들어 한국사회에서 거의 한세대 이상 심각한 경제문제로 제기되어온 부동산 가격폭등문제를 생각해 보자..잘 알다시피 부동산문제의 핵심은 서울 강남지역의 아파트가격이

---

* 한미자유무역협정(FTA) 체결을 둘러싸고 사회적 논란이 확산되면서 일반균형연산모형(CGE)이라는 경제학적 기법이 화제가 됐다. 쉽게 말해서 거시경제 전체를 구성하는 방정식 체계를 만들어놓고, 그중에 어떤 외부적인 요인에 변화가 발생했을 때 경제 전체에 미치는 효과가 얼마인지를 계산해내는 방식이다. FTA 반대론자들은 국책연구원에서 나온 보고서가 FTA의 긍정적 효과를 인위적으로 과대평가했다고 비판했다. 일반인들은 복잡한 이름의 경제모형을 거쳐 추정된 결과가 대단히 객관적이고 과학적인 것이라 믿기 십상이다. 그러나, 정치적 이해관계가 첨예하게 걸려 있는 사안이라면, 어떤 고급의 기법이 사용되더라도 결국에는 연구자의 주관적인 의도에 의해 결과가 바뀔 가능성이 크다. 대형 국책사업 등의 경제적 영향을 평가하는 비용편익 분석도 똑같이 얘기할 수 있다. 자신의 홈페이지에 올려 인터넷에서 화제가 된 「걱정이 앞서는 대운하사업」이란 글에서 주류경제학자 이준구(李俊求)는 이렇게 적었다.
"경제학자인 내가 이런 말을 하는 것이 이상할지 모르지만, 비용편익 분석이라는 것은 그다지 과학적인 분석방법이 아니다. 편익과 비용을 제 맘대로 조작할 수 있는 수많은 방법이 존재하고 있기 때문이다. 명백하게 드러나는 수법을 쓴다면 모를까 교묘한 방법으로 편익과 비용을 조작하면 아무리 전문가라도 쉽게 잡아내기 힘들다. 그렇기 때문에 어떤 사업이 타당성을 갖는다는 결론이 나오도록 유도한다는 것은 식은 죽 먹기처럼 쉬운 일이다."

라고도 할 수 있는데, 상당수의 경제학자들이 즐겨 제시하는 해결책은 아파트 공급을 확대하자는 것이다. 논리는 간단하다. 아파트 수요량이 공급량에 비해 항상 많기 때문에, 가격은 수요와 공급이 균형을 찾을 때까지 오를 수밖에 없다. 가격이 계속 오르고 있다는 것은 아직 균형점에 이르지 못했다는 뜻이고, 그렇다면 해결책은 공급물량을 늘리는 수밖에 없다는 것이다. 아파트의 공급량을 늘린다는 것은 결국 아파트를 새로 짓거나 기존의 저층아파트를 재개발하여 고층아파트로 만든다는 뜻이다. 역대 정권의 기본적인 정책방향 또한 신도시를 개발하는 등의 방법으로 공급을 확대하는 것이었다. 물론 현실은 교과서처럼 단순하지 않다. 공급확대한 지 30년 이상의 세월이 흘렀지만 여전히 균형을 회복하지 못하고 있으니 말이다. 수요곡선과 공급곡선이 만나는 점에서 균형이 이루어지고 경제가 균형에서 벗어나더라도 결국에는 균형점을 찾아간다고 이론적으로는 주장할 수 있다. 그러나 균형으로 돌아가는 데 한세대가 걸린다면 아무런 의미가 없어진다. 부동산 가격폭등 때문에 힘들어하는 이들에게 꾹 참고 30년만 기다리면 문제가 해결될 것이라고 말해줄 수는 없지 않은가?

경제학 교과서에 즉각 따라붙는 설명은, 그렇다고 정부가 개입해 가격을 통제하는 것은 여러가지 부작용만 낳을 뿐이며 장기적으로는 역효과가 난다는 것이다. 이것은 실제로 서점에 달려가 어떤 경제원론이나 미시경제학 교과서를 집어들어 앞의 수십면만 넘기고 나면 '가격상한제의 효과' 등의 제목하에 제시되는 설명이다. 이른바 강남 집값의 문제는 단순한 수요공급의 문제를 넘어선 일종의 문화적 코드, 속물근성, 중심지향적인 한국인의 습속, 계급성까지 포함한다는 사회학이나 인류학적인 분석[1]이 있다. 그러나 수요공급곡선이라는 간단한 분석틀의 파워를 믿는 경제학자들은 예의 '다른 모든 조건이 같다면'이라는 괄호 속에 여타 분석을 넣어버림으로써 이 분석들을 가볍게 무력화한다.

사실 이 문제는 시장이라는 게임의 틀을 어떻게 보는가라는 문제와도 관련있다. 단순해 보이는 시장도 경제학자의 입장에 따라 스펙트럼 같은 다양한 견해가 있다.

시장이란 독립적인 개인들이 자발적으로 모여서 거래본능에 따라 교환하는 곳이라는 가장 오른쪽의 관점이 있다. 유명한 주류경제학자인 알키안(A. Alchian)과 뎀세츠(H. Demsetz)는 1972년 『미국경제학회지』(*American Economic Review*)에 실린 유명한 논문에서 '타이피스트에게 이 서류가 아니라 저 서류를 타이핑하라는 것과 식료품가게 주인에게 이 회사 빵이 아니라 저 회사 참치를 팔라는 요구는 (모두 거래계약 관계라는 점에서) 내용상 동일하다'는 주장을 했다. 간단히 말해 타이피스트의 노동력을 거래하는 고용관계나 시장에서 참치 캔을 사고파는 행위는 본질적으로 같다는 것이다. 알키안과 뎀세츠의 세계에는 고용주가 피고용자에게 행사할 수 있는 권력 같은 것은 존재하지 않는다. 세월이 제법 흐른 뒤에 알키안과 뎀세츠는 이러한 입장을 일부 수정한다. 그러나 노벨경제학상 수상자인 폴 쎄뮤얼슨은 이미 1957년에 '완전경쟁하에서는'이라는 전제를 달긴 했지만, 자본이 노동을 고용하건 노동이 자본을 고용하건 아무런 차이가 없다는 극언(?)을 한 적도 있다.

왼쪽으로 이동하면, 즉 맑스경제학이나 포스트-케인지언(Post-Keynesian) 등의 이른바 정치경제학적 관점에서는, 시장은 반드시 평등하고 자발적인 사람들끼리만 거래하는 균질한 공간이 아니라 그 자체가 하나의 제도라는 점이 강조된다. 이처럼 시장을 제도로 보느냐 마느냐의 시각차가 매우 다른 현실인식으로 이어지는 것이다.

시장을 권력이 존재하지 않는 일종의 진공상태처럼 생각하기 위해 경제학자들이 즐겨 동원하는 것은 완전경쟁(perfect competition)이라는 개념이다. 완전경쟁은 이를테면 경쟁자가 너무 많아서 경쟁이 있다는 사실조차 알아차리기 어려울 정도가 되는 상황을 말한다. 예를 들어 수십만의 수험생이 동시에 치루는 대입 수학능력시험을 생각해보면 된다. 서울에서 수능시험을 준비하는 고3생인 내가 제주도에서 같은 시험을 준비하는 어느 여고생의 상황을 신경쓸 필요가 있겠으며 신경을 써본들 할 수 있는 일이 무엇이겠는가? 이러한 상황에서는 시장에 참가하는 개인이나 개별기업이 다른 주체에게 어떤 권력을 행사할 가능성은 원천적으로 차단된다. 뿐만 아니라 완전경쟁의 틀 아래에서는 시장메커니즘을 통해 자원배분이 효율적으로 이루어진다는 것을 논리적으로 엄밀하게 증명할 수도 있다.

이 완전경쟁 개념은 물론 보통사람들이 일상생활에서 경험하는 시장의 모습과는 너무나도 다른 것이다. 경제학을 배우는 학생들이 그래프와 미적분학의 기초를 간신히 돌파하고 나면 부딪히게 되는 좌절감, 즉 경제학은 현실적이지 못하다는 느낌은 완전경쟁 개념을 배울 때 극대화된다. 그러나 미시경제학 교과서도 이미 그 정도의 반감은 충분히 예상하고 있다. 따라서 완전경쟁이라는 개념은 실제로 존재하기 때문이 아니라 현실을 분석하기 위한 준거점으로서만 중요하다는 설명을 덧붙이기를 잊지 않는다. 노벨경제학상 수상자이니만큼 주류경제학자임을 누구도 부정하기 어렵겠지만 현재와 같은 세계화를 비판한 이가 조지프 스티글리츠(Joseph Stiglitz)이다. 그의 가장 중요한 이론적 업적은 이른바 정보 비대칭성 이론을 통해 완전정보가 갖추어지지 않은 시장의 작동원리를 구명한 것이다. 구체적인 내용은 나중에 다시 살펴보겠지만, 간단히 말하면 완전정보가 아닌 상황에서는 정보를 많이 가진 쪽이 가지지 못한 쪽에 일종의 권력을 행사할 수 있다는 것이 핵심이다. 정보비대칭성 이론 덕분에 예컨대 노동시장이나 금융시장은 통조림을 사고파는 시장과는 다르다는 점을 어느정도 설명할 수 있게 되었다.

그렇지만, 맑스경제학이 바라보는 자본주의사회의 권력과 시장은 정보비대칭성만으로는 설명되지 않는다. 맑스경제학에는 물론 완전경쟁이라는 개념은 없다. 그러나 설사 완전경쟁이라는 비현실적인 상태가 존재하거나 정보비대칭성이 극복된다 하더라도, 자본가와 노동자 사이에는 근본적으로 주어진 권력의 크기가 다르기 때문에 노동자에게 자본가의 권력이 행사될 수밖에 없다. 그러므로 똑같이 수요공급곡선이라는 도구를 사용하더라도, 그 뒤에 숨어 있는 시장의 작동원리를 이해하는 방식 자체가 다른 것이다.

애덤 스미스는 좌파였다?

다소 냉소적으로 얘기해보자면, 어느 분야에서건 고전으로 분류되는 책들은 두가지 공통점을 지닌다. 하나는 제대로 읽어본 사람은 거의 없으면서도 몇몇 유명한 구절이나 용어들은 수없이 반복해서 인용된다는 것과, 또다른 하나는 경우에 따라서는 상반된 해석이 가능할 정도까지 여러 갈래로 읽힐 소지가 있는 애매모호한 부분을 포함한다는 것이다. 근대경제학의 출발점에 서 있는 애덤 스미스(Adam Smith)의 『국부론』에 등장하는 '보이지 않는 손'(invisible hand)이라는 구절도 물론 예외는 아니다.

스미스가 살던 시대의 영국은 산업혁명이 본격적으로 시작되어 사회 전반에 걸쳐 엄청난 변화가 일어나던 시기였다. 맑스가 1848년에 엥겔스(F. Engels)와 함께 쓴 『공산당선언』에서 "굳어 있는 모든 것은 녹아 사라진다"(All that is solid melts into air)고 표현한 자본주의적 생산관계의 등장과 그에 따른 경제적 발전 및 변화가 그것이다. 스미스는 급격한 변화 속에서 어떻게 사회가 붕괴되거나 혼란에 빠지지 않고 유지될 수 있는지를 고민했다.

수많은 자동차들로 붐비는 대도시의 복잡한 출근길을 생각해보면 좋을 것이다. 여러 방향에서 달려오는 자동차들은 최대한 빠른 시간 안에 각자 목적지에 도착하는 것을 목표로 삼는다. 각 자동차는 모두 이기적인 목표를 가지고 움직이는 셈이다. 그런데 어떻게 큰 충돌사고 없이 원활하게 교통이 소통되는 것일까? 물론 도로에는 표지판도 있고 신호등도 있다. 때로는 자원봉사자나 교통경찰이 나와 수신호를 해주기도 한다.

비유컨대 경제에서 신호등 역할을 하는 것은 시장가격일 것이다. 빨간불에는 멈추고 파란불에서는 가는 것처럼, 소비자는 가격이 너무 비싸면 사지 않고 싸면 사고 생산자는 그 반대로 행동하면 되는 것이다. 바로 이러한 점을 스미스는 비록 애매모호하고 비유적인 표현이기는 하지만, 신의 보이지 않는 손이라 설명한다. 즉 각 개인들이 이기적으로 행동함에도 사회 전체적으로는 큰 문제 없이 조화로운 조정이 이루어진다는 점을 설명하려 했다. 우리가 매일 아침 필요한 빵이나 고기를 살 수 있는 것은, 빵집 주인이나 푸줏간 주인의 자비심이 아니라 이기심 덕분이라는 것이다. 여기까지가 이야기의 한마디이다. 시장을 가장 오른쪽에서 바라보는 이들은 여기에서 멈추고 싶어한다. 한국에서 베스트셀러가 되었던 『죽은 경제학자의 살아있는 아이디어』* 같은 책이 전형적인 예이다.

그런데 좀더 생각해보자. 만약 나는 교통신호를 지키지만 건너편에서 엄청난 속도로 달려오는 저 자동차가 신호를 무시해버리면 어떡할 것인가? 출근시간에 늦어 급한 마음에 빨간불로 바뀌는 신호를 무시하고 출발한 적은 없는가? 다른 모든 사람들이 교통신호를 지켜준다고 믿을 수 있다면, 나 혼자 잠깐 신호를 위반하는 것은 크게 해가 될 것도 없지 않은가 등의 생각은 우리가 일상적으로 접하는 것들이다. 요컨대 나뿐 아니라 거리에 나와 있는 수많은 행인들과 운전자들이 충실하게 또는 최소한의 허용범위 안에서 교통신호를 잘 지킨다는 믿음이 없으면 '보이지 않는 손'은 작동하지 않을 수도 있다.

로버트 하일브로너(Robert Heilbroner)의 『세속의 철학자들』에는 이런 글귀가 있다.

18세기 영국사회는 결코 합리적인 질서나 도덕적인 목적과는 거리가 먼 모습을 보여주고 있었다. 유한계급의 우아한 생활에서 눈을 돌리자마자, 사회는 가장 비열한 형태의 잔인한 생존투쟁으로 가득 차 있었다. (…) 스미스 박사가 이 모든 것 속에서 질서와 디자인 그리고 목적을 찾아내야만 했다는 것은 얼마나 신기한 일인가!

스미스도 이러한 문제를 생각하지 않은 것은 아니었다. 그는 도덕철학 내지는 윤리학자로 출발한 인물이었다. 『국부론』보다 20여년 전에 쓴

---

* 쉽고도 간결한 문장과 출판사의 마케팅능력까지 합해져 경제학 관련서로는 드물 정도로 많이 팔렸다. 그러나 이 책이 담고 있는 내용의 이데올로기적 편향성은 매우 심각한 수준이다.

『도덕감정론』에서 그는 이 문제를 다루었는데, '보이지 않는 손'과는 사뭇 다른 주장을 하고 있다. 사람은 누구나 이기적으로 행동하지만 그러면서도 '양심의 소리'에 귀를 기울이게 된다는 것이다. 만화나 드라마 등에 가끔 등장하는 장면을 상상해보자. 뭔가 떳떳하지 못한 짓을 할까말까 고민하는 주인공의 얼굴 옆으로 두가지 장면이 떠오른다. 한쪽에는 천사 모습의 자신이 '그러면 안돼, 엄마가 얼마나 걱정하시겠니'하며 타이른다. 반대쪽에서는 뿔 달린 악마의 모습을 한 자신이 '괜찮아. 남들도 다 하는데 너라고 못할 게 뭐가 있어. 해버려'라고 유혹한다. 말하자면 출근길이 원활하게 소통되기 위해서는 최소한 일정 숫자 이상의 운전자나 행인들이 천사의 말대로 움직여야 한다는 전제가 필요한 것이다.

스미스는 하얀 천사의 역할을 '공명정대한 관찰자'라고 표현했다. 사람들의 마음속에는 공명정대한 관찰자가 있어서, 자신의 행동을 다른 사람들의 입장에서 객관적으로 평가해본다는 것이다. 그러므로 애덤 스미스를 좌파적(?)으로 해석한다면, 무한한 이기심의 추구는 공명정대한 관찰자에 의해 통제될 때에만 사회적으로 조화로운 결과를 낳을 수 있다. 이것은 최근에 정치학이나 경제학, 사회학 등에서 주목받는 '사회자본'(social capital)이라는 개념과도 관련이 있다. 사회자본이란 사회구성원들 사이의 신뢰와 밀접한 관계를 갖는다. 예를 들어 시장에서 그저 가격에 해당하는 돈을 지불하고 상품만 받는 것으로 끝나지 않고 거래 상대에게 어느정도의 배려를 해주는지를 가리키는 개념이다. 이는 사람들이 자신의 경제적 이익만을 추구하더라도 그것이 어느 수준에서 적절히 통제되지 않으면, 사회는 조화로운 상태에 도달할 수 없다는 생각과도 연결된다.

최근 우연히 읽게 된 어느 일본인 기자가 쓴 『중국의 이상한 자본주의』[2]는 중국경제를 사회자본 축적이 미약하다는 점을 들어 뿌리없는 식물에 비유한다. 이 책에서 드는 예는 이런 것들이다. 중국에서는 해마다 춘절(春節, 음력설)이면 수많은 사람들이 고향행 열차표를 사러 간다. 그런데 예매가 시작되는 순간 표는 이미 완전매진되고 동시에 역 주변 사설매표소에서 비싼 가격에 표가 팔린다는 것이다. 결국 기차표를 팔 수 있는 권력을 가진 이들이 자기 이익을 위해 권력을 돈과 바꾸려 하는 이른바 권력환금씨스템이 일반화되어 있기 때문이라는 설명이다. 구글(Google)에서 검색해보니 이 책을 펴낸 중앙공론신사라는 출판사는 중앙공론사를 요미우리(讀賣)신문이 인수하여 만든 회사라고 한다. 그러고 보니 지은이가 요미우리신문의 중국특파원 출신이라는 것도 이해된다. 중국인의 습속을 다소간 비하하는 시각이나 그러면서도 중국자본주의의 성장이 일본을 위협할 것이라는 두려움 등이 보수적인 요미우리신문의 논조와 유사하기 때문이다. 어쨌든 사회적 신뢰의 구축 없이 이기적 이익만을 추구하여 질주하는 자본주의는 피할 수 없는 문제점을 안고 있다는 지적이다.

스미스를 우파적으로 해석하건 좌파적으로 해석하건 간에, 한가지 분명한 것은 스미스가 경제 전체의 균형 내지 조화라는 문제를 구성원 개개인의 동기에서 출발해 설명하고자 했다는 사실이다. 이에 반해 맑스가 생각한 방법은 개인보다는 그 개인이 속한 집단, 나아가 계급단위의 행동과 계급간 대립 및 투쟁을 통해 사회가 변화·발전한다고 보는 것이었다. 물론 이러한 주장을 너무 기계적으로 해석해서 모든 개인은 자신이 속한 계급적 기반에 따른 사고와 행동만 한다거나, 사회구조만이 개인을 결정한다는 식으로 받아들이는 것은 잘못이다. 그러나 어쨌든 개인이 이기적으로 행동하느냐 안하느냐라든가, 사회자본이 어떤 식으로 얼마나 형성되어 있는가 등의 문제를 설명하기 위해서는 반드시 사회구조나 계급관계의 시각에 따른 설명이 필요하다. 예를 들면, 중국의 미약한 사회자본을 중국인의 천성이나 행동패턴만으로 설명하려 해서는 안된다는 것이다.

합리적인 경제주체로 살아가기

경제학과의 필수과목인 미시경제학을 공부할 때 가장 먼저 전제하는 것은 인간은 합리적이고 이기적으로 행동한다는 것이다. 이를 호모 에코노미쿠스(homo economicus), 즉 경제인의 가정(假定)이라고 한다. 그러나 어떤 의미에서는 경제학적 인간의 가정이라 부르는 것이 더 정확할 것이다. 1장에서 소개한 최후통첩게임에서 경제학자들이 생각하는 '정답'이 따로 있는 이유도 물론 호모 에코노미쿠스라는 전제 때문이다. 과연 현실에서 우리는 호모 에코노미쿠스처럼 행동한다고 볼 수 있는가? 미시경제학이 묘사하는 인간형이란 지갑 속에 들어 있는 돈이 얼마인지를 끊임없이 계산하는 동시에 시장에 나와 있는 상품들의 가격이나 품질에 관한 정보를 모두 파악하고 비교하면서 합리적인 의사결정을 내리는 인간이다. 앞서 완전경쟁 개념처럼 경제학을 배우는 많은 이들이 경제학이 지나치게 비현실적이라 생각하도록 만드는 지점이기도 하다.

10여년 전 낯선 도시로 이사한 나는 새로운 비디오 재생기(VTR)를 구입하고 싶었다. 광고전단지에서 얼핏 본 전자타운이라는 곳을 찾아 헤매고 다닌 끝에 몇시간 만에 겨우 원하는 제품을 살 수 있었다. 그렇게 헤매고 다닌 이유는 동네 주변의 전자제품 대리점이나 백화점보다 전자상가에서 파는 제품이 쌀 것이라는 상식적인 믿음 때문이었다. 그러나 바로 다음날, 우연히 들른 동네 상가에서 똑같은 제품을 만원이나 싸게 파는 것을 발견했다. 여기에서 분명한 사실은 내가 소비자로서 합리적인 행동을 하는 데 실패했다는 것이다.

그렇다면 명색이 경제학자인 나는 왜 합리적 선택에 실패했을까?

하나의 가능성은 정보가 부족했기 때문이라는 것이다. 내가 겪은 일은 10여년 전의 일이다. 만약 지금이라면 한시간 동안 발품을 팔고 다닐 필요 없이 방 안에서 커피 한잔 마시며 온라인 가격비교 싸이트에 들어가 원하는 제품을 가장 값싸게 살 수 있는 곳을 찾아냈을지도 모를 일이다. 『해리포터』의 마지막 권이 출간된 다음날 아침, 내 딸아이는 인터넷과 전단지를 적절하게 이용하여 오랫동안 기다렸던 책을 가장 싸게 살 수 있는 곳을 찾아내는 데 성공한 것처럼.

빌 게이츠(Bill Gates)가 말하는 '마찰없는 자본주의'(friction-free capitalism)가 염두에 두는 세상이 바로 이것이다. 인터넷에 접속해 마우스 클릭 몇번으로 원하는 정보를 손쉽게 얻을 수 있다면, 미시경제학에서 말하는 완전정보라는 상태에 가까워지는 것이다. 그리고 완전정보란 다름아닌 완전경쟁을 위한 필요조건 중의 하나다. 확실히 인터넷의 발전에 따라 정보를 얻는 데 드는 비용이 극적으로 떨어진 것은 사실이다. 그러나 지금 다시 내가 전자제품을 산다 하더라도 인터넷 싸이트를 잘 활용해 가장 합리적인 결정을 내릴 수 있을 것 같지는 않다. 여기에서 등장하는 또다른 가능성은, 별로 인정하고 싶지 않은 것이기는 하지만, 애초부터 내 머리가 좋지 못했기 때문이라는 것이다. 적어도 경제학 교과서에 말하는 머리만큼은. 그러나 역시 분명한 사실은 내가 나름대로 합리적이기 위해 노력했다는 점이다. 즉, 의도는 합리적이었으나 결과는 비합리적이었다고 할 수 있는 것이다.

의도만 합리적이었건 결과까지 합리적이었건, 확실한 것은 일상생활에서 우리들 대부분은 호모 에코노미쿠스로 살아가지는 않는다는 점이다. 그러므로 내게는 다행한 일이지만 내가 합리적 선택에 실패한 이유는 내 머리가 나쁘거나 정성이 부족했던 것이 아니라, 호모 에코노미쿠스라는 가정이 현실을 제대로 반영하지 못했기 때문일 가능성이 크다. 사실 호모 에코노미쿠스는 어떤 의미에서는 주류경제학의 공리 같은 것이라고 할 수 있다. 공리(axiom)란 증명도 반증도 불가능한 명제로서 어떤 학문이나 인식체계의 가장 기초에 놓여 있는 것이다. 예를 들어 기독교 신학의 기본적인 공리는 하나님이 세상만물을 창조했으며 예수는 인간의 죄를 대신 짊어지고 십자가에 못 박힌 메시아라는 것이다. 이 공리를 인정할 수 없는 사람들은 성서에 나오는 수많은 기적이나 주장을 믿을 수가 없다. 그러나 이 공리를 인정하는 기독교신자의 입장에서는 성서에 등장하는 모든 내용은 이 공리에서 도출되는 정리와 따름정리이기 때문에 논리적 증명이 가능한 것이다.

당연한 것이지만 호모 에코노미쿠스에 대한 비판은 특히 비주류경제학자들로부터 줄기차게 제기되어왔다. 가령 최근 일본에서 출간된 어느 대학교재[3]에서는 주류경제학에 대립되는 '사회경제학'이 갖는 특징 중의 하나로 인간의 제한적 합리성을 받아들인다는 점을 꼽고 있다. 여기서 일컫는 사회경제학은 일본인 학자들이 최근에 만들어낸 정치경제학의 새로운 이름이라는 점을 기억하자. 예를 들면 이 책에서는 사회경제학이라는 이름 속에 맑스경제학뿐 아니라 포스트–케인즈주의, 제도학파, 스라파주의경제학, 조절학파 등의 다양한 갈래의 비주류경제학도 포함하고 있다. 그렇다면, 과연 주류경제학과 비주류경제학의 결정적인 차이가 호모 에코노미쿠스의 가정을 받아들이는가 아닌가라는 리트머스 시험지에 의해 결정되는 것일까?

그러나 사실 맑스조차 적어도 자본가는 '자본의 인격화'로서, 즉 이기적이고 합리적인 호모 에코노미쿠스처럼 행동한다는 점을 누누이 강조한 바 있다. 자본의 본질은 끊임없는 이윤추구에 있다. 그러므로 자본가는 당연히 현재의 주어진 조건에서 최대한 정보를 수집하고 분석하여 가장 높은 이윤율을 가져다줄 생산방법을 선택하려 할 것이다. 물론 가장 싼값에 VTR을 사는 데 실패했던 나처럼 자본가도 결과적으로 합리적인 선택을 하는 데 실패할 수도 있다. 또는 아예 처음부터 자신이 100퍼센트 합리적으로 행동할 수 있으리라는 기대를 버리고 적절한 수준에서 타협하는 방법을 취할 수도 있다.

사실 자본의 합리적인 선택을 도와주는 학문이 바로 경영학이다. 예컨대 생산계획은 생산관리에서, 자금조달은 재무관리에서, 판매는 마케팅에서 다루는 것처럼 경영학에는 많은 분과가 정해져 있다. 2차대전 당시 군수물자보급과 관련하여 급속하게 발전한 분야 중의 하나가 선형계획법이라는 분야이다. 선형계획법의 고전적인 문제 중에 '다이어트 문제'(diet problem)라는 것이 있다. 이는 기본적인 영양소 필요량을 충족하면서 수많은 군인들에게 가장 효율적으로 밥을 먹이는 방법을 찾아내는 문제이다. 간단하게 말하면 여러가지 제약조건을 동시에 고려하여 가장 효율적인 답을 찾아내는 방식에 관한 연구다. 제약조건들은 등식으로도 부등식으로도 표현된다. 만약 여러분이 1000개쯤 되는 부등식으로 표현되는 제약조건을 동시에 충족하면서 가장 효율적인 생산계획을 찾아내야 하는 기업담당자라고 생각해보자. 여러분이 미국의 최고 대학에서 MBA를 취득한 유능한 관리자라면, 학교에서 배운 최신기법들을 총동원하여 효율적인 해법을 찾아내려 할 것이고 실제로 성공할 수도 있다. 그러나 만약 여러분이 오랫동안 같은 업무에 종사하면서 상당히 많은 경험과 노하우를 지닌 노련한 관리자라고 가정해보자. 그리고 1000개쯤 되는 제약조건을 고려하는 대신 풍부한 경험에 비춰 가능한 몇개의 답을 구한 후 적절한 수준에서 그중 하나를 골라도 앞의 결과와 큰 차이가 없다는 것을 알았다고 치자. 이제 여러분은 주류경제학에서 얘기하는 만큼 충분히 합리적으로 행동하기보다 십중팔구 적당한 수준에서 만족하는 경제주체로서 행동할 것이다.

실제로 호모 에코노미쿠스의 가정에 반대하는 비주류경제학자들은, 인간은 극대화나 극소화 같은 미분기계로 행동하기보다 적절한 수준에서 타협하거나 만족하고 만다고 주장한다. 맞는 말이다. 우리의 일상생활을 돌이켜보면 우리는 대체로 이렇게 행동한다. 나는 매일 아침 집에서 몇킬로미터 정도 떨어진 학교로 출근한다. 집에서 학교까지 가는 방법은 여러가지가 있다. 차마 실행에 옮겨보지는 못했지만, 운동 삼아 자전거를 타고 갈 수도 있을 것이다. 버스나 지하철을 탈 수도 있다. 그러나 대부분은 승용차를 직접 운전해 간다. 승용차를 운전하는 경우에도 학교까지 가는 경로는 여러가지가 있다. 아마 내비게이션으로 찾는다면 집에서 학교까지 가는 물리적인 최단경로를 찾아낼 수 있을 것이다. 그러나 나는 아무 생각 없이 평소에 늘 가던 길로 간다. 물론 내가 지금의 집에 처음 이사왔을 때에는 며칠에 걸쳐서 여러 경로를 시험했었다. 그러나 내비게이션이나 맵퀘스트(mapquest.com) 웹싸이트가 하는 것 같은 정밀한 최적화를 추구하지는 않았다. 1장에서 말했던 프리드먼의 당구선수처럼 행동한 것이다. 물론 이 당구선수의 행동을 미분기계를 통한 극대화와 극소화의 산물로 해석하느냐, 아니면 적당한 만족화의 산물로 해석하느냐가 호모 에코노미쿠스 개념의 타당성 논란에 종지부를 찍는 결정적 실험은 아닐 것이다.

연전에 한국사회를 강타했던 황우석사건 논란의 핵심은 줄기세포의 진위여부였다. 자연과학에 문외한인 나같은 사람이 생각하기엔, 같은날 한자리에 관계자들이 모여 줄기세포를 만드는 실험을 해보이면 그것으로 논란이 끝날 일이었다. 끝까지 포기하지 못했던 황우석 지지자들이 요구한 것도 그런 결정적 실험의 기회를 달라는 것이었다. 줄기세포 논란에서 과연 결정적인 실험이 있는 것인지 나는 알지 못한다. 아마도 경제학에 그런 결정적 실험이 존재할 가능성은 거의 없다. 그러나 한가지 분명한 것은 자본주의경제가 발전하면서 누구나 호모 에코노미쿠스처럼 행동하도록 만드는 경향이 생겨난다는 사실이다. 맑스 식으로 말하자면, 노동자마저도 자본가처럼 행동하도록, 즉 자본가적 합리성을 갖고 행동하도록 만드는 현실이 분명히 있다는 것이다. 그저 자신의 노동력을 재생산하는 데 급급해야 할 노동자가 그 노동력을 일종의 자본으로 생각해 투자수익률을 정확히 계산해 움직이는 사태가 실제로 생기고 있다는 것이다.

이것이 바로 유명한 인적자본론의 주장에 다름아니다. 인적자본(human capital)은 맑스경제학자들에게는 매우 반동적이고 위험한 개념으로 간주되어왔다. 도대체 노동력에다 자본이란 말을 갖다 붙여서 계급대립의 본질을 모호하게 만들어버리는 이론이 가당키나 한 것인가! 그러나 시장은 그것을 강요한다. 얼마 전 만난 공대 교수인 친구는 수많은 과학영재들이 순수 자연과학이나 공학을 공부하지 않고 의과대학에 진학하는 사태를 개탄해 마지않았다. 고등학교 시절 그 친구는 개교 이래 최고 수재라는 소리를 들었지만, 돈을 훨씬 많이 벌 수 있는 의과대학에 진학하지 않았다. 그 시절에만 그 친구 같은 학생이 있었던 것이 아니라, 지금도 그 친구처럼 돈 안되는 학과를 찾아가는 학생들도 있을 것이다. 그러나 한가지 뚜렷한 경향은 돈 안되는 험난한 길을 찾아가는 학생수는 점점 줄고 있다는 사실이다. 그리고 개인적인 차원에서는 역시 조국의 과학기술발전에 몸바치는 것보다는 일단 안정적인 직업을 갖고 유복한 생활을 누리는 것이 분명히 더 낫다. 요컨대 결과적인 합리성이 보장되건 아니건 간에 각 경제주체가 주어진 상황에서 개인의 이익을 위해 최대한 노력한다는 사실 그 자체를 부인하기는 어렵다. 더구나 그 이익이 점점 더 시장에서 돈으로 표현되는 이익을 의미하게 된다는 것도 부인할 수 없는 현실이다.

미국 시카고대학에서 수리경제학을 가르치던 우자와 히로부미(宇澤弘文)는 주류경제학자에서 반(反)주류경제학자로 변신한 사람으로 유명하다. 그는 베트남전쟁에서 베트콩 한명을 죽이는 데 드는 비용을 계산하여 최적의 살상비율(kill ratio)까지 계산하는 일을 일삼는 미국 경제학계의 도덕적 파탄을 분개하는 책을 썼다. 그 책을 읽던 스무살 무렵의 내가 우자와보다 더 분개했음은 물론이다. 세월이 흘러 조국의 경제성장과 자유민주주의의 수호를 위해 베트남에서 싸운 것으로 알려진 한국 병사들은 부인하기 어려운 양민학살의 혐의를 받게 되었다. 누가 양민이고 게릴라인지 구별하기도 어려운 밀림 속에서 생존을 위해 싸워야 했던 병사들의 행동을 어떤 의미에서의 최적화로 설명할 수 있을까. 그들에게 합리적 행동이란 과연 무엇이었을까. 최소의 무기로 최대의 베트콩 살상이라는 합리적 결과의 도출을 위해 한국군이 제대로 행동했는지를 고민하는 게 중요한 것이 아니다. 그들로 하여금 오로지 생존을 위해 죽기 아니면 살기로 싸울 수밖에 없게 만든 구조적 요인을 분석하는 것이 더욱 중요하다. 비유컨대 비판적 정치경제학의 포인트는 각 경제주체들이 생존을 위해 부딪힐 수밖에 없도록 만드는 틀 그 자체를 지적하고 그 틀을 비판적으로 극복하는 데 있다. 이를 위해 호모 에코노미쿠스의 가정을 섬세하게 검토하고 비판하는 것만으로는 부족하지 않을까? 인간의 비합리적인 일부 행동을 찾아내는 것은 어쩌면 호모 에코노미쿠스의 가정에 기반한 주류경제학의 체계를 파괴하는 것이 아니라, 오히려 보완해주는 시도로 전락할 위험도 있기 때문이다.

전방입소교육 어느날

1984년의 어느 봄날, 나는 수백여명의 대학동기생들과 함께 강원도 인제 소재 ○○사단 근처의 전방지역에서 행군을 하고 있었다. 당시 대학에 입학한 남학생들은 2년 동안 군사교육을 이수해야 했다. 그 프로그램 중 하나가 2학년이 되는 해에 일주일간 전방입소교육을 받는 것이었다. 지금 생각해보면 대단한 반감을 불러일으킬 만한 이 제도는, 결국 나의 대학입학 동기인 김세진·이재호군이 '미제의 용병교육 반대'를 외치면서 분신자살하는 계기까지 제공하게 된다. 그런데 군사교육을 받고 나면 나중에 현역병으로 입대할 때 석달의 복무기간 단축의 혜택이 주어졌다. 이는 일종의 학력차별의 성격을 갖는 것으로 비칠 수도 있다. 가정형편 때문에 대학에 진학하지 못한 고참병사가 자신보다 늦게 입대한 대학 출신의 병사가 먼저 제대하는 모습을 보며 눈물을 흘렸다는 이야기는 부대 주변에서 흔히 들을 수 있는 일화이기도 했다.

어쨌든 그날 완전군장에 소총까지 들고 행군하던 우리는 "담배 일발

장전"이라는 외침과 함께 휴식시간을 맞이했다. 그때 내 옆에 앉은 친구가 맛있다는 표정으로 담배연기를 들이마시면서 "이럴 때 보면 말이야. 가치는 노동이 아니라 효용 같기도 한데"라고 한마디했다. 그 친구는 경제학과 안에서 둘째가라면 서러워할 정도의 열성적인 운동권 학생이었다. 이에 또다른 운동권 학생이 농담조로 눈을 흘기면서 "야, 어디서 그런 반동적인 소리를 하는 거야"라고 내뱉자, 주위에 앉아 있던 우리는 큰 소리로 웃음을 터뜨렸다.

상품가격이 시장에서의 수요와 공급에 따라 결정된다는 것은 경제학 원론책 한번 들춰보지 않은 보통사람들도 경험을 통해 익히 알고 있는 사실이다. 그러나 경제학자들은 이렇게 자명해 보이는 사실을 확인하는 데 만족하지 않고 그 배후에서 가격에 영향을 미치는 요인을 찾아내려 했다. 이 요인은 가치(value)라는 이름으로 불렸다. 가치의 유력한 후보로 등장한 두가지 중 하나는 노동이고 다른 하나는 효용이다. 말하자면 그 친구가 피우던 담배 한개피의 가격이 그것을 만들기 위해 들어간 모든 인간노동, 예컨대 담배 재배농민의 노동, 담배회사 노동자의 노동 등의 합계로 결정된다고 보는 견해가 노동가치론이다. 반면에 그 친구가 느낀 심리적인 만족에서 출발해 가격을 설명하는 견해가 효용가치론이다. 담배를 만드는 데 들어가는 인간의 고통과 수고를 계산해야 한다는 관점은 경제학이 성립하던 시기부터 상당기간 동안 지배적인 아이디어였다. 물론 그 고통과 수고를 어떻게 계산해야 하는지에 관해서는 의견이 분분했지만 말이다. '고통과 수고' 대신에 '즐거움과 효용'의 관점에 주목한 경제학자들이 대세를 장악하기 시작한 것은 1870년대의 일이다. 경제학의 역사에서 흔히 말하는 한계혁명(Marginal Revolution)의 시대인 것이다. 미적분학이 쾌락과 고통을 측정하기 위한 수단으로 도입된 것도 이를 계기로 해서였다.

경제학과 학부생이 담배를 피우면서 고민했던(?) 노동과 효용의 관점 사이의 대립은 적어도 오랫동안은 경제학에서도 양자택일의 문제였다. 노동이냐 효용이냐의 문제였을 뿐 그 중간지대는 없었던 것이다. 예외적으로 양자를 동시에 다루려는 시도가 없었던 것은 아니지만[4] 주목받지 못하는 변방의 외침에 지나지 않았다. 그러나 사실 내 동기생이 담배를 피우던 그 시절에 이미 대학원과정의 미시경제학 교과서에는 가격을 노동이건 효용이건 그 무엇에도 상관없이 시장에서 관측되는 소비자의 행동만으로 설명할 수 있다는 이론이 복잡한 수식과 함께 깔끔하게 정리되어 있었다. 처음부터 즐거움과 효용이라는 실체를 전제해놓고 가격을 설명할 필요 없이, 거꾸로 가격에서 거슬러 올라가면 마치 효용이 그 배후에 놓여 있어서 행동한 것처럼 설명할 수 있다는 것이 20세기 전반기에 폴 쌔뮤얼슨이 제시한 이론이었다.

『수학의 정석』에나 나올법한 적분가능성이라는 이름으로 경제학과 대학원 1년차 학생들을 괴롭히는 주제가 바로 이것이다. 사실 한계혁명을 이끌었던 경제학자 레옹 발라(Léon Walras)는 이미 19세기에 "모든 것은 다른 모든 것에 의존한다"는 다소 맥이 빠지지만, 경제학의 지형을 바꾸어놓은 주장을 했다. 그가 생각하는 일반균형에서는 경제 전체에 존재하는 모든 상품의 가격은 동시에 서로가 서로에게 영향을 미치는 관계 이상도 이하도 아니었다. 이것을 수학으로 표현하면 n개의 가격이 n개의 방정식에 의해 결정되는 연립방정식체계가 된다. 그 연립방정식을 풀어서 답을 구할 수 있는지, 구해진 답은 외부의 충격에도 쉽게 흔들리지 않는지, 현실에서는 그 답을 어떻게 찾아낼지 등의 주제가 20세기 오랜 기간 주류 미시경제학의 중요 연구대상이었다. 이같은 변화 속에서 가치라는 개념은 서서히 경제학 교과서에서 사라져갔다.

내 대학동기가 노동과 효용가치를 가지고 농담하던 그 무렵, 주류경제학을 가르치던 한 교수님은 수업시간에 노동가치론에 매우 소박한 반론을 제기했다. "전복 따러 바다에 들어갔던 해녀가 1분 만에 우연히 주운 진주의 가치는 얼마인가? 만약 내가 1년의 세월을 들여 연필 한 자루를 정성스레 만든다면 그것의 가치는 또 얼마인가?" 대충 이런 질문이었던 것으로 기억된다.

그 질문 자체는 사실 맑스경제학을 조금만 공부해본 사람이라면 쉽게 반박할 수 있다. 노동가치란 어떤 우연적이고 예외적인 조건에서가 아니라, 평균적인 기술수준과 숙련하에서 상품을 생산하는 데 드는 노동시간을 의미하기 때문이다. 그러니까 억세게 운 좋은 해녀가 진주를 찾는 데 들인 시간이나 연필공장의 평균수준에 훨씬 미달하는 누군가의 노동시간을 굳이 고민할 필요는 전혀 없다. 그렇지만 그 소박한 질문을 좀더 심오하게 해석해본다면, 사람의 노동이 들어가지 않는 상품들의 가격은 어떻게 설명할 것인지의 질문이 될 수도 있을 것이다. 상품의 가치를 노동으로 설명하려는 시도는 이미 출발점에서부터 노동의 산물이 아닌 것들은 배제해놓고 시작하고 있으니 동어반복이 아닌가라는 반론과도 통한다. 이미 뵘-바베르크(Böhm-Bawerk) 이래 많은 반(反)맑스진영의 경제학자들이 제기해온 비판이다.

고통스럽겠지만 여기서 우리는 다시 '추상'이니 '입구'니 하는 생경한 개념으로 돌아가야 한다. 왜 맑스경제학에서는 노동이라는 틀을 통해 상품가격을 설명하려 하는가? 분석대상을 추상하는 과정에서 사회적으로 노동이 어떤 맥락에서 이루어지며 그 과정에서 사람들 사이에 맺어지는 사회적 관계는 어떤 것이고 어떻게 변화해가는지를 보려 하기 때문이다.

단지 가격에 영향을 미치는 많은 요소들, 예컨대 소비자의 즐거움, 생산자의 고통, 날씨, 에너지 사용량, 투기 등에서 후보를 하나하나 제거한 후, 노동이라는 딱 하나만 남은 것이 아니다. 인간사회나 역사는 재화의 물질적 생산과정을 통해 변화하고 발전한다는 관점 때문에 노동에 입각해서 가격을 설명하려는 것이다.

물론 산업혁명과 더불어 전개된 공장제도에 기초한 대공업 시기에 이르러서야 비로소 인간의 노동, 아니 생활 자체를 스톱워치(stopwatch)로 측정하는 관행이 일반화됐던 것이 사실이다. 찰리 채플린(Charlie Chaplin)이 영화 「모던 타임즈」에서 묘사한 '현대'가 그것이다. 이 때문에 노동을 기준으로 모든 상품의 가치를 설명하는 것은 오히려 자본주의적 의식의 산물이고 따라서 노동가치론도 자본주의 그 자체와 함께 버려져야 한다는 주장도 제기되고 있다.[5] 사실 이러한 주장이 등장하게 된 데는 모든 상품이 그것을 만드는 데 필요한 노동량대로 교환되는 세상이 바람직한 세상이라고 생각했던 일부 맑스주의자들의 해석 탓도 있다. 그렇지만, 노동가치론의 목적은 자본주의경제의 현실을 설명하려는 것이지 노동은 신성하다거나 모든 노동은 시간으로 측정되어야 한다는 주장을 하려는 데 있지 않다.

물론 현실의 경제주체들은 노동이니 효용이니 하는 골치 아픈 개념에는 관심도, 신경 쓸 여유도 없다. 베트남 밀림 속에 떨어진 병사가 살아남기 위해 총을 쏘고 때로는 야성적 본능을 드러낼 수밖에 없는 것처럼, 그들은 돈으로 평가되는 체제 속에서 최고의 금전적 이익을 얻기 위해 하루하루를 살아간다. 돈만이 말을 하는 세상에서 얼마나 많은 돈을 갖느냐는 자신이 가진 힘을 표시하는 척도이자 상대방에 맞서 힘을 행사할 수 있는지를 나타내는 지표인 것이다. 이러한 맥락에서 모든 가치론은 화폐가치론이다. 또한 노동을 가치라고 보는 것은 사회가 어떻게 발전하는가에 대한 거시적인 관점으로부터 도출되는 동어반복의 논리다. 그러나 그 동어반복은 우리가 살고 있는 자본주의사회를 분석하기 위한 이론적 절차인 것이다. 그 분석의 내용과 결과가 무엇인지는 앞으로 살펴볼 것이다.

'모든 것은 다른 모든 것에 의존한다'라는 발라의 해석이 가격은 상품들끼리 관계를 맺음으로써만 성립하는 것임을 의미한다면, 노동가치나 효용가치를 말하는 것은 상품들끼리 관계를 맺기 전부터 각 상품은 고유의 실체를 가지고 있다고 보는 것일까? 신영복(申榮福)은 서구문명에 기초한 자본주의의 문제를 모든 것을 '관계'로 푸는 동양철학으로 해결할 것을 주장한다.[6] 얼핏 발라에서 시작하는 주류경제학은 관계를 강조한 듯 보이고, 노동가치론은 서구 근대적 의미에서의 실체를 강조한 것처럼 보이기도 한다. 사실 경제학에서도 가치론의 역사를 이와 비슷하게 해석하는 관점도 있다. 즉, 노동이건 효용이건 잘 정의된 실체가 먼저 존재하고 그것이 상품 사이의 관계에 반영된다고 보는 견해가 다소 낡은 고전적 견해라면, 상품들 사이의 관계를 통해서만 가격이 성립하고 설명된다는 주장은 새로운 견해라는 것이다. 그러나 여기에서도 영역을 가로질러 어설픈 유비를 갖다대는 크로스오버는 조심해야 한다. 상품의 가치는 사회관계와 독립해서 존재하는 실체가 아니라, 물질적 생산을 둘러싸고 맺어지는 사회관계 바로 그것을 통해서만 형성되는 개념이기 때문이다. 교과서에도 나오던 유명한, 너무 유명해져버려 통속의 냄새마저 풍기는 시에서 김춘수(金春洙)는 "내가 그의 이름을 불러주기 전에는/그는 다만/하나의 몸짓에 지나지 않았다.//내가 그의 이름을 불러주었을 때/그는 나에게로 와서 꽃이 되었다."라고 노래했다. 오늘날에는 물론 가치라는 이름을 불러주는 것은 맑스경제학자들뿐이지만, 이름을 불러주기 전부터 가치는 이미 사회적 관계의 산물로서 저 너머에 존재하고 있었던 것이다.

자본주의가 발전할수록 모든 것은 상품이 되어 돈으로 바뀔 때만 의미를 갖는다. 즉 상품거래가 사람들 사이의 유일한 커뮤니케이션 방식이 되어 간다. 이러한 현실을 물신성이라는 개념을 통해 비판해보자.

...

대학원 쎄미나에서

1980년대 후반의 대학원 경제학과 수업시간, 당시 시간강사이던 김수행(金秀行) 교수의 쎄미나 시간에는 맑스경제학에 목말라하던 경제학과 학부생은 물론, 정치학이나 사회학 등의 인접학과 학생들로 북적거려 대학원 강의로는 드물게 40~50명은 족히 되는 성황을 이루었다. 수업시간에 맞담배를 펴도 되는 분위기이고 지금보다는 담배에 훨씬 관대하던 시절이라, 수업 시작 후 얼마 지나지 않아 강의실 안은 담배연기로 자욱해지곤 했다. 혼자서 또는 삼삼오오 모여 『자본론』을 읽어왔던, 나름대로 한가락씩 하던 숨은 인재들이 불꽃 튀는 논전을 벌이곤 했다. 그런 상황이 늘 반복된다는 것을 나중에야 알았지만, 『자본론』 앞 부분의 난해하기로 유명한 가치형태론이 주제가 될 때에는 이미 교수도 통제하기 어려운 난장판의 설전이 펼쳐졌다. 대학원 신입생인 나는 날고 기는 선배들의 논전을 침만 꼴깍꼴깍 삼키면서 지켜볼 따름이었다. 논쟁점은 왜 가치형태의 제2형태에서 제3형태로의 이행이 발생하느냐는 맑스경제학의 전통적인 논란거리 중 하나였다. 각자 일본의 누구 유럽의 누구의 학설을 전거로 삼으면서 얘기하고 있을 무렵, 한 낯선 얼굴 — 요컨대 경제학과 학생이 아니라는 뜻이다 — 이 씨니컬한 웃음을 흘리면서 "그건 맑스가 헤겔의 방법론대로 잠깐 장난쳐본 것에 불과하죠"라는 코멘트를 했고 강의실 안에는 잠깐 어색한 침묵이 흘렀다. 그가 바로 한두달 뒤인가 1980년대 운동권을 강타한 책인 『사회구성체론과 사회과학 방법론』을 발표한 사회학과 대학원생이라는 사실은 나중에야 알았다. 공부가 부족했던 나는 나중에야 이미 맑스 자신이 어디에선가 비슷한 얘기를 했다는 사실을 알게 됐다. 어려운 텍스트를 생산해내는 것으로 악명높은 루이 알뛰쎄르조차도 『자본론』을 읽을 때 가치형태론이 서술된 제1권 제1편, 「상품과 화폐」는 어려우므로 맨 마지막에 읽으라는 얘기를 했을 정도다.

물론 『자본론』은 철학적 텍스트로 읽을 수 있고 그렇게도 읽어야 한다. 그러나 좁은 의미의 경제학, 다시 말해 무엇인가 손에 잡히는 경제적 분석을 제공해주는가라는 관점에서 『자본론』 제1권 제1편을 읽는다면 어려움을 느끼게 되는 것만은 분명하다. 그래서인지 가치형태론은 노동가치론 연구자들 사이에서도 헤겔에 입각한 철학적 해석이나 정치학적 해석에 주력하는 이들이 주로 연구하는 주제일 뿐, 경제분석이라는 측면을 강조하는 이들은 별로 다루지 않는 주제 중 하나이기도 하다. 헤겔철학보다는 오히려 경제수학 교과서에서 편안함을 느끼는 내가 개인적으로 찾아낸, 가치형태론이 밋밋하게 느껴지는 이유는 두가지 정도이다.

첫째, 맑스는 어쨌든 노동가치론이 하나의 상식으로 통하던 경제학계의 분위기 속에서 글을 썼다는 사실이다. 그러므로 왜 노동이 가치인지부터 고민해야 하는 현대의 독자는 쉽게 따라가기가 어렵다. 예컨대 맑스는 인간의 노동이 가치의 실체가 된다는 사실을 이렇게 설명한다. 여러 상품이 서로 교환된다는 사실은 그들 사이에 무엇인가 공통점이 있다는 뜻이고, 그래서 상품의 속성 중에서 하나씩 지워나가다보면 결국 남는 것은 인간 노동의 산물이라는 사실뿐이라는 것이다. 이는 흔히 '증류법'이라 불린다. 즉, 소금물을 끓여 증류하면 결국 남는 것은 소금뿐이라는 식의 얘기이다. 그러나, 사실 이러한 주장만으로 노동이 가치의 원천이라고 믿도록 설득당할 독자는 그리 많지 않다. 더욱이 '모든 것은 다른 모든 것에 의존한다'는 발라의 일반균형론이 압도하는 미시경제학 교과서로 공부한 경제학 전공자라면 훨씬 받아들이기 어려울 것이다.

둘째, 화폐는 어떻게 발전해왔는가 등의 주제를 다룬 경제학 책을 한 번이라도 훑어본 독자라면, 가치형태에 관한 맑스의 논의는 너무 싱겁다고 느낄 것이다. 가치형태론의 내용은 어떤 상품 A와 다른 상품 B가 서로 등가교환되는 관계에서 시작하여(제1형태), 상품 A가 상품 B뿐 아니라 상품 C, D, E 등의 무수히 많은 상품과도 등가교환된다는 점을 보인 다음(제2형태), 다시 이 관계를 뒤집어서 상품 B, C, D, E 등이 상품 A하고만 교환되는 형태로 옮아갔다가(제3형태), 마지막으로 상품 A의 자리에 금으로 대표되는 화폐상품을 집어넣는 것(제4형태)으로 끝난다.

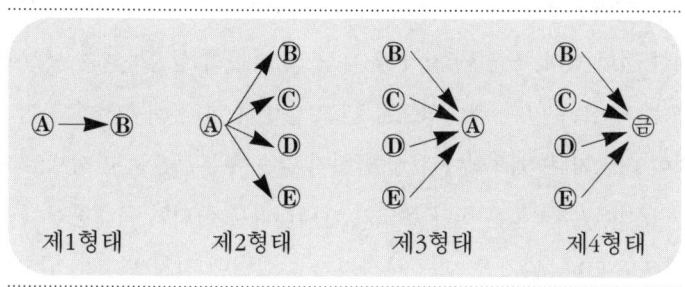

3장 화폐와 물신성 71

그런데 이것은 역사적으로 보면 처음에는 두 재화의 물물교환, 예를 들면 비단 한필과 돼지 한마리를 바꾸는 것에서 시작하여, 점점 불편을 느낀 사람들이 금붙이 같은 것을 돈으로 쓰기 시작했으며, 여러가지 문제 때문에 종이조각으로 금붙이를 대신하는 지폐가 등장했고 하는 식의 화폐금융론 교과서 앞부분의 서술과 비슷하기 때문이다. 이는 이른바 '논리역사설'이라 불리며, 『자본론』에 등장하는 개념들은 그 서술순서가 역사적 발전의 순서와 일치하는 구조를 가지며 그것이 바로 변증법이라는 해석도 맑스에 관한 쎄미나에서는 빠짐없이 등장하는 주장이었다.

결국 가치형태론의 밋밋함을 해결하기 위해 맑스의 경제학 방법론을 설명할 때 철학적 해석이 동원되기도 한다. 대표적으로 맑스의 경제학 연구방법은 구체적 사실에서 출발하여 점차 추상적 개념으로 나아가는 것이고, 경제학의 서술방식은 반대방향으로 진행된다는 주장이 있다.[1] 따라서 증류법처럼 가치의 실체를 노동이라고 간단히 설명하고 넘어가버리는 것은 맑스 자신이 이미 연구과정을 거쳐 그러한 결론에 도달한 후에 책을 썼기 때문이라는 것이다. 사실 이러한 해석은 난장판이 되어버린 대학원 쎄미나에서 잠정적인 결론으로 제시되던 것이었다. 이 해석의 아쉬운 점은 결국 '맑스가 그렇게 했으니 맞다'는 식으로 받아들여질 소지가 있다는 점이었다.

나는 영어공부를 할 목적으로 초보적인 수준의 영어성경읽기 모임에 참여한 적이 있다. 모임에 참가한 기독교신자들의 성경독해는 성경에 나온 모든 구절은 일단 절대적으로 믿고 출발하여 각 복음서마다 약간씩 표현이 다르거나 생략되어 쉽게 읽히지 않는 부분들을 논리적으로 채워가는 방식이었다. 물론 비단 종교가 아니더라도 이러한 독해방식이 필요한 경우도 있다. 맑스쯤 되는 사상가가 수십년에 걸쳐 써놓은 원고들을 모아 만들어진 책을 읽다보면 중언부언하는 경우도 있고 앞뒤가 맞지 않는 것처럼 보이는 부분도 있게 마련이다. 이럴 때에는 아주 작은 논리적 허점을 들어 전체를 기각해버리기보다는 일관된 논리가 무엇인지 먼저 파악한 다음 거기에 맞춰 텍스트를 읽어보려는 호의적 해석이 필요할 것이다. 그러나 이러한 호의적 해석이 텍스트 자체를 신비화하는 것이어서는 곤란하다.

나는 고등학교 졸업을 앞둔 어느날, 우연히 매우 리버럴하다고 소문난 목사님의 설교를 들은 적이 있다. 그분은 이른바 오병이어(五餠二魚)의 기적, 즉 예수가 물고기 두마리와 떡 다섯개로 수천명의 군중을 먹였다는 기적에 관해 얘기하셨다. 그분의 해석인즉, 기적 자체가 핵심이 아니라 스승인 예수에서 조그만 어린이에 이르기까지 전체를 위해 먹을 것을 조금씩 내놓음으로써 결국 전체가 다 함께 살 수 있게 된다는 정신에 초점을 두어야 한다는 것이었다. 그 해석이 정통적인 기독교신자에게 어떻게 받아들여질지는 모르겠지만 우리는 거장의 사회과학 텍스트를 이같은 방식으로 읽어야 할 것임에는 틀림없다. 근본주의적 종교인이 경전을 읽는 것처럼 되지 않으려면, 사회과학 텍스트가 지향하는 핵심적인 의도를 파악하려고 노력해야 한다.

한편에서는 너무 단순해 보인다 말하고, 다른 한편에서는 난해한 글쓰기로 소문난 알뛰쎄르조차 어렵다고 인정한 가치형태론에서 맑스는 무엇을 말하고자 한 것일까? 『자본론』의 분석대상은 어디까지나 자본주의사회였다는 점, 가치의 원천을 당연히 노동으로 여기던 시절에 쓰였다는 점 등을 감안한다면, 맑스는 우리가 매일 경험하는 화폐교환이라는 체제가 어떻게 가치의 실체인 노동의 본질과 연결되는지를 고민했을 것이다. 맑스가 자본론에서 가치형태론을 서술하면서 상품의 물신성

(fetishism)을 논의한 이유도 여기에 있다.

지그문트 프로이트(Sigmund Freud)는 성충동을 의미하는 리비도(Libido)라는 개념으로 꿈의 분석을 시도했다. 우리가 매일 밤 꾸는 모든 꿈의 스토리를 성충동과 관련지어 설명할 필요도, 그럴 수도 없다. 그렇지만 특정한 정신병리적 증세를 지닌 환자의 꿈을 분석하는 데 이 개념은 매우 유용할 수 있다. 자본주의를 돈에 의해 마법이 걸린 세계쯤으로 이해한다면, 이 현상이 어떤 본질을 가진 것인지 추적하는 일은 자본주의를 병리학적으로 분석하기 위한 기초가 되는 셈이다. 바로 그 자본주의의 병리적 현상이 맑스가 물신성이라는 용어로 표현하고자 했던 개념이다. 심리학에서 프로이트가 차지하는 위치는 현대경제학에서 맑스가 차지하는 위치와 비슷하다는 말을 들은 적이 있다. '누구나 프로이트가 심리학자인 줄 알지만 정작 심리학자들은 전혀 다루지 않는다'는 점에서 말이다. 만약 현상을 하나의 본질로 설명하려는 태도를 지적하는 것이라면 프로이트와 맑스는 비슷할지도 모르겠다. 그러고 보면 페티시즘이라는 용어도 일종의 성도착증을 의미하는 개념이기도 하지 않은가!

그러나 현상과 본질이 일대일로 대응되지 않는다는 기본적인 사실을 받아들인다면, 그리고 '본질과 현상이 일치한다면 모든 과학이 쓸모없어질 것'이라는 맑스의 말을 기억한다면, 경제학자가 되건 아니건 여전히 맑스를 읽는 것은 필요하다. '모든 것은 다른 모든 것에 의존한다'는 가격이론이 자본주의체제 자체를 문제삼는 시각을 막아버림으로써 궁극적으로는 그 정당성에 문제를 제기하는 것마저도 봉쇄해버리는 현실을 생각하면 더더욱 그러하다.

최영미와 리아 코헨

어느해 겨울, 치료를 위해 드나들던 치과의 작은 응접실에서 우연히 월간지를 집어들었다. 어찌하다보니 약간의 원고료 수입과 알량한 이름을 팔아먹는 재미에 신문 등에 칼럼이라는 명목으로 잡문을 쓰고 있을 때였다. 월간지에는 당시 지방의 소도시로 혼자 옮겨가 살기 시작한 시인 최영미(崔永美)가 자신의 일상을 붓 가는 대로 쓴 수필이 실려 있었다. 맥락은 다르지만 오래전 내가 경험한 것과 비슷한 일상의 느낌을 눈에 보듯이 생생하게 풀어낸 그 글은 마치 '잡문이란 이렇게 쓰는 거야!'라고 말해주는 듯했다. 그날 이후 나는 기꺼이 그녀의 팬이 되기로 작정했고, 그녀의 신간이라는 사실 하나 때문에 평소 같으면 전혀 관심이 없었을 미술에 관한 책인 『화가의 우연한 시선』까지 주문했다. 어쩌면 그 책에 나온 그림설명들은 나같은 문외한에게는 굉장한 도움이 되는 것들이지만, 미술을 전공하는 사람들 입장에서는 별로 새로울 것이 없는 내용일지도 모르겠다. 어쨌든 두서없이, 예쁜 그림이 보이는 순서대로 한 꼭지씩 읽어나가다가, 19세기 프롤레타리아계급을 묘사하는 '세탁부'란 그림을 설명하면서 '자본론은 잊어도 세탁부는 잊혀지지 않는다. 그것이 경제학과 그림의 차이다'라는 촌철살인의 구절 앞에 멈춰서고 말았다. 그래, 나도 처음 경제학을 공부하려고 했을 때, 더욱이 경제학 공부를 직업으로 선택할 때는, 그림 같은 경제학, 한번 보면 가슴에 화인(火印)이 찍혀 두고두고 아리게 만드는 그런 경제학을 공부하고 싶었었지. 그런데 지금 내가 하는 건 뭘까? 학생들은 내게 그런 시절이 있었음을 눈치라도 챌 수 있을까? 판에 박힌 한학기 강의는 좋은 그림 하나 읽고 코멘트하는 것만큼의 가치라도 있는 것일까? 온갖 상념이 스쳐 지나갔다.

사실 정치경제학이라는 이름으로 10여년째 맑스경제학을 강의하고 있지만, 매 학기초의 넘치는 의욕은 학기 중반을 넘어서면 교사로서의 내 능력에 대한 회의와 좌절로 끝을 맺곤 한다. 억지로 핑계를 찾아보자면 주류경제학 중심의 커리큘럼 속에 하나의 섬처럼 고립된 맑스경제학의 사고체계나 용어들이 학생들에게는 너무나도 생경하다는 것 그리고 하이퍼텍스트와 그래픽 중심의 지식체계에 익숙해진 그들에게 추상적인 텍스트 중심의 사유는 잘 받아들여지지 않는다는 것 등 때문일 것이다. 신간 추천지면을 읽고 우연히 집어든 리아 코헨(Leah Cohen)의 책인 『탁자 위의 세계』(Glass, paper, beans)는 다소 무의미한 듯이 나열된 원제목의 세 단어에서 매개된 연상작용을 통해 이야기를 풀어나간다. '어느날'이라는 이름의 까페에 앉아 유리잔에 담긴 커피를 마시며 신문을 읽는 장면에서 시작하여, 유리를 만드는 사람, 커피콩을 재배하는 사람 그리고 종이의 원료가 될 나무를 베는 사람의 이야기로 이어가며 세계가 탁자 위에서 하나로 연결되는 구조에 관해 설명한다. 『자본론』과 『공산당선언』이 포함된 참고문헌 목록이 말해주듯, 놀랍게도 그 핵심적인 내용은 다름아닌 맑스의 상품 물신성에 관한 분석이었다. 『자본론』이 '죽은 개' 취급받는 세상에서 그의 책 표지의 광고문구에 따르면 뉴욕타임즈가 선정한 '올해의 주목할 만한 책'이었다니! 무미건조하게 생소한 개념들을 논리적으로 나열하는 몇백편의 경제학 논문보다 때로는 한편의 소설이나 영화가 메씨지 전달에 훨씬 효과적일 수 있다는, 경제학자 빼고는 누구나 다 알 법한 교훈을 새삼 확인한다.

'상품의 물신성을 다섯 줄 이내로 설명하라'는 중간고사 문제에 '자본주의사회에서 인간 대 인간의 사회적 관계가 상품이라는 물건 대 물건의 관계로 치환되어 나타나는 현상'쯤으로 답하면 학생들은 만점 가까운 점수를 받을 수 있다. 수강생이 수십명, 때로는 100명을 넘는 강의에서 이 정도의 기계적인 평가는 어느정도 불가피한 것이 현실이다. 때로 학생들의 감정에 호소하기 위해 나는 짐짓 비장한 표정을 지으며 그들이 신고 있는 품질 좋은 나이키 운동화는 하루에 1달러도 안되는 낮은 임금과 가혹한 노동조건에 시달린 제3세계 아동노동의 착취의 산물이라고 말하기도 한다.

그렇지만 이것이 진실의 전부는 아니다. 오래전 조안 로빈슨(Joan Robinson)이 말한 것처럼, 자본주의사회의 노동자에게 착취당하는 것보다 더 나쁜 유일한 상태는 착취해줄 상대방을 만나지 못하는 것, 즉 일자리를 얻지 못하는 것뿐이다. 예를 들면 개성공단에서 수십만원의 월급을 받는 북한 노동자를 두고, 발전에 뒤처진 동포들을 남한 자본가들이 착취한다고 비판하는 것이 반드시 옳은 얘기는 아닐 수 있다는 것이다. 언젠가 일본의 전자제품 상가에서 똑같은 쏘니제품이라도 메이드 인 차이나가 아닌 진짜 일본제, 그러니까 메이드 인 재팬을 찾아 발품을 파는 수많은 한국관광객들 속에 나도 섞여 있었다. 그렇지만 세계화라는 말 자체가 상투적인 잡지 표제어처럼 되어버린 오늘날, 그런 시도가 무용지물이라는 것은 두말할 나위도 없다. 나는 지금 삼성 로고가 선명히 찍힌 노트북으로 이 글을 쓰고 있다. 그러나 이 컴퓨터의 수많은 부품들 중에서 어떤 것은 중국, 어떤 것은 동남아, 또 어떤 것은 아프리카에서 만들어졌을지도 모른다.

제3세계 노동자나 농민을 착취하지 않고 공정하게 만들어진 착한 커피를 마시는 것은 때로 역전 노숙자에게 500원짜리 하나 던져주는 것보다 뿌듯한 느낌을 줄 수도 있다. 그러나 베스트셀러인 『경제학 콘서트』

는 그것도 결국 자본의 가격차별 전략에 불과하다는 냉정한 평가를 내린다. 즉, 공정무역이라는 말에 일말의 도덕적 부채의식을 느끼는 소비자들은 똑같은 커피 한잔도 더 높은 값을 내고 마실 용의가 있을 것이고, 그렇다면 그들에게 더 비싼 값을 받으면서 커피를 팔 수 있으리라는 것이다. 이는 마치 유기농이라는 꼬리표 앞에서 잠시 망설이다 더 높은 값을 지불하고 농산물을 사는 소비자의 행태와 다르지 않다는 주장이다. 다만 글쓴이가 신자유주의의 선봉에 서 있는 『파이낸셜 타임즈』(Financial Times)의 논설위원 출신이라는 사실이 마음에 걸리기는 한다. 먹고살기에 정신없는 생활인으로서 불공정한 제3세계 착취를 고쳐나가기 위해 그나마 할 수 있는 작은 실천마저도 냉소를 흘리며 깐죽거리는 것 같아 불쾌한 느낌이 드는 것도 사실이다.

그러나 자본의 힘은 위대하기까지 하다. 만약 상품의 물신성이 단지 커피콩을 재배한 농민의 이름이 '로드리게스'인지 '마르티네스'인지를 모른다는 정도를 의미한다면, 이미 자본은 오래전에 그 수준을 넘어섰다. 내가, 아니 정확하게는 내 아내가 10여년 전에 퇴직금 대신에 떠안은 어느 재벌그룹이 만든 자동차의 유리창에는 제품을 최종 검수한 노동자 이름이 아직도 선명하게 새겨 있다. '30분 이내 배달'이라는 모토로 유명한 도미노피자는 2008년초부터 미국내의 매장에서 소비자가 자신이 주문한 피자의 제조 및 배송상태를 인터넷으로 확인할 수 있는 써비스를 도입했다. 컴퓨터의 모니터에는 오븐 속에서 구워지고 있는 내 피자를 담당하는 종업원의 이름도 선명하게 표시된다. 내 노트북도 네크워크로 연결된 대기업의 생산공급 관리기록을 검색하면 그다지 어렵지 않게 중앙처리장치(CPU)는 어느 나라의 누가 만들었는지, 키보드는 또 어디에서 만들어졌는지, 최종 검수책임자는 누구인지 일목요연하게 알아낼 수 있을 것이다. 결국 물신주의를 서술하라는 시험문제에, 인간관계가 물건 대 물건으로 치환되는 현상이라 답안을 쓴 학생에게 이제는 만점을 주기는 어렵지 않을까.

신토불이와 'eat locally'

한미자유무역협정 체결을 둘러싼 한국사회의 논쟁구도는 가히 이데올로기 싸움을 방불케 하는 것이었다. 사안의 구체적인 내용보다는 추상적인 거대담론이 일종의 선동구호처럼 제시되었다는 점도 그러하고, 거두절미하고 너는 찬성 또는 반대, 어느 편이냐고 다그쳐 묻는 듯한 분위기가 그러했다. 사실 협정이 출발점에서부터 정치적인 성격을 강하게 띠었다는 점을 감안하면 어느 정도는 불가피한 일이기도 하다. 그러나 자유무역이 모든 참가국의 후생을 극대화하는가와 국책연구원이 고의적으로 CGE모형의 계수를 조작한 것인가 같은 경제학적 이슈보다 훨씬 민감하게 받아들여질 수밖에 없는 것은 과연 뼛조각이 포함된 미국산 쇠고기를 먹어도 괜찮은지의 문제였다. 비단 생태 근본주의자가 아니더라도 또는 대단한 애국주의적 정서의 소유자가 아니더라도, 신토불이(身土不二)라는 사자성어는 쉽게 가슴에 와닿는다. 뼛조각이 포함된 검증되지 않은 쇠고기를 억지로 먹이려는 '엉클 쌤'(Uncle Sam)의 이미지는 제국주의의 상징물인 럭키 스트라이크 담배를 물고 제3세계 민중을 밟고 선 옛날 풍자만화의 이미지와 겹쳐질 정도이다. 한국보다 미국에 정치적으로 더 종속된 일본조차도 먹거리와 관련하여 이런 식의 이미지가 형성되어 있기는 마찬가지다.

그런데, 방문연구원으로 미국에서 생활한 지 두어달 지나면서 나는 흥미롭게도 미국에서도 최소한 미디어에서는 똑같은 분위기가 팽배하다는 사실을 발견했다. 안전성이 전혀 검증되지 않은 중국산 먹거리를 제대로 통제하지 못하는 정부와 대통령을 향해, 텔레비전 속의 앵커는 도대체 이 나라 국민을 생각이나 하는 거냐며 독설을 퍼부었다. 중국은 예측할 수 없는 행동을 일삼는 '공산주의자'라는 비판도 뒤따른다. '지역의 먹거리를 먹자'(eat locally)는 구호는 대형슈퍼의 유기농산물 코너에서 심금을 울리는 호소력을 갖는다. 나는 잠시 갈등했다. 도대체 한국에서 40년을 살아온 내가 고작 1년 남짓 지내는 미국에서 신토불이를 따라야 하는가, 아니면 'eat locally'를 따라야 한단 말인가?

한가지 분명한 것은 글로벌화된 시장관계 속에서 살아가면서 신토불이나 'eat locally'의 원칙을 고수하려면 훨씬 많은 돈이 필요하다는 사실이다. 나는 어느해 여름방학 동안 일본 오오사까(大阪)의 작은 서민동네에서 지낸 적이 있었다. 일인당 국민소득이 우리가 그토록 바라던 2만달러의 두배쯤이고, 무엇보다도 평균수명이 90세를 바라보는·부자나라의 제2도시에서, 나는 에어컨도 없는 다다미방에서 섭씨 38도의 나날을 버텨야 했다. 나야 두어달 지내다 떠나오면 그뿐이었지만, 칠팔십세가 넘어 보이는 할머니들이 좁은 목조건물의 계단을 굽은 허리로 오르내리며 더위와 싸우고 있었다. 동네 입구에는 제법 큰 슈퍼가 있었는데, 일본이 물가가 비싼 나라라는 선입견을 여지없이 깨줄 정도의 싼값에 식료품 등을 팔고 있었다. 도착한 첫날, 방을 구해준 한국인 유학생에게 들은 이야기는 가까운 곳에 슈퍼가 있어서 편리하지만 그곳의 도시락을 사 먹으면 십중팔구 배탈이 난다는 이율배반적인 것이었다. 일본말이 서툰 중국인 점원이 돈을 받는 계산대 앞에서 동남아 출신 이민자들과 예의 빈곤에 지친 할머니들과 함께 줄을 서면서 나는 '친구, 자네가 입만 열면 들먹이던 세계화가 바로 이런 걸세'라는 환청에 시달렸다. 그러나 동네에서 딱 한 블록만 가면 일본이 얼마나 잘사는 나라인지를 확인시켜주는 고급슈퍼가 있었다. 그곳에서는 여느 슈퍼에서 파는 것과 보통명사로서는 동일하지만 실제로는 분명히 구별되는 여러 먹거리를 팔고 있었다. '나는 오늘 점심때 슈퍼마켓에서 튀김도시락을 사서 먹었다'라는 간단한 문장에 등장하는 슈퍼마켓이나 튀김, 도시락 따위의 보통명사들이 실제로는 얼마나 다른 현실을 표현할 수 있는지를 알려주기라도 하듯이 말이다. 미국, 일본, 한국 모두 다른 나라의 먹거리는 위험하고 자신의 것만 안전하다고 믿는 그 순간에도, 그 믿음의 사실 여부와 상관없이 먹거리의 양극화는 그렇게 진행되고 있었다. 어쩌면 로컬 푸드(local food)를 표방하는 또다른 자본이 마치 '착한 커피' 같은 거부하기 어려운 호소력을 지닌 채 소비자의 주머니에서 더 많은 돈을 끌어내려 하고 있을지도 모르지만 말이다.

맑스가 제시한 물신성이라는 개념이 포이어바흐(L. Feuerbach)의 종교비판에서 비롯됐다는 것은 잘 알려진 사실이다. 스스로 유한한 존재임을 깨달은 인간이 절대적이고 무한한 존재, 즉 스스로 생각하는 절대자가 갖추어야 할 모든 요소들을 모아 신이라는 개념을 만들어냈으나 일단 이렇게 만들어진 신은 이제 거꾸로 인간의 행동을 지배하게 된다는 것이다. 맑스가 종교를 '인민의 아편'이라고 불렀던 것 또한 잘 알려져 있다. 대체로 한국사회의 반공교육하에서 그 구절은 맑스 같은 공산주의자가 신성한 종교를 반사회적인 아편에 비유한 불경스러운 문구로 해석되었다. 때로는 엉뚱하게도 한국사회에서 상당한 기득권을 누리게 된 종교단체, 예컨대 대형교회 등에 비판적인 생각을 갖는 (신자가 아닌) 일반인들이 근본주의적인 신자들 및 교회를 해당 종교 자체와 동일시하면서 비난하는 데 사용되기도 했다. 그러나 맑스가 종교를 아편이라고 불렀을 때, 그가 주목하려 했던 것은 어쩔 수 없이 아편을 맞을 수밖에 없는 이들의 고통스러운 현실이었다. 단지 아편이 나쁘다는 비판을 넘어 아편이 현실적으로 필요한 이유를 설명하는 것이 중요한 것이다. 그러므로 아편을 좇는 이들을 비판하기보다는 아편을 좇을 수밖에 없는 이유를 설명하고, 아편의 대체물을 만들어나가려는 노력이 필요함은 물론이다. 극심한 고통을 겪는 암환자에게 마약성 진통제는 몸에 나쁜 것이니 무조건 참으며 끊어야 한다면서 마약의 해악을 설명해주는 것이 항상 바람직한 것만은 아니다.

20세기에 사회주의혁명을 실현하고자 했던 많은 국가사회주의자들이 가지고 있던 잘못된 생각 중 하나는 국가권력을 장악한 다음 인간사회의 틀 자체를 일거에 바꿔버리면, 예컨대 상품의 물신성도 봄날에 눈 녹듯이 사라져버릴 것이라 기대한 점이었다. 상품의 물신성을 철학적으로 비판하기는 쉽다. 그러나 우리가 겪고 있는 현대 자본주의사회는 물신에 휩싸인 상품관계가 거의 유일한 커뮤니케이션 방식으로 강요되는 사회다. 따라서 개인적 생존이 걸린 일상생활에서 스스로 상품의 물신성에 대항하기란 너무나도 어렵다. 물론 구조가 먼저 바뀌면 좋을 것이다. 그렇다고 혁명의 대의에 비추어 성에 차지 않는 사소한 일상일지라도 거기에서부터 대안적인 커뮤니케이션 방식을 찾아내려는 노력 또한 포기해서는 안된다.

민족적 생활양식과 박현채

박현채(朴玄埰)는 여러가지 의미에서 한국 진보경제학계에 커다란 족적을 남긴 인물이다. 그는 1960~70년대 한국의 재야진보세력의 공통된 정서를 이론화한 경제학자였다. 그가 경제평론들을 묶어서 발간한 책 제목은 『민족경제론』이었다. 박현채와 이데올로기적으로 정반대편에 서 있는 사람들이라면 끊임없이 찾아내려 했을 북한과 그의 지적 연계성은 그가 경제학자답지 않게 '민족'을 강조했다는 사실 정도일 것이다. 상당히 오랫동안 북한의 공식적인 경제이론은 '자립적'이라는 관형사가 붙기는 했지만 어쨌든 민족경제론이었기 때문이다. 그러나 김구(金九)는 좋은 테러리스트이고 알카에다(Al-Qaeda)는 나쁜 테러리스트라고 구분하는 것만큼이나, 좋은 민족주의와 나쁜 민족주의를 구분하기는 쉽지 않을 뿐 아니라 때로는 무의미하기도 하다. 예를 들자면, 일본군 장교 타까끼 마사오(高木正雄, 박정희의 창씨명)를 민족주의와 연결짓는 것은 상상조차 할 수 없는 이들도 많겠지만, 독재자 박정희의 인식틀에는 어떤 의미에서든 민족주의적 정서가 자리잡고 있었던 것도 사실이다. 어쨌든 전형적인 경제학자들과는 매우 다르게, 그러나 1960~70년대 한국의 많은 지식인들처럼 민족경제의 자립을 강조한 박현채의 민족경제론은 1997~98년 외환위기 이후 잠깐 주목받기도 했지만 지금은 이미 생명력을 상실한 이론으로 취급받고 있다. 붉은 악마나 황우석사건, 영화 「디워」를 둘러싼 논쟁 등에서 알 수 있듯이, 민족주의와 국가주의, 애국주의 등은 여러 가지 형태로 뒤섞이면서 한국사회에 많은 영향을 미쳤던 뜨거운 감자임에는 틀림없다.

박현채는 1980년대 후반에 민족경제론을 하나의 이론으로 체계적으로 다듬으려는 노력을 하게 된다. 민주화운동의 성과로 오랜 시간강사 생활 끝에 정식으로 대학교수가 된 그가 담당하던 민족경제론 강좌의 교과서격인 『민족경제론의 기초이론』이 그 결과물이다. 사실 이 책이 나오기 전, 그러니까 1985년에 그는 독재정권시절 폐간되었다가 복간된 『창작과비평』에 당시 대학가 등에서 유행하던 종속이론을 비판하는 글을 썼다. 여기서 그는 당시 한국사회가 국가독점자본주의 사회라고 규정한다.

사실 맑스-레닌주의자들이 즐겨 사용한 국가독점자본주의라는 개념은 당시의 두가지 현실을 반영한 것이었다. 하나는 1930년대 세계대공황을 겪으면서 자본주의국가들이 경제에 개입하는 비중이 매우 커졌고, 결국 그 이전과 자본주의 성격 자체가 상당히 변화했다는 현실이다. 다른 하나는 비록 레닌은 제국주의론에서 사회주의혁명이 가능할 정도로 자본주의가 최고의 단계에 이르렀다고 주장했으나, 그 뒤로도 여전히 자본주의가 계속 발전하고 있다는 무시할 수 없는 현실이다. 즉 자본주의는 공황을 겪으면서도 여전히 건재한 현실에 대한 분석과 그럼에도 결국에는 무너지는 것 아닌가라는 희망 섞인 바람에서 탄생한 것이 바로 국가독점자본주의론인 셈이다.

박현채가 1985년 당시의 한국사회를 국가독점자본주의라고 규정한 것은 여러가지 함축적인 의미를 담은 것이었다. 1985년이라면 한국경제가 수백억달러에 이르는 외채 때문에 곧 남미의 채무국들처럼 무너질 것이라는 관측도 제법 설득력을 갖던 시기였다.* 그런가 하면 한국사회는 아직 자본주의도 아닌 미국의 식민지 반봉건사회에 지나지 않는다는 주장을 하는 이들도 있었다. 그런 와중에 민족경제의 자립을 매우 강조하

---

* 1983년 '붉은 악마'라 불리던 한국대표팀이 세계청소년축구대회에서 4강에 오르는 일이 있었다. 당시 군사정권은 이를 이벤트화하여 4강 초청 국제축구대회 비슷한 걸 열었는데, 공교롭게도 축구 4강의 국가들이 대체로 외채 순위 4강과 비슷했기 때문에, 대학가에서는 이를 외채 4강 초청대회라고 비아냥거리기도 했다.

던 그가 어떤 의미에서든 한국경제가 미국이나 유럽 선진국들과 똑같은 발전단계인 국가독점자본주의 단계에 이르렀다고 선언한 것이다. 따라서 그의 1970년대 민족경제론의 주장과 이 새로운 주장은 서로 모순되는 것은 아닌가라는 당연한 물음이 제기되었다.

그는 『민족경제론의 기초이론』에서 민족적 생활양식이라는 개념에서 출발하여 국가독점자본주의에 이르는 일반이론을 제시하려고 했다. 민족적 생활양식이라고 하면 얼핏 개량한복이라도 입고, 재즈 대신에 판소리를 듣는 생활태도나 문화적 양식을 연상시킨다. 나는 한국에서 민족주의적 경제학이 형성되는 과정을 연구하기 위해 1960년대의 일간신문들을 이리저리 읽어본 적이 있다. 당시 한국에서 가장 진보적이었다고 평가되는 민족일보나 영남일보 등의 사설이나 칼럼을 보면, 원조물자와 함께 급격하게 쏟아져 들어온 미국식 대중문화에 대한 엄청난 당혹감과 거부감을 곳곳에서 발견할 수 있다. 젊은이들의 사대적인 미국문화 추수나 전통적 생활양식의 파괴에 대한 우려와 경고는 보수, 진보와 상관없이 공통된 것이었다. 지나친 논리비약일 수 있겠지만 박정희시대의 장발이나 미니스커트 단속 등의 사회적 규제조치들은 철권통치 아래서나 가능한 일종의 왜곡된 민족주의적 아이디어의 결과물이었다고 볼 수도 있을 것이다.

그렇지만 민족적 생활양식이라는 분석틀은 오늘날처럼 글로벌화하는 자본주의사회에서도 충분한 시사점을 가질 수 있다. 신토불이나 'eat locally'가 아파트 옆 텃밭에서 키운 배추만 먹자는 얘기가 아니라, 글로벌 대자본의 논리 앞에 허망하게 무너져내리는 지역공동체를 되살리고 공동체 안에서 서로에 대한 관심과 배려, 희망을 되살리자는 의미라 생각한다면, 민족적 생활양식은 시장관계만으로는 충족될 수 없는 그 무엇을 확보해줄 수 있는 공간을 의미할 수도 있다.

최근 한국경제의 매우 심각한 문제 중 하나는 영세 자영업자와 비정규직 노동자의 상태악화라는 문제다. 크게 보면 이들 두 집단은 하나의 풀(pool)을 이루고 있다. 한국경제가 개발연대 이후 처음으로 경험하는 구조화된 높은 청년실업률 속에서 많은 젊은이들은 양적 지표로 표현되는 취업의 어려움뿐 아니라, 질적으로 나쁜 직업, 즉 불안정하고 낮은 임금에 시달리는 비정규직이라는 어려움에 직면하고 있다. 비정규직 노동자의 상당수는 때로 영세 자영업자가 되기도 한다. 통계상 자영업자로 잡히는 사람들 중에는 사실상 비정규직 노동과 구별하기 어려운 범주에 속하는 이들도 많다. 형식상 개인사업자이지만 대기업의 영업직 노동을 수행하는 많은 이들이 존재한다. 또한 '우리'와는 인종적으로 다른 이주 노동자들도 있다. 이들이 삶의 터전으로 삼는 경제부문은 갈수록 위축되어 독자적인 생존능력을 상실하여 대기업이나 외국자본에 종속되는 것이 현실이다. 국내자본인 이마트가 외국자본인 월마트를 이겼다는 식의 국정홍보용 문구 뒤에는 몰락하는 동네 구멍가게, 출혈경쟁에 시달리는 영세 자영업자, 영업사원, 대형마트 계산대 앞에 선 비정규직 노동자의 희생이 존재하고 있는 것이다. 그러므로 같은 피부색을 가지고 있으며 같은 말을 쓰고 태극기를 보며 똑같은 감동을 느끼는 사람들만이 '우리' 민족을 의미한다는 뿌리깊은 관념을 벗어던질 수만 있다면, 생존위기에 처한 노동자들이 넘쳐나는 우리 현실에서 민족적 생활양식 개념은 새롭게 적용될 수 있을 것이다.

만물의 상품화를 넘어

이단적 경제학자는 아니지만 그렇다고 주류였다고 보기도 어려운 경제학자 중에 존 케네스 갤브레이스(John Kenneth Galbraith)가 있다. 그는 같은 시대의 미국 경제학계의 거인들과 달리 수학적 접근을 많이 사용하지 않았다. 그래서일까? 어느 유명한 주류경제학자는 그를 가리켜 경제학자가 아니라고까지 평했다고 한다. 경제학자에게 경제학자가 아니라고 하는 것은 맑스가 어디에선가 한 말을 흉내내어 말하자면 '최대의 영광이자 최대의 치욕'이다. 경제학자로서의 정체성을 부정당했으니 최대의 치욕일 수 있지만, 만약 주류경제학자 집단이 가진 지배적인 아이디어나 신념에 반하는 논리를 전개하고 싶은 이에게는 최대의 영광일 수도 있는 것이다. 공교롭게도 갤브레이스가 그 맥을 잇는 것으로 평가되는 『유한계급론』의 저자 토스타인 베블렌(Thorstein Veblen) 또한 경제학자답지 않은 경제학자로 알려진 대표적인 인물이다.

어쨌든 갤브레이스는 『풍요한 사회』에서 씨스템이 만들어내는 욕구를 충족하는 경우, 경제학에서 말하는 '만족의 순증가'는 발생하지 않는다고 썼다. 오히려 그 욕구를 충족하지 못하는 사람의 입장에서 상대적 박탈감만 느낄 뿐이라는 주장이다. 씨스템이 만들어내는 욕구의 대표적인 예로는 광고에 의한 수요창출을 들 수 있다. 시급 몇천원짜리 편의점 아르바이트를 해서 몇달 동안 돈을 모아 몇십만원짜리 새 휴대폰을 사는 청소년들이 많다. 물론 오늘날 한국의 청소년들에게 휴대폰은 20년 전 내게 중요한 의미를 갖던 친구, 담배, 스포츠신문, 전자오락을 모두 합한 것만큼이나 큰 의미가 있다는 것은 분명하다. 그렇지만 온전히 그러한 의미 때문에 '김태희폰'이나 '전지현폰'에 대한 욕망이 생겨났다고 볼 수는 없을 것이다. 베블렌도 비슷한 측면을 지적한 적이 있다. 그는 자본주의가 발전하면 노동자계급이 단결하여 자본주의에 저항하리라는 맑스주의자들의 생각을 믿지 않았다. 오히려 노동자들은 자본주의가 만들어내는 그리고 자본가계급의 사치와 낭비를 동경하면서 욕망할 것이라 보았다. 이른바 '금전적 모방'(pecuniary emulation)이라는 개념이 그것이다. 이것은 8장에서 다룰 또 하나의 죄수의 딜레마와도 관련이 있다.

이제 앞에서 말한 가치형태론으로 돌아가보자. 맑스의 가치형태론에 깔린 한가지 중요한 가르침은 자본주의사회에서 모든 재화는 가치관계 속에 들어올 때만 의미를 갖는다는 것이다. 가치관계에 들어가기 위해서는 시장에서 당연히 상품으로서 거래되어야 한다. 그러므로 상품으로 거래되기 위한 필사의 노력이 따를 수밖에 없다. 바로 맑스 자신이 '목숨을 건 도약'(salto mortale)이라고 표현한 과정이다. 자본주의의 역사를 단순화하자면, 시장에서 거래되지 않던 것들이 점점 더 시장에서 거래되는 상품으로 변해온 역사라고도 말할 수 있을 것이다. 돈 많이 벌 수 있는 학과로 학생들이 몰리는 현상도 비슷한 맥락에서 이해될 수 있다. 대학에서 선택하는 전공과목과 졸업 후에 얻을 수 있는 예상소득의 인과관계는 점점 명확해져간다. 이른바 현실에서의 인적자본론의 승리라고도 평가할 수 있을지 모르겠다. 그런데 이러한 승리와 동전의 양면을 이루는 것은 사회적으로나 공익을 위해 필요하지만 돈이 안되는 분야를 홀대하게 된다는 사실이다.

맑스는 화폐를 설명하면서, 모든 신하들이 왕으로 대접하기 때문에 왕이 되는 것인데, 거꾸로 원래부터 왕이기 때문에 다른 사람들이 신하가 되는 것처럼 보인다는 비유를 들었다. 바로 물신성의 논리인 것이다.

마치 사람들이 돌덩어리나 나무조각으로 어떤 형상을 만들어놓고 그것을 신이라 믿기 시작하면, 어느 순간부터는 그 신의 뜻에 따라 사람들이 지배당하게 되는 것과 똑같은 논리이다. 휴대폰의 원래 사용가치는 어느 곳에서나 이동중에도 누군가와 통화할 수 있다는 물리적 속성에 있다. 많은 사람들이 이 사용가치가 가져다주는 유용함을 깨닫고 원하기 시작하면서 그리고 그것을 뒷받침해줄 기술이 개발되면서, 휴대폰은 상품이 되었고 가치관계 속에 들어왔다. 그러나 이제 휴대폰은 자신의 논리에 따라 진화·발전한다. 마침내 가치관계 속에 들어와 있기 때문에 가치가 있는 것인지, 아니면 가치가 있기 때문에 가치관계 속에 들어오는 것인지가 불분명해질 정도가 되었다. 이러한 현상은 휴대폰 같은 일상적인 생활용품뿐 아니라 명예나 위신, 돌봄행위로까지 확대된다. 흔히 말하는 신자유주의는 결국 '만물의 상품화'를 현실화하면서 그것을 이끌어나가는 이데올로기인 것이다.

이제 두가지 논의와 맑스의 가치형태론의 의미를 되짚으며 3장의 얘기를 끝맺도록 하자.

첫째, 노동가치론이 가치관계에만 초점을 맞춤으로써 노동, 정확하게는 시장에서 평가받지 못하는 노동을 무시한다는 비판이 있다. 대표적인 예가 주부의 가사나 육아노동 같은 것이다. 때로 맑스주의의 급진성만으로는 성에 차지 않는 더 급진적인 페미니스트들이 맑스경제학을 비판하는 곳도 이 지점이다. 특히 맑스가 살던 당시와 달리 가사노동뿐 아니라 타인에 대한 배려나 돌봄노동(caring labor)이 중요해지는 현대사회에서 그들의 목소리는 더욱 힘이 실리고 있다. 그러나 노동가치론은 자본주의의 현실을 설명하고 분석하려는 이론이지 가사노동이 무의미하다거나 가부장적 착취라는 현실에 눈을 감으라고 가르치는 이론은 아니다. 낸씨

폴브레(Nancy Folbre)는 『보이지 않는 가슴』에서 페미니즘경제학이 결코 급진적이라는 관형사만으로 표현되지 않을 수 있다는 점, 진짜 적은 노동가치론이 아니라 만물의 상품화를 추구하는 자본주의의 현실이어야 한다는 점을 나지막하지만 힘찬 목소리로 설명한다.

둘째, 만물의 상품화, 그러니까 세상 모든 쓸모있는 것들을 가치관계 속으로 끌어들이려는 시도가 무한히 지속될 수 있는가라는 물음을 던질 필요가 있다. 아마도 케인즈의 영향을 많이 받은 탓이겠지만, 여전히 많은 주류경제학 교과서에서는 '시장의 실패'라는 항목을 두고 있다. 시장에만 맡겨서는 원활하게 만들어질 수 없는 사회적으로 유용한 것들이 존재한다는 사실을 인정한 셈이다. 얼마 전 나는 '한국 최초의 자유주의 싱크탱크'를 표방한다는 자유기업원 홈페이지에 실린 칼럼 중에서 '비록 그것이 시장실패의 현상이라도 단지 정부의 규제나 명령이 아닌 시장경제의 원리를 응용하면 좀더 효율적으로 해결할 수 있음을 이해할 필요가 있다'라는 구절을 발견했다. 시장원리가 제대로 정립되지 않아 생기는 현상이 시장실패인데, 역으로 시장원리를 적용함으로써 그것을 극복할 수 있다는, 주류경제학의 기존 이론을 뒤엎는 놀라운(!) 논리다.

그러나 극단적 자유주의자들은 최근 써브프라임 사태로 파산 위기에 처한 미국의 대형은행과 자동차 회사에 구제금융을 제공할 것인지의 문제에서는 이율배반적인 입장을 취했다. 그들은 처음에는 '자기책임의 시장원리'에 기초하여 망할 기업은 망하도록 내버려두어야 한다고 주장했다. 그러나 이후 발생할 심각한 정치적 문제들 들먹이며, 결국 얼마 전까지만 해도 시장의 자율을 그토록 강조하던 이들이 사실상 '투기업자'를 구제하는 정책을 주장하기까지 했다. 이런 그들의 주장을 혹자는 '부자들만을 위한 사회주의'라며 격분하기도 했다. 그러나 시간이 지나 경기가 회복되고 금융씨스템이 안정을 되찾는 순간, 언제 그랬냐는 듯이 그들은 시장원리의 효율성과 그 철저한 집행을 편집증적으로 강조하는 이데올로그로서의 역할을 충실히 수행할 것이다.

국가권력을 장악한 뒤에 가치관계를 폐지함으로써 일거에 문제를 해결하려는 것이 20세기 국가사회주의의 논리였다면, 가치관계를 더욱 철저하게 끝까지 밀어붙임으로써 문제를 해결할 수 있다는 것이 작금의 자유주의자들의 논리다. 전자가 이미 세계의 일부가 가본 길이라면, 후자는 아직 가보지 않은, 그러나 현재 전세계가 달려가고 있는 길이다. 맑스의 가치형태론 그리고 물신성 이론은 실상 전자가 아니라 후자에 대한 묘사이자 경고였음을 우리는 기억해야 할 것이다.

숙련노동과 비숙련노동은 실제 숙련 정도뿐 아니라 이데올로기적 요인에 의해 구분되기도 한다. 따라서 사회적 차원에서 어떤 숙련이 어떻게 평가되어야 하는지를 결정하는 기준이 중요하다. 이를 위해서는 사회구성원이 모두 민주적으로 참여하는 의사결정 구조가 보장되어야 한다.

...

쏘셜 믹스 또는 완전한 격리?

내가 그를 처음 만난 것은 고등학교 3학년 때였다. 검정 교복이 반질 반질하게 닳아서 나름대로 폼도 잡히고 때마침 이루어진 두발자유화로 적당히 머리도 길었던, 수직적 위계로 특징지어지는 한국의 남자고등학 교에서 목에 힘깨나 주던 최고참 선배가 되고 난 직후였을 것이다. 내가 속해 있던 학교 신문반의 신입생 환영식에서, 작은 키에 검은 얼굴, 거의 40대 아저씨를 방불케 하는 뚱뚱한 몸집의 후배 하나가 모습을 나타냈 다. 그래도 꼬박꼬박 형이라 부르면서 예의 바르게 따라다니던 그가 세 월을 훌쩍 뛰어넘어 바로 그 모교의 신문반 담당 국어교사로 나타난 것 은 몇년 전의 일이었다. 그가 강남의 잘나가는 J고교에서 강북의 모교로 옮겨 출근한 첫날, 교실조명이 어두침침하다는 생각에 형광등을 갈아야 겠다고 생각했으나 알고 보니 강북 아이들의 검고 어두운 얼굴빛 때문이었다는 내용의 수필집을 출간했다는 신문기사를 읽었다. 아내는 지나친 과장이라고 깔깔댔지만 나는 20여년 전 그 후배를 처음 만났을 때 도저히 서울애 같지 않던—즉, 촌놈 같던—시커멓다 못해 발간빛이 돌던 그의 얼굴색을 기억하고 웃음 지었다.

그가 두번째 발간한 수필집을 보내준다고 전화한 며칠 뒤, 우편함에서 그의 책을 발견했다.[1] 고등학교 선배인 가수 김광석에 대한 추억은 그렇다 쳐도, 내 또래에 그 학교를 다닌 이들이 아니면 알기 어려운 선생님들에 대한 개인적 회상 같은 건 일반 독자들에게는 과히 흥미가 없어 보였다. 그러나 21세기를 살아가는 대도시 서울 후미진 구석의 고등학생들 이야기에 나는 아침부터 연구실에 홀로 앉아 눈물을 흘릴 뻔했다.

서울대에 꼭 가고 싶다는 전교 1등인 제자의 이유인즉, 과외비 많이 벌 수 있다고, 그래서 과외를 다섯개쯤 해서 부자가 될 거라는. 아들 둘이 떨어진 상업계 고등학교에 손자를 합격시켜준 선생님께 하루 종일 도라지 팔아 번 1000원짜리 13장이 든 촌지봉투 들고 찾아와서 큰절하는 할머니. 그러나 그 상업고등학교가 차지하는 학벌사회 안에서의 의미는 이미 20년 전과는 너무나 다르게 쇠락해버렸다. 두 동생과 함께 얹혀사는 친척집에서 자기까지 밥 얻어먹기가 미안해 새벽에 나와 수돗물 마시고 저녁 늦게 들어간다는 소년가장. 험한 일을 너무 많이 해서 손마디가 거칠어진 제자들의 손을 씻어주다가 울어버린 선생님. 놀랍게도 20년도 더 전에 내가 학교 다닐 때 너무나도 익숙했던 모습들이 아닌가? 나도 돈만 있으면 인문계 고등학교를 갈 수 있다고 눈물을 글썽이며 '공고' 원서를 쓰던 중학교 동창생, 체력장 연습하다 다친 아들의 소식을 듣고 동두천에서 서울까지 한걸음에 달려오신 친구 아버지의 손에 들려 있던 박카스 한상자. 그리고 다시 10여년 전 고등학교 동창회에 갔을 때, 학창시절

96

반장이나 부반장 하던 대부분의 동창들이 모교와는 거리가 먼 강남이나 하다못해(?) 분당에라도 살고 있던 사실이 떠올랐다.

그래도 내가 고등학교에 다니던 시절, 같은 반에는 재벌 2세도 있었고 병원장 아들도 있었다. 그때도 드물기는 했지만 행상의 아들이 이른바 일류대에 진학한 경우도 있었다. 군사정권의 갑작스런 정책 때문에 하루 아침에 대학정원이 두배로 늘어나는 행운을 누렸지만, 그래도 대학에 진학하는 학생의 숫자는 지금의 절반에도 못 미치던 시절이었다. 그 시절과 현재의 다른 점이라면 가정형편이 어려운 아이들과 유복한 아이들이 점점 더 공간적으로 분리되고 있다는 점일 것이다. 임대아파트의 아이들과 별도의 학교를 만들어달라는 아파트 주민들의 시위가 벌어지고, 그 결과 '쟁취'된 새 초등학교 건물의 개교를 축하하는 플래카드를 바라보면서 나는 어느덧 내 아이의 학군을 걱정하는 자신을 발견한다.

신도시를 개발한다는 정부정책 속에서 쏘셜 믹스(social mix)라는 낯선 용어가 등장한 적이 있었다. 간단히 말해 소년소녀가장과 부잣집 아이들이 같은 교실에서 섞여 공부하며 자라야 한다는 개념이다. 이에 대한 반응 중에서 가장 흥미로운 것은 쏘셜 믹스를 하면 오히려 가난한 집 사람들이 불편해진다는 어느 신문의 논평이었다. 즉각 따라붙는 주석은 당시 약자를 위한다는 정부정책이 오히려 약자를 더 괴롭히는 '좌파정책'의 자가당착이라는 냉철한 해설이었다.

한국경제는 몇차례 위기는 있었지만 지난 몇십년간 놀라운 경제성장을 기록했다. 그 결과 이제 인문계 고등학교 출신 학생의 거의 100퍼센트가 대학에 진학하는 전원 진학의 시대도 열렸다. 한국사회는 사실 세계적인 기준에서 보면 비슷한 수준의 다른 나라들에 비해 양극화나 빈부 격차가 그리 심한 편은 아니다. 어느 학회에서 만난 브라질 학자들은 중산층 아이들이 방탄차를 타고 통학해야 하는 현실을 말하면서 한국의 경제성장과 '평등한' 소득분배를 부러워했다. 그렇다. 어정쩡하게 쏘셜 믹스의 제스처를 취하는 것보다 더 완벽한 해결책은 완전한 격리일지도 모른다. 피자 배달원조차 함부로 출입할 수 없는 초고층아파트의 펜트하우스에서 생활하면서 방탄차를 타고 통학하면 되는 것이다. 그렇게 되면 펜트하우스에 사는 사람들은 결국 우리가 텔레비전에서 보는 유명 연예인들처럼 같은 하늘을 이고 사는 사람이되 더이상 같은 땅에 사는 사람은 아니게 된다. '노블레스 오블리주'(Noblesse Oblige)라는 용어가 있다. 한국에서는 주로 편법으로 병역을 기피하는 등의 개인적 이익을 추구한 상류층을 비판할 때 사용되지만, 노블리스 오블리제는 사회적·경제적 격차 때문에 최소한 길에서 총격을 당하지 않을 정도의 안전이나마 확보하기 위해 부유층이 지불해야 하는 비용이라고도 할 수 있다.

생물학적 해석을 덧붙이지 않더라도 빈곤 때문에 가장 슬픈 것은 아마도 자기 자식들에게 그 빈곤을 다시 물려주어야 한다는 사실일 것이다. 한국사회가 남미사회와 달리 경제성장을 지속할 수 있었던 배경으로 많은 경제학자들은 초기 소득분배의 평등함을 지적한다. 이는 봉건제의 전통이 약했으며, 식민지 기간 이후 전쟁을 거치면서 일종의 강제적인 쏘셜 믹스가 이루어졌던 탓이다. 이후 급속한 성장과정 속에서도 자식이 공부만 잘해 좋은 대학에 가기만 하면 당대에 계층 상승이 가능하다는 현실적인 믿음이 성장신화를 지탱하는 중요한 동력 중 하나였음도 부인하기 어렵다. 이제 그 믿음은 서서히 무너져가는 것은 아닐까? 학벌 중시가 한국사회만의 문제는 아니어서 이미 '학력자본'이라는 개념을 서구의 학자들도 오래전부터 사용해왔다. 학력자본이 정말로 자본이 될 때, 즉 경제력과 학력·학벌이 높은 인과관계를 갖는 방식으로 변화할 때, 예의 냉소적인 신문의 주장처럼 쏘셜 믹스보다는 차라리 완벽한 격리와 체념의 균형으로 옮겨가는 것이 불편하지 않은 방법이 될지도 모른다.

직업에는 귀천이 없는가

사실 우리 주변에 흔한 격언 중에는 현실을 반영해 만들어진 지혜도 있지만 현실이 그렇지 않기 때문에 그렇게 되기를 바라는 뜻에서 만들어진 것들도 많다. 언젠가 그 유명한 대치동 학원가를 지나가다가 학원 창문에 걸린 커다란 현수막을 본 적이 있다. 그 현수막은 거의 어른 키에 버금가는 커다란 글씨로 "공부가 인생의 전부입니까?"라는 물음을 던진 후, 그보다 약간 작은 글씨로 "예, 그렇습니다"라는 답을 붙여놓고 있었다. 다소 유머러스하지만 이른바 명문대학에 합격하지 못한 학생 앞에서 진지한 얼굴로 "공부가 인생의 전부는 아니야"라고 말해주는 것보다는 훨씬 더 학력사회의 현실을 생생하게 반영한 문구였다.

"직업에는 귀천이 없다"는 말이 있다. 이 말을 뒤집어보면 현실에서는 많은 사람들이 귀한 직업과 천한 직업을 구분한다는 뜻이다. 그런데 시대에 따라 귀한 것과 천한 것의 의미는 바뀐다. 사농공상(士農工商)이라는 가치관을 중시했던 조선시대에는 현실과는 다소 무관하더라도 책을 읽으며 추상적인 논리를 탐구하는 직업이 귀하게 대접받았다. 반면에 직접 몸을 움직여서 무언가를 생산하는 직업은 그보다 낮은 등급으로 간주되었다. 물론 이때의 직업이란 신분과 밀접하게 연결되어 있었다. 그러한 연결이 끊어지고 돈이 가장 중요한 의미를 갖는 자본주의사회가 되고 나서도 상당기간 이러한 전통이 흔적으로 남는다. 앵글로 쌕슨형의 영국이나 미국자본주의보다도 한국이나 일본 같은 동양사회에서 여전히 육체노동에 비해 글을 읽고 쓰는 직업이 상대적으로 높게 평가되는 이유도 그 때문일 것이다.

그러나 만물의 상품화 경향과 더불어 돈을 잘 벌 수 있는 직업이 귀하게 평가되는 현상은 점점 더 강화된다. 최근 한국은 물론이고 이웃나라 일본에서도 성적이 우수한 학생들이 이른바 일류대학의 비인기학과보다는 세속적인 학교 등급은 약간 떨어지더라도 의과대학을 선호하는 현상이 급속하게 퍼져가고 있다. 반면에 주로 인문학이나 기초과학처럼 돈벌이와 연결될 가능성이 먼 학과일수록 비인기학과라는 이름하에 학생들의 기피현상이 확산되고 있다. 결국 직업의 귀하고 천함을 평가하는 보통사람들의 상식이나 견해가 돈벌이와 관련되는 쪽으로 빠르게 변화하고 있는 것이다. 물론 이러한 현상은 각 개인들이 나름대로 '호모 에코노미쿠스'로서 현실에 적응하려는 노력의 산물이기 때문에, 무조건 비판하거나 개탄만 할 일은 아니다. 그러나 귀하고 천함을 평가하는 기준 그 자체가 현실의 변화를 반영하면서 또 한편으로는 현실의 변화를 이끌어나가는 이데올로기의 하나로 작용한다는 점도 부인하기 어려운 사실이다.

최근 귀하게 평가되는 두가지 대표적인 직업을 생각해보자.

내가 살고 있는 지방도시에도 서울의 압구정동에 해당하는 번화한 곳이 있다. 언젠가 그곳에 들렀다가 얼마 전 받은 수술의 처치를 위해 일반외과를 찾아다닌 적이 있었다. 막연히 병원이 많은 곳이라는 인상만 가지고 나섰다가 결국 낭패를 보고 말았는데 그렇게 많은 병·의원들이 대부분 성형외과가 아니면 미용전문 피부과였기 때문이다. 만약 의사라는 직업이 귀하게 평가되는 이유가 사람의 목숨을 다루는 직업이기 때문이라는 믿음이 정당화되려면, 먼저 점점 많은 의대생들이 왜 사람의 목숨과는 다소 거리가 있는 분야를 전공하게 되는지를 설명해야 한다. 아마도 쌍거풀이 있고 없고에 목숨을 거는 사람보다는 부실한 교각이나 지하철시설 때문에 목숨을 걸어야 할 사람이 더 많을 것이기 때문에, 토목공사 현장의 노동자들은 최소한 의사만큼은 귀하게 평가받아야 할 것이다.

최근 각광받는 직업 중에 펀드매니저라는 직업이 있다. 대체로 나와 함께 머리를 싸매고 미시경제학이나 수리경제학 강의를 들으면서 공부했던 경제학과 학생들이 졸업한 뒤 얻는 일자리 중에서 가장 돈을 많이 버는 직업이다. 흥미롭게도 동서양을 막론하고 '돈놀이'로 돈을 버는 직업은 매우 천한 것으로 평가받아왔다. 예를 들면 서양에서 근대경제학의 선조쯤으로 간주되는 중세의 교부철학자들은 고리대금업을 하면 지옥에 떨어진다는 종교적 가르침과 그 현실적 불가피성 사이에서 고민해야만 했다. 고리대금업자나 사채업자라면 즉각 우리 머릿속에 떠오르는 「베니스의 상인」의 샤일록이나 각두기 헤어스타일의 조직폭력배의 이미지는 이러한 오래된 전통과도 분명히 관계가 있다. 그러나 월 스트리트나 여의도 증권가에서 주가 그래프가 바쁘게 움직이는 모니터 앞에 앉아 '파이낸스'를 담당하는 깔끔하고 세련된 펀드매니저에게서 비난받을 만한 칙칙한 이미지를 찾아내기란 더이상 쉽지 않다.

애덤 스미스는 육체적으로 힘들어 사람들이 기피하는 직업은 더 높은 임금으로 보상받을 것이라 주장했다. 사실 이것은 내가 노동경제학 강의를 수강할 때 가장 이해하기 어려운 구절이기도 했다. 현실에서 거의 정반대에 해당하는 사례를 얼마든지 수집할 수 있기 때문이다. 물론 어떤 일이나 직업이건 간에 요구되는 정신적·육체적 능력이나 소질이 다르고 그것을 획득하기 위한 훈련이나 연습, 교육 등에 필요한 시간 등의 비용이 다르다는 것만은 확실하다. 때로는 특정한 자격시험에 합격할 것이 요구되기도 한다. 물론 이러한 자격을 어떤 절차를 거쳐 누구에게 부여하는가도 사람들이 생각하는 직업의 귀하고 천함을 결정하는 요인이 된다. 귀한 직업이기 때문에 복잡하고 어려운 자격시험이 필요한 경우도 있지만, 반대로 어려운 시험에 통과해야만 가질 수 있는 직업이기 때문에 귀하게 평가되는 경우도 있는 것이 현실이다.

복잡노동과 단순노동: 정규직과 비정규직의 정치경제학

고속철도(KTX) 여승무원의 해고와 그로 인한 갈등은 적어도 1997~98년의 외환위기 이후 한국경제에서 가장 중요한 문제 중 하나인 비정규직 노동자 문제를 상징적으로 보여주는 사건이다. 실제 일하는 곳의 지휘·통제자와 법률상 고용주가 다른 상황에 관한 법률적 논쟁이나, 대단히 중요한 업무를 담당하는 것처럼 홍보하던 여승무원의 업무를 어느 순간 별 중요치 않은 '열차의 꽃'에 불과하다는 듯 주장하는 철도공사의 입장 등에 시시비비를 논하는 것 말고도 이 사건은 경제학적으로 많은 연구주제를 제공해준다.

오래된 파업과 해고, 농성으로 이어지는 과정 속에서 여론이 반드시 여승무원들에게 호의적인 것만은 아니었다. 철도공사는 특히 외환위기 이후 직장의 불안정성이 급속하게 증가하는 상황에서 여전히 매우 높은 안정성과 보수를 유지하는 좋은 직장 중의 하나다. 정규직이기만 하다면 말이다. 그런데 대부분 공기업일 가능성이 많은 이러한 안정적이고 보수가 높은 직장에 일반인들, 특히 취업을 준비하는 청년들은 상반된 감정을 갖는 경우가 많다. 개인적으로는 누구나 그러한 직장에 취업하고 싶어하면서도 공적인 영역에서는 '신이 내린 직장'의 무사안일이나 무능을 비판하면서 경쟁적인 체제를 도입할 것을 요구하는 것이다. 다시 강조하건대 이러한 양면적인 태도는 구조에 의해 개인의 의식이 규정되므로 무조건 비판만 할 수는 없다. 그런데 이로부터 나오는 일종의 '따름정리'쯤에 해당하는 생각이 그런 직장을 가지려면 일정한 자격이 갖추어져야 한다는 것이다. 앞서 직업의 귀하고 천함을 말한 것처럼, 일정한 자격조건을 갖춘 사람만이 안정적인 일자리와 높은 보수를 받는 것이 마땅하다는 생각이다. 노골적으로 말하면, 고속철도 여승무원들은 높은 토익점수나 어려운 자격증도 없으므로 그렇게 좋은 직장의 정규직을 달라고 요구하는 것은 억지라는 식의 논리다. 내가 여기서 말하고 싶은 것은 구체적인 사안에 대한 선악판단이 아니다. 알게 모르게 우리의 일상을 감싸고 있는 정규직과 비정규직에 관한 이데올로기 중의 하나를 지적하려는 것이다.

이러한 문제와 관련있는 것이 숙련노동과 비숙련노동, 맑스의 용어로는 복잡노동과 단순노동의 구별이라는 문제이다. 숙련노동과 비숙련노동이라는 용어법에는 두가지 의미가 포함되어 있다. 예를 들어 두사람이 완전히 똑같은 일을 하는 경우, 한 사람이 다른 한 사람보다 훨씬 빠른 속도로 능숙하게 일을 처리한다면, 그 사람은 숙련노동자라 부를 수 있다. 일의 성과를 개인별로 명확하게 측정할 수 있는 경우라면 더욱 분명하게 숙련노동과 비숙련노동을 구분할 수 있을 것이다. 또 하나는 어떤 일 자체를 다른 일보다 숙련이 더 필요한 일이라고 부르는 용어법이다. 사실 이 경우는 어떤 일이 다른 일에 비해 숙련이 얼마나 더 필요한지, 심지어는 숙련노동인지 아닌지조차 명확하게 정량적으로 파악하는 것이 어려운 경우가 많다.

정운영(鄭雲暎)은 『노동가치이론 연구』에서 택시기사의 노동과 교수의 노동이 동등하게 평가받는 사회를 꿈꾸었고 노동가치론이라는 맑스경제학의 기초이론을 이러한 맥락에서 이해할 것을 주장했다. 그의 표현을 빌리면 노동가치론은 '노동의 해방을 통해 인간의 해방을 실현하려는 진정한 휴머니즘 위에 건설되어 있다.' 참고로 이러한 주장이 맑스경제학 내부에서 아무런 맥락 없이 제기된 것은 아니지만, 그렇다고 다수설도 아니다.

맑스경제학이 주류경제학과 다른 점, 좀더 일반적으로는 고전학파 경제학이 신고전학파 경제학과 근본적으로 다른 점들 중 하나는 노동자들의 소비라는 문제를 별개의 독립된 영역이 아니라, 자본의 축적 및 재생산이라는 맥락 속에 통합하여 파악한다는 데 있다. 자본주의 시장경제에서 살아가는 노동자는 항상 자신의 노동력을 팔아 살아야 하고, 그렇게 하기 위한 절체절명의 전제조건은 노동력을 시장에서 팔 수 있는 상태대로 자신을 유지해야 한다는 것이다. 이것이 바로 노동력 재생산이라 불리는 문제이다.

그런데 노동력 재생산에는 크게 세가지 정도의 내용이 포함된다. 하나는 먼저 인간으로서 생명을 유지해야 한다는 의미에서의 재생산이다. 육체적으로나 정신적으로 건강한 상태를 유지하고 난 다음에야 비로소 노동력이고 뭐고 재생산할 수 있기 때문이다. 여기에는 정상적인 범위 안에서 자신의 가족을 부양하는 것도 포함된다. 굶주려 우는 아이를 먹이지 못하고 지켜만 보아야 하는 가장이 자신의 정상적인 노동력을 유지할 수는 없기 때문이다. 사회 전체적으로 보면, 다음 세대를 정상적으로 재생산하지 못하면 경제성장도 불가능하다. 출산율 저하가 중요한 경제문제인 이유도 여기에 있다.

다음은 자신의 일을 수행하기 위해 필요한 특정한 기술이나 경험 등을 가지고 있어야 한다. 여기에는 교육이나 훈련, 선천적인 소질이나 재능 등을 통해 습득되고 유지되는 숙련이 포함된다. 컴퓨터 프로그래머는 항상 새로운 기술발전을 따라가야 자신의 노동력을 유지할 수 있다. 이를 위해서는 공식적·비공식적 교육이 필요할 수 있다. 물론 특별히 뛰어난 재능을 가진 사람은 조금만 교육을 받아도 일을 잘할 수 있고, 재능이 없으면 남들보다 훨씬 많은 교육훈련이 필요할 수도 있다. 그렇지만 어쨌든 평균적인 정도의 교육이나 훈련이 필요하다는 것은 분명하다.

마지막 부분은 일종의 이데올로기적인 부분이다. 직업의 귀하고 천함에 대해 사회구성원들이 가지고 있는 상식이나 정규직 노동과 비정규직 노동에 대해 갖는 공적·사적 영역에서의 은밀한 담론에 이르기까지 많은 요인들이 여기에 포함된다. 정운영이 지적한 휴머니즘이라는 문제는 이 부분과 관련이 있는데, 맑스도 이미 『자본론』 제1권에서 실제와는 무관한 여러가지 이데올로기가 복잡노동과 단순노동을 구분한다는 사실을 강조한 적이 있다.

사실 한국사회에서 이미 오래전부터 정규직 노동과 비정규직 노동 사이의 격차가 가장 심각한 곳이 대학이었다. 대부분의 한국대학에서는 많은 비정규직 교수를 채용하고 있고 그들이 담당하는 강의의 비중이 절반을 넘는 곳조차 있을 정도이다. 같은 나이에 같은 분야를 담당하는 정규직 교수와 비정규직 교수의 노동력 재생산이라는 관점에서 보면, 앞의 첫번째 부분과 두번째 부분은 사실상 별로 차이가 없다. 물론 대학교수가 하는 일이 강의뿐 아니라 어느 정도의 행정업무 그리고 더 중요하게 연구라는 것도 있다는 점은 잠시 접어두기로 하자. 그렇다면 정규직 교수와 비정규직 교수 사이의 임금격차는 상당정도 앞의 세번째 부분의 차이로 설명할 수 있을 것이다. 특히 비정규직 교수의 상당수가 정규직 교수가 되기를 원하는 상황에서는. 바로 여기에서도 사후적 정당화가 발생할 수 있다. 정규직 교수가 된 사람은 비정규직 교수에 비해 강의능력이나 연구능력이 뛰어나기 때문이라는 것이다. 한국의 많은 대학이 여전히 고수하는 정규직 교수의 '철밥통'을 깨야 한다는 주장도 있다. 교수 후보자들 사이의 경쟁을 도입하여 능력이나 노력이 부족한 정규직 교수는 자리를 잃도록 해야 한다는 것이다. 나를 포함한 많은 정규직 교수들이 강의나 연구에서 별로 높은 생산성을 발휘하지 못하면서도 자리를 지킬 수 있다는 한국적 현실을 감안하면, 내가 정규직 교수라는 이유만으로 이러한 주장에 적극 반대하고 나설 생각은 별로 없다. 그런데, 이러한 주장은 의도하지 않은 이데올로기를 강화할 수도 있다. 고속철도 여승무원 문제와 비슷하게, 일정한 자격검정을 통과하지 못한 이들은 불안정한 일자리에서 낮은 보수를 받아도 어쩔 수 없다는 논리가 그것이다.

재미없는 대학교수 얘기는 뒤로 하고, 좀더 현실적인 문제를 다루어보자. 진보적인 경제학자들 중에는 국가나 사회가 모든 노동자들에게 최소한의 생활임금을 지급할 것을 주장하는 사람들이 있다. 형태는 약간씩 다르고 정도도 천차만별이지만 심지어는 자본주의 시장경제의 최고봉인 미국에서도 이러한 생활임금을 지급하려는 여러가지 시도가 있다.[2] 좀더 급진적으로 나아가면, 실업자에게도 국가 또는 사회가 최소한의 생활비를 지급하라는 주장이 된다. 이것은 파업기간의 노동자에게 임금을 지급하지 않는다는 이른바 무노동 무임금의 원칙과도 관계가 있다. 무노동 무임금의 원칙을 깨는 것은 시장원리 자체를 부정하는 급진적인 주장이라고 생각하는 경제학자들이 많다. 노동경제학 교과서에 등장하는 최

저임금제도를 설명하면서 항상 그 부작용을 우려하는 결론을 덧붙이는 것과 같은 맥락이다. 그러나 노동력 재생산이라는 관점에서 보면, 무노동에 대해 무임금이 아니라 최소한의 생활임금을 지급하라는 요구는 그다지 급진적인 것이 아니라 오히려 사회 전체가 부담해야 할 반드시 필요한 비용으로 볼 수 있다. 예컨대 노동력 재생산의 첫번째 부분이 보장되지 않는다면, 장기적으로 사회 전체의 재생산이 문제될 수 있기 때문이다. 일찍이 맑스주의경제학에서는 국가가 총자본의 역할을 수행함으로써 궁극적으로는 자본의 이익을 대변한다고 주장했다. 대표적인 예가 산업화 초기 장시간 노동이나 아동노동 등을 법률로 규제하는 것이었다. 개별 자본의 입장에서는 가능한 노동시간을 늘리고 값싼 아동노동을 최대한 활용하는 것이 이득이지만, 모든 개별 자본이 그렇게 하다보면 장기적으로는 자본 자체의 존립기반을 무너뜨릴 수가 있다. 그렇다면 국가가 나서서 노동법을 제정하고 이러한 끝없는 이익추구를 어느정도 제한하는 것이 장기적으로는 자본 전체에 도움이 되는 정책인 것이다. 이렇게 보면 노동력에 최소 생활임금을 보장하자는 것은 역설적으로 매우 보수적인 정책일 수도 있다.

'개천에서 용나기'와 한국자본주의

어떤 나라가 왜 잘 살고 다른 나라는 왜 못 사는지를 연구하는 것이 경제발전론 또는 발전경제학이라는 경제학의 한 분야이다. 1980년대 초중반 남미에서 수입된 종속이론은 천문학적인 외채와 정통성없는 군사정권에 시달리던 당시 학생들에게 퍽 인기있던 이론이었다. 종속이론의 골자를 단순화하면 주변부 국가들이 가난한 이유는 중심부 국가—남미의 경우, 그것은 두말할 나위도 없이 미국이다—에 잉여를 빼앗기는 구조 때문이라는 것이다. 당시 모든 학생들이 두학기 동안 이수해야 하는 이른바 '국책과목' 중에는 '국민윤리'라는 시대착오적인 이름의 교과목이 있었다. 그중에서도 '국민윤리 2'는 무려 한학기 동안이나 종속이론 비판에 바쳐졌다. 그 과목을 강의하던 정치학교수는 자신의 미국유학 당시의 경험을 얘기하면서 "히스패닉계가 못 사는 데는 다른 이유 하나 없고 그놈들이 게을러서야"라고 단언했다. 사실 어느 나라 사람들이 천성적으로 또는 무슨 이유 때문에 게을러서 못 산다고 설명한다면, 그것도 하나의 경제발전을 설명하는 이론이 될 수도 있을 것이다. 그러나 학술논문 등의 공적 영역에서 '너희들은 게을러서 못 사는 거야'라고 말할 강심장을 가진 이들은 없다. 그래서인지 게을러서 못 산다고 주장하는 이론을 들어본 적은 없지만, 반대로 부지런해서 잘산다고 주장하는 이론은 들어보았다. 이를테면 동아시아 국가가 성장하는 이유가 그 나라 사람들의 손재주가 좋기 때문(이른바 nimble finger)이라는 식의 설명이다. 때로는 젓가락을 쓰기 때문에 손재주가 좋아졌다거나 뇌가 발달했다는 식의 아리송한 이야기로까지 이어진다.

사실 한국은 발전경제학의 분야에서는 꽤 자부심을 가져도 좋을 만큼 모범적인 사례 중의 하나이다. 군사정권 치하의 민주주의 탄압 같은 끔찍한 기억도 세월이 지나면서 적당히 퇴색되어버린 지금, 박정희 향수 현상이 나타나는 것도 전혀 무리는 아닌 것이, 한국과 비슷한 초기 조건을 가지던 나라 중에 이만큼 성장한 나라를 찾아보기가 쉽지 않기 때문이다. 그런데 무릇 대부분의 학문에 해당되는 말인지도 모르겠으나, 경제학은 가장 본질적이면서도 단순한 물음에는 그다지 속 시원한 답변을 못하는 경우가 종종 있다. 발전경제학도 비슷하다. 누구는 한국경제의 성장이 개발독재시기 독재자의 리더십 덕분이었다고도 하고, 누구는 한국경제가 처해 있던 특수한 국제정치적 상황 덕분이었다고도 한다. 누구는 정부가 시장을 잘 통제한 덕이라고도 하고, 누구는 시장이 잘 작동한 덕이라고도 한다. 어쩌면 여기에도 수많은 「라쇼몽」이 존재하는 것인지도 모른다.

대부분의 논의에서 빠지지 않고 지적되는 성공요인 중 하나는 높은 교육열과 교육수준이다. 사실 초기 조건에서 한국노동자의 평균적인 교육수준이 정말로 그렇게 높은 것이었는지는 엄밀하게 따져보아야 할 문제이기는 하다. 그렇지만 한세대 이상 지속되면서 더욱 심해지는 사교육 문제라든지 최근의 '기러기 아빠'로 상징되는 조기유학 열풍 등을 감안하면 교육열이 높다는 것만은 틀림없는 사실일 것이다. 역사학계의 논쟁거리지만 서구적인 의미의 봉건제가 부재한 점이나 한국전쟁을 거치면서 강제적인 '쏘셜 믹스'가 이루어진 점 등은 한국인의 평등의식을 높였고, 이는 한국 특유의 높은 교육열을 낳았을 가능성이 크다. 한세대 전만 해도 쌀 배달에서 출발하여 재벌총수가 된 인물도 나왔다. 그 인물의 개인적 자질이나 성공과정에서 있었을지도 모르는 정경유착이나 우연한 행운 등의 요인을 감안하더라도, 어쨌든 오랜 세월 동안 계층양극화가 굳어져온 나라들에 비해서는 스스로 노력하기만 하면 계층상승이 가능하다는 믿음이 생겨날 만도 했다.

지인인 한 일본인 경제학자는 한국이나 일본 등의 동아시아 사회가 전반적으로 현재보다는 미래를 중시하는 경향이 있다고 하면서, 부모들이 자신은 다소 어렵더라도 많은 비용을 들여 자녀교육에 투자하는 것을 예로 들었다. 이를 경제학적으로 풀면, 시간선호율이 낮다고 말할 수 있다. 물론 경제주체의 시간선호율, 즉 현재와 미래 중에서 어느 쪽을 더 중요하게 생각하는가라는 문제도 얼마나 먼 미래인지, 걸려 있는 이익의 크기가 얼마인지 등에 따라 매우 다양하게 변할 것이므로 일률적으로 어느 지역사람들의 시간선호율의 높낮이를 평가할 수는 없을 것이다. 어쨌든 경제학 특유의 표현을 빌리자면, 최소한 다른 모든 조건이 같다면 한국 부모들의 교육열은 그들의 낮은 시간선호율을 보여주는 것이라 할 수 있다. 그런데 이렇게 시간선호율이 낮은 현상을 한국인의 기질만으로 설명할 수는 없을 것이다. 사실이건 아니건 자녀교육에 물질적·정신적 비용을 들임으로써 경제적·사회적으로 일정수준 이상의 지위를 획득할 수 있다는 믿음이 있었기 때문일 것이다.

그러나 최근의 한국 상황은 이러한 믿음이 점점 무너져가고 있음을 잘 보여준다. 더이상 '개천에서 용 나기'가 불가능하다는 사실이 세간의 상식처럼 돼버렸다. 사실 내 주위에도 기러기 아빠들은 꽤 있다. 좀 그럴 듯하게 개념어를 사용하자면, 그것은 높은 수준의 교육투자로 말미암은 가족의 파편화현상쯤 될지도 모르겠다. 하여튼 이러한 파편화가 일어나는 데는 여러가지 이유가 있다. 영어 하나라도 확실하게 공부시키기 위해라든지 한국 공교육의 낮은 수준 때문이라든지, 입시지옥에 시달리는 아이들을 구제해주고픈 휴머니즘적 의도 때문인 경우도 분명히 있을 것이다. 그렇지만 과외 한번 안하고 서울대학교에 수석 합격한 학생의 인터뷰가 실리던 자리에 이제는 외국 한번 안 가보고 아이비리그대학에서 입학허가를 받는 학생의 인터뷰가 실리는 걸 보면, 한세대 이전부터 존재하던 욕망의 구조가 여전히 건재함을 확인할 수 있다.

앞으로 당분간은 더 많은 기러기 아빠들이 생겨날 것인데, 그들의 대부분은 이른바 386세대라 불리던 이들이다. 386세대라는 말에는 여러가지 의미가 함축되어 있다. 인구학적으로 보면 한국전쟁 직후인 1953년에서 1960년대초에 출생한 베이비붐세대의 마지막쯤에서 1960년대 후반 출생자 정도까지를 가리킨다. 세대를 대학교 입학연도로 지칭하는 유례없는 용어법이 등장한 데는 이들이 개발연대 시대에 태어나 성장했고, 그 때문에 예의 교육투자의 주요 대상이었으며, 1980년대 이후 대학교육의 대중화시대를 맞이하면서 점점 더 많은 비율의 학생들이 대학에 진학했다는 사실과도 관련이 있다. 그러므로 이 세대는 교육투자가 가져다주는 성공신화에 대한 믿음을 간직한 세대이다. 어쩌면 부모의 부나 소득과 자녀에 대한 교육투자의 양과 질 그리고 그 성과 사이의 명확한 인과관계가 밝혀지면, 이러한 가족의 파편화까지 무릅쓰는 교육열은 누그러질지도 모른다. 물론 이것은 적어도 대다수에게는 개인적 입신, 정확하게는 자녀의 입신출세에 대한 희망이 사라지고 스스로 알아서 포기하는 상태를 의미할 것이다.

모든 아이들에게 영어능력을 키워주기 위해 영어로 수업을 하겠다는 제안이 거센 여론의 반발에 부딪히게 되는 현상은, 다른 한편에서 너도나도 자기 아이들에게만은 영어를 잘할 수 있도록 엄청난 사교육비를 들이는 현실과 모순되는 것처럼 보인다. 사실 영어를 잘하는 것이 못하는 경우에 비해, 개인의 삶을 더 풍부하고 의미있게 만든다는 것은 부정할 수 없다. 그렇지만 회화능력은 작문이나 독해 등의 전통적인 한국식 영어교육의 대상에 비해, 문화적 배경이나 부모의 학력자본 등에 의해 영향을 받을 가능성이 훨씬 더 크다. 이에 주목한다면, 영어회화능력을 지나치게 강조하는 것은 '개천에서 용 나기'라는 한국적 신화의 마지막 희망조차 없애버린다는 정치적 효과를 가진다는 것은 명백하다.

부모의 경제적 수준 때문에 자녀의 교육정도가 낮아지고 그로 인해 경제적 빈곤이 대물림되는 것이 사회 전체에 파괴적인 영향을 미친다는 것은 분명하다. 아버지의 재력 덕분에 어려서부터 천재교육을 받았고 적어도 지적으로는 매우 유리한 조건에서 출발할 수 있었던 경제학자 존 스튜어트 밀(John Stuart Mill)도 노동자계급에 충분한 교육기회를 제공하는 것이 무엇보다 중요하다는 점을 역설했다. 많은 상속세를 내야 하는 부유층 자녀가 부모를 잘 만난 것이 죄라면, 남보다 잘 생긴 얼굴이나 인상 덕분에 또는 탁월한 목소리나 운동신경 같은 유전자 덕분에 높은 소득을 얻는 것도 죄가 되는가라며 비아냥거리는 이들도 있다. 그러나 모든 것이 시장에서 돈으로 평가되는 자본주의사회에서 부모의 돈이 갖는 의미는 잘 생긴 얼굴이나 좋은 유전자가 갖는 의미와 질적으로 다를 수밖에 없다.

경기장을 평평하게 만든 다음에 축구를 해야 한다는 것은 상식이다. 부모의 경제적 능력 덕에 내리막길에서 축구를 하는 아이들과 오르막길에서 축구를 하다 지쳐 포기하는 아이들을 평평한 운동장에서 겨룰 수 있도록 해주는 것은 사회가 준비해주어야 할 최소한의 조치이다. 이것은 단지 특정 개인이 좋은 교육을 받고 높은 소득을 얻어 잘먹고 잘사는 문제가 아니다. 부모의 경제적 능력이라는 스스로 통제할 수 없는 요인 덕에 높은 교육수준, 더 정확하게 말하면 높은 수준의 사회적 교육을 받고, 사회내의 다양한 의사결정과정에서 그에 비례하여 더 많은 결정권을 행사하게 되는 것은 민주주의적 가치에도 위배되는 것이기 때문이다.

그러므로 학벌사회를 단번에 없애는 것이 불가능한 상황에서 '계층할당제' 같은 제도를 통해 빈곤계층에게 약간의 이익이나마 돌아가도록 하는 것은 민주주의와 평등의 가치를 증진하는 것이다. 생활임금의 경우와 마찬가지로 이것은 결코 혁명적인 정책이 아니라 매우 보수적인 정책일 수도 있다. 수백만달러의 기부금과 인종별·계층별 할당제가 평화롭게 공존하는 미국대학의 사례가 이를 여실히 증명한다. 한국의 명문대들이 '이명박 라운지'나 '삼성관'은 명예박사학위 수여에 합당한 기여로 간주하면서, 계층별할당제로 입학하는 학생들이 실력이 모자랄 것을 우려하는 것은 그야말로 이중적인 태도라 하지 않을 수 없다.

인터넷이 활성화되면서 한국사회의 많은 문제들이 네티즌들의 논쟁거리가 되곤 하지만, 아마 학벌만큼 자주 논쟁대상이 된 주제도 흔하지 않을 것이다. 최근에는 학력, 정확하게는 학벌을 위조한 사례들이 불거지면서 한동안 한국사회를 한바탕 흔들기도 했다. 학력을 위조한 유명연예인이나 대학교수 등도 크게 보면 학벌사회의 희생양임에는 분명하다. 그런데 흥미로운 것은 학벌을 둘러싼 대다수 논쟁에서 많은 참가자들은 학벌피라미드에서 자신보다 낮은 위치에 있는 사람들과 높은 위치에 있는 사람들에 이중잣대를 들이댄다는 것이다. 일류대학 중심의 학벌구조를 개탄하다가도, 갑자기 자신이 졸업한 대학이 어느 삼류대학보다는 훨씬 낫다는 논리로 넘어가버리는 경우도 흔하다. 식민지에서는 단 한 사람도 자유롭지 못하다는 김남주(金南柱)의 시구처럼, 학벌사회 안에서는 어느 누구도 자유롭지 못한 것이다. 맑스의 분석을 빌리자면, 학벌사회는 학벌이라는 물신성에 사로잡힌 사회이다. 상품물신성의 꼭대기에 화폐가 있는 것처럼, 학벌물신성의 꼭대기에는 일류대학이 있었고 이제는 아이비리그가 있다. 그저 화폐를 없애기만 해서는 상품물신성이 사라지지 않는 것과 마찬가지로, 일류대학을 없애는 것만으로도 학벌물신은 사라지지 않는다. 우리들로 하여금 이러한 학벌물신에 사로잡히도록 만든 욕망의 구조를 깨트리지 않으면 안되는 것이다. 그러나 그 욕망의 구조라는 것이 압축성장으로 표현되는 한국경제의 전개과정을 지탱해온 동력 중 하나였다는 데 역설이 있다.

한국 대학에 불문과는 몇개나 필요한가

몇년 전의 일이다. 대학에 입학하는 학생들을 학과별로 뽑는 것이 아니라 여러 전공이 함께 속한 학부 단위로 뽑은 다음, 2학년이 될 때 자신이 원하는 학과로 배정한다는 학부제가 실시되기 시작했다. 당연한 일이지만, 학생들은 누구나 취업이 잘될 것 같거나 전통적으로 합격선이 높은 인기학과로만 진급하려 했다. 비인기학과는 심지어 교수 10명에 지원학생은 한두명뿐인 경우도 있었다. 그래서 대부분의 대학들은 성적순으로 학생들을 이른바 비인기학과에 강제로 배정하는 방법을 썼다. 비인기학과로 분류되어버린 전공의 교수들 중에는 자의반 타의반으로 전공을 바꾸거나, 학과 자체가 없어지는 경우도 있었다. 당시 교육부장관이 한국대학에는 불문과(또는 다른 버전의 비인기 학과)는 세개만 있어도 충분하다는 말을 했다는 소문이 교수들 사이에 나돈 것도 이 무렵의 일이다. 그 소문은 한번도 걱정해본 적이 없던 직업의 안정성을 고민하기 시작한 한국의 정규직 대학교수들 사이에서는 제법 그럴듯한 설득력을 지닌 일화로 회자되었다.

물론 한국의 많은 대학들이 공급부족과 수요과잉이라는 유리한 상황에 편승하여 학과를 백화점식으로 늘려왔고 그에 걸맞은 교육을 제공하지 못했다는 것을 부인할 생각은 없다. 특히 칠판과 분필만 있으면 된다고 생각하는 인문사회계열의 학과는 더더욱 그러한 측면이 컸던 것도 사실이다. 다만 여기서 생각해볼 것은 불문과가 세개 필요한지 다섯개 필

114

요한지를 누가 어떻게 결정하는가라는 문제이다. 학과선택을 좀더 확장해 일반화해보면, 사회적으로 꼭 필요한 일과 숙련의 기준과 정도를 누가 어떻게 결정하는가라는 문제가 될 것이다. 예를 들면 불어를 할 줄 알거나 불문학 지식과 교양을 갖춘 사람이 있다는 것이 사회적으로 어떤 의미를 갖는지를 결정할 수 있어야 한다. 어떤 숙련은 사회적으로 반드시 필요한 것이지만 돈이 안되기 때문에 아무도 쌓으려 하지 않을 수 있다. 이러한 경우 해당 숙련의 축적을 위해서는 사회 전체가 비용을 부담하지 않으면 안된다. 여기에서 다시 문제가 되는 것은 그 비용을 어떤 방식으로 조달하며 어떻게 사용할 것인지를 결정하는 방법이다. 사회내에는 수많은 결정이 존재한다. 따라서 가진 돈의 많고 적음이나 권력의 크고 작음에 상관없이 충분히 자신의 발언을 보장받을 수 있는 참여의 구조를 구축하는 것이 중요하다.

맑스는 『독일 이데올로기』에서 공산주의사회를 아침에는 사냥하고, 저녁에는 낚시하며 밤에는 철학을 논하는 낭만적인 생활로 묘사한 바 있다. 글자 그대로 받아들인다면, 예컨대 월 스트리트에서 엄청난 돈을 번 뒤에 은퇴하여 말리부 해안에서 유유자적하는 펀드매니저의 생활로 보일지도 모른다. 그렇지만 낚시가 지겨운 사람도 있고 철학책 읽기를 괴로운 노동으로 느끼는 사람도 있게 마련이다. 철학책을 읽음으로써 만족을 얻고 사회에도 기여할 수 있을 사람이 경제적인 이유 때문에 그러한 기회조차 얻지 못하는 상황을 막기 위해 노력하는 것, 이를 위해 최소한의 사회적 합의와 통제가 필요한 것이다.

-5장-
착취 개념의 이해

삼위일체와 공정한 분배 | 착취는 마지막 한시간에
이루어진다? | 규모의 경제인가 착취인가 | 정보비대
칭성으로서의 권력? | 일하지 않는 자 먹지도 마라?

사회구성원들의 협력을 통해 발전한 사회적 생산력은 당연히 구성원 전체의 몫이어야 한다. 이를 특정 집단이 독차지하는 것을 당연시하게 만드는 메커니즘이 작동할 때 착취가 생겨난다. 착취 개념을 통해 당연시되던 이 메커니즘에 대한 비판적 시각을 가질 수 있을 것이다.

...

삼위일체와 공정한 분배

맑스는 『자본론』 제3권의 마지막 부분에서 자본주의사회의 소득분배에 관한 이론을 기독교의 삼위일체 정식에 비유했다. 삼위일체 정식이란 자본주의경제에서 나타나는 세가지 범주의 소득인 임금, 이윤, 지대를 각각 노동자, 자본가, 지주에 일대일로 대응시키는 방식을 가리킨다. 물론 맑스는 무신론자이면서 유물론자였기 때문에 그가 기독교의 삼위일체를 말했다면 당연히 비판적인 맥락에서였음을 짐작하기는 어렵지 않다. 복잡한 논의를 거치지 않더라도 결국 맑스의 비판이 겨냥하고자 했던 생각은, 노동자는 임금을, 자본가는 이윤을, 지주는 지대를 가져가는 것이 올바른 신의 섭리라는 식의 이론이었음에 틀림없다.

사실 우리가 생활인으로서 일상적으로 경제문제를 생각할 때 가장 먼저 떠올리는 것 중 하나가 바로 분배문제이다. 강의시간에 학생들에게 한국사회의 분배가 평등한 편인지 불평등한 편인지를 질문하면 상당수는 불평등하다고 대답한다. 가끔 사회인을 대상으로 하는 강의에서 똑같이 질문하면 불평등하다고 대답하는 사람들의 숫자는 훨씬 더 늘어난다. 물론 사람은 누구나 자신의 능력이나 노력에 비해 상황이 나쁘다고 생각하는 경향이 있다. 한국인의 지나치게 높은 평등의식을 사뭇 준엄하게 질타하는 사회비평 칼럼이나 책들이 꽤 있는 것도 사실이다. 그렇지만 어쨌든 많은 사회구성원들이 불공평하다고 생각하는 사회가 바람직하지 못하다는 것 또한 부인하기 어렵다.

거꾸로 생각해보자. 만약 현재 우리가 살고 있는 사회의 분배구조가 꽤 공정한 것이라고 설명하는 이론이 있다면, 그것이 의도적이건 아니건 간에 체제유지라는 측면에서는 매우 바람직한 역할을 할 것임에 틀림없다. 미시경제학 교과서의 분배이론 파트에 빠짐없이 등장하는 한계생산력설이라는 이론이 바로 그러한 이론이다. 간단히 말하자면 모든 생산요소의 소유자는 그 해당 요소의 한계생산력만큼에 해당하는 댓가를 지불받는다는 것이다. 한계생산력이란 해당 생산요소가 최종적으로 한단위 추가될 때 그로 말미암아 증가하는 생산량을 가리키는 개념이다.

그런데 맑스의 노동가치론이 때로 각자의 노동에 비례해서 분배할 것을 주장하는 규범적인 이론으로 받아들여지는 것처럼, 한계생산력설은 모든 생산요소가 각자의 한계생산력에 따라 분배받아야 한다는 이론으로 받아들여지기도 한다. 예를 들어 내 월급이 내 동창생 월급의 절반밖에 안되는 이유는 내가 가진 생산요소인 노동이 생산에 기여하는 바가 그 친구의 그것에 비해 절반밖에 안되기 때문이라는 것이다. 한계생산력설은 특히 20세기 전반부에 집중적으로 연구되었다. 경제이론이 반드시 정치적 상황을 반영하는 것은 아니겠지만, 자본주의체제의 불공정성을 지적하는 좌파적 논의에 대항한다는 측면이 어느정도 포함되어 있었다는 점만은 부인하기 어려울 것이다.

한계생산력설대로 분배가 이루어질 때 경제 전체의 분배를 과연 남김 없이 제대로 설명할 수 있는가라는 물음이 당연히 제기되었다. 결론부터 말하자면 시장에 독점적 요소가 전혀 존재하지 않아야 하고 생산함수가 일차 동차의 특성을 가져야 하는 등의 여러가지 제한적 조건하에서 그렇게 될 수가 있다. 생산함수가 일차 동차라는 수학적 의미는, 생산요소의 투입량을 늘리거나 줄일 때 생산량은 그에 비례해서 늘거나 준다는 특징을 지닌다. 가령 한명의 목수가 톱 하나를 가지고 다섯시간을 일해서 책상 하나를 만든다면, 목수 두명이 톱 두개를 가지고 같은 시간 동안 일하면 책상을 더도 덜도 아니고 두개 만든다는 것이다. 생산이 이러한 특성을 갖는다면 목수는 자기가 생산에 기여한 만큼 그리고 톱이라는 생산설비의 주인도 그 기여분만큼 사이좋게 분배받으면 책상 두개는 정확하게 나누어 떨어진다는 것이다. 이것은 이른바 오일러의 정리(Euler's Theorem)라는 수학적 논리에 의해 쉽게 증명된다. 일차 동차 생산함수는 현대경제학의 많은 모델들에서 분석의 편의를 위해서, 때로는 습관적으로 채택되는 가정이기도 하다. 그러나 이는 역으로 말하면 생산함수가 일차 동차가 아닌 상황에서는 이렇게 사이좋고 행복한 상황이 유지될 수 없다는 뜻이기도 하다.

앞의 예에서 목수 한명이 톱 하나로 책상 하나를 생산해서 톱을 빌려준 생산설비 소유자와 책상을 반씩 나누어 가졌고, 이것이 한계생산력설에 따른 공정한 분배였다고 가정하자. 이제 목수 두명이 톱 두개로 일했더니 책상이 세개가 생산되었다면, 여전히 절반씩 나누어 갖는 것이 공평할 것인가? 만약 목수 한명만 있을 때와 똑같이 목수 두명이 각각 책상을 절반씩 가져가고 나면 두개의 책상이 남는데, 이를 톱 주인이 전부 가져간다면 톱 주인은 이전에 비해 훨씬 더 많은 생산물을 분배받는 것이 된다. 그렇다고 해서 톱 주인에게 이전 상황에 비추어 책상 한개만을 준다면, 목수 두명이 나머지 두개의 책상을 다 가져갈 것이다. 결국 어떤 경우에도 목수나 톱 주인 중 어느 한쪽은 분배가 불공평하다고 생각할 것이다. 따라서 증가한 생산물을 어떻게 객관적으로 공정하게 나눌지의 어려운 문제가 발생한다.

반대로 이번에는 목수 두명이 톱 두개로 세개의 책상을 만든 다음, 목수들과 톱 주인이 한개 반씩을 나눠가지는 상태가 한계생산력설에 따른 공정분배라고 가정해보자. 이제 경기가 안 좋아져서 목수 한명은 해고되고 나머지 한명의 목수가 톱 하나만으로 책상 한개를 생산했다면, 이 책상은 몇 대 몇의 비율로 나누어 가져야 할 것인가? 물론 각 목수 한명이 생산에 기여하는 바를 정확하게 측정할 수 있는 방법이 있다면, 이러한 문제는 해결될지도 모른다. 그러나 분업에 기초한 대규모의 협업이 이루어지는 현대적 생산에서 노동자 개인이 생산에 기여한 바를 정확하게 측정하는 것은 불가능할 뿐 아니라 무의미하기조차 하다. 수천명의 노동자가 함께 일하는 자동차 생산라인에서 차체 조립공정의 한 부분작업만을 맡아 일하는 노동자가 하루 동안 정확하게 몇대의 완성차를 만들었는지를 물어보는 것은 의미가 없을 것이기 때문이다.

그러므로 한계생산력설이 현실에서 생산물의 완전분배를 보장하느냐는 물음에 대한 답은 '그렇지 않다'라는 것이다. 오래 전 내가 학부 미시경제학 과목의 수강생이던 무렵까지만 해도 한국에서는 널리 사용되던 교과서[1]에는 이 문제가 꽤 중요한 주제 중 하나로 다루어졌다. 그러나 최근의 미시경제학 교과서에서는 이 문제를 정면으로 다루지 않는다. 문제는 그럼에도 불구하고 많은 경제학자들이 분배문제를 설명하거나 실증 연구를 할 때, 여전히 한계생산력 개념에 의존하는 바가 크다는 사실이다. 이것은 전문적인 경제학 분야의 연구와 교과서 수준의 설명 또는 응용분야의 개념 활용 사이에 발생하는 시차나 괴리의 한가지 예라고도 볼 수 있을 것이다. 그렇지만 맑스의 착취 개념이 중요한 정치적·이데올로기적 효과를 가져오는 것과 마찬가지로, 한계생산력설 또한 여전히 강력한 정치적·이데올로기적 영향력을 발휘하고 있는 셈이다. 폴 쌔뮤얼슨이 예의 '완전경쟁하에서는 자본이 노동을 고용하건 노동이 자본을 고용하건 아무런 차이가 없다'는 주장을 할 수 있었던 것은 기본적으로는 이같은 한계생산력이론의 맥락에서였음도 분명하다. 맑스경제학이 세상을 보는 관점은 주류경제학의 그것과 여러가지 측면에서 크게 다르지만, 이 지점이야말로 대표적으로 다른 지점이다.

착취는 마지막 한시간에 이루어진다?

널리 알려진 바처럼, 맑스는 자본주의사회에서 발생하는 이윤의 원천은 자본가계급이 노동자계급을 착취하는 데 있다고 주장했다. '착취' (exploitation)라는 용어는 으스스한 어감을 주는 것도 사실인데, 일체의 가치판단을 배제해야 옳다고 주장하는 주류경제학에서는 거의 사용되지 않는다. 아마도 유일하게 사용되는 예는 시장에 공급자가 하나뿐인 상태, 이른바 독점상태에서 기업이 얻는 부당한 이득을 '독점적 착취'라는 용어로 설명하는 경우일 것이다. 마찬가지로 '독점적 착취'와 어느정도는 연결되어 있을 가능성이 큰 '수요독점적 착취'는 주로 생산요소시장에 수요자가 하나밖에 없기 때문에 발생한다. 결국 독점적 착취이건 수요독점적 착취이건 간에 주류경제학에서 말하는 착취는 시장, 좀더 어렵게 말하면 유통영역에서의 현상에 국한된다. 그러므로 착취는 '관계자 이외 출입금지'라는 팻말이 붙어 있는 생산영역에서 일어난다고 보았던 맑스와는 분명히 다르다. 맑스경제학은 생산을 중시하는 경제학이고 주류경제학은 유통 또는 교환을 중시한다는 약간은 이분법적인 도식은 여기에서도 그럴듯하게 맞아떨어진다.

맑스가 『자본론』 제1권에서 착취를 설명하는 방식은 의외로 매우 간단한 것이다. 맑스에 따르면 자본주의사회에서 거래되는 모든 상품은 가격을 갖는데, 특별한 예외를 제외하면 그 가격은 그것을 생산하는 데 사회적으로 필요한 노동량, 즉 가치에 의해 결정된다. 그런데 자본주의사회에서는 노동력도 상품으로 거래되기 때문에 당연히 그 가격인 임금도 노동력의 가치에 의해 결정된다. 문제는 노동력은 이윤을 목적으로 기업이 생산하는 상품이 아니라는 점이다. 적어도 올더스 헉슬리(Aldous L. Huxley)의 『멋진 신세계』를 모티프로 하는 수많은 공상과학소설이나 영화에서처럼, 인간복제를 통해 노동력을 찍어낼 수 있기 전까지는 말이다. 인적자본론에 의거하여 경영대학원에 진학하여 MBA를 받아 취업하는 것이 나은지, 의과대학에 가서 의사가 되는 것이 나을지를 정밀하게 비용편익분석하는 경제학적 인간을 상상하는 것은 가능하다. 그렇지만, 그 경제학적 인간 자체를 '생산'해서 양육하는 데 드는 비용과 그로부터 얻을 수 있는 금전적·비금전적 편익을 비교하는 합리적 부모는 상상하기 어렵기 때문이다. 그래서 맑스는 고전학파 경제학의 전통에 따라 노동력의 가치를 노동자가 자신의 노동력을 유지하는 데 필요한 상품들의 가치라고 간접적으로 정의했다. 이미 4장에서 설명한 것처럼, 여기에는 다양한 요소들이 포함되기 때문에, 맑스 자신은 노동력가치가 역사적이고 도덕적인 요인에 의해 결정된다고까지 말한 바 있다. 그런데, 노동력은 다른 일반적인 상품들과는 달리 그것을 판매하고 난 뒤에도 원래 소유자인 노동자가 자기 몸에서 떼어낼 수 없다. 따라서, 노동자는 고용계약에 따른 기간 동안 노동력을 구입한 자본가의 지휘와 통제를 받으면서 일해야만 한다. 이때 만약 노동자가 자신의 노동력가치보다 더 많은 가치를 생산하게 된다면, 그 차이만큼을 자본가가 그냥 가져가게 되는데, 이것이 잉여가치(surplus value)라 불리는 것이며 이윤의 원천을 이룬다.

이상의 설명을 이미지로 묘사해보면 이렇게 될 것이다. 우리의 노동자 갑돌이는 자동차를 만드는 공장에서 일하고 있다. 그는 공업고등학교를 졸업했고 10년 동안 자동차공장에서 근무한 경험을 가지고 있으며, 전업주부인 아내와 함께 초등학교에 다니는 두 아이를 키우고 있다. 매일 저녁 퇴근길에 그는 회사 앞에 있는 마트에 들러 자신의 노동력을 유지하는 데 필요한 물건들을 산다. 마트 카운터 앞에 놓여 있는 그의 장바구니에는 네 식구가 먹을 쌀과 부식재료, 저녁식사 뒤에 아내와 함께 마실 맥주 두병, 아이들이 사용할 문방구 등이 담겨 있다. 때때로 장바구니 속에는 그가 즐겨 읽는 성인용 잡지도 담기곤 한다. 갑돌이가 오늘 이 장바구니에 담긴 물건값으로 지불해야 하는 돈은 3만원이다. 이렇게 3만원어치의 물건을 소비하고 나면 갑돌이는 다음날 아침에도 평소와 다름없는 정신적·육체적 컨디션을 유지하면서 공장에 출근해서 일할 수 있다. 갑돌이가 하는 일은 자동차의 엔진을 조립하는 일이다. 다음날 아침 늘 하던 것처럼 여덟시간 동안 자동차조립을 하던 갑돌이는 문득 자신이 어제 소비한 장바구니만큼의 가치를 자신이 조립하는 자동차 대수로 표현하면 네시간에 해당한다는 것을 깨닫는다. 정확히 네시간 일한 것을 확인한 갑돌이는 작업을 중단하고 공장문을 나서려 한다. 이때 자본가가 그의 앞을 가로막는다. 어이 친구, 자네는 나와 하루에 여덟시간씩 일하기로 고용계약을 맺었다네. 따라서 지금 퇴근하는 것은 불법이라네. 해고되든가 네시간을 더 일하든가 양자택일하게. 갑돌이는 어쩔 수 없이 네시간을 더 일한다. 그 네시간 동안에 생산한 자동차의 가치에 해당하는 부분은 결국 자본가의 것이 된다. 그렇지만, 자본주의 시장원리에 따라 갑돌이는 자신의 노동력가치에 해당하는 만큼을 임금으로 받았기 때문에, 나머지 네시간만큼의 가치에 대한 소유권을 주장할 수는 없다.

사실 착취를 이런 식으로 설명하면 매우 명쾌하게 들린다. 특히 노동의 성과가 명확하게 계산가능한 일을 하는 노동자일수록 이러한 설명에 쉽게 고개를 끄덕인다. 맑스가 이렇게 설명한 것도 어쩌면 그 교육적 효과 때문이었을 수도 있다. 그렇지만 이러한 설명은 그 단순명쾌함만큼이나 논리적인 한계를 지니고 있다.

하나만 지적하자면, 이러한 설명은 맑스 자신이 『자본론』에서 그토록 호되게 비판한 경제학자 나쏘 씨니어(Nassau Senior)의 '마지막 한시간'이라는 기발한 논리와 별로 달라 보이지 않는다는 것이다. 사실 지금은 맑스의 책에 등장한다는 이유 말고는 아무도 기억하지 않는 인물이지만, 당대에는 꽤 유명했던 옥스퍼드대학의 경제학자인 씨니어는 노동시간의 단축이 불가능한 이유를 이윤은 사실상 마지막 한시간 동안에 발생하기 때문이라고 강변했었다. 즉, 노동자가 하루에 열시간 일한다면 그중에서 처음 아홉시간 동안은 자본이 들인 본전을 복구하는 데 필요한 만큼을 생산할 뿐이고, 진짜 이윤은 마지막 한시간 동안에 만들어진다는 것이다. 따라서 노동시간을 한시간 단축하게 되면 자본이 가져갈 이윤이 없어지므로 곤란하다는 주장이었다. 갑돌이 얘기에 등장하는 자본가도 아마 씨니어처럼 주장할 것이다. 그렇지만 만약 갑돌이가 네시간만 일하는 것이 정당하고, 다섯시간째부터 일하는 것은 자본가에게 착취당하는 것이라 주장한다면, 실상 이것은 갑돌이 입장에서 씨니어의 논리를 그대로 뒤집어서 주장하는 것에 지나지 않게 된다.

사실 이렇게 착취를 설명하는 방식은 자본주의사회보다는 봉건제사회의 착취를 설명하는 데 더 적합한 것이다. 흔히 경제사에서 봉건제사회의 영주와 농노의 관계를 설명할 때 이러한 설명방식을 채택하기 때문이다. 예컨대 봉건제 아래의 농노는 일주일에 사흘은 영주의 몫이 될 곡물을 생산하는 땅에서 일하고, 나머지 사흘은 자기 몫이 될 곡물을 생산하는 땅에서 일한다. (하루는? 교회에 가기 위해 쉬는 날이다.) 따라서 착취당하는 부분과 자기 몫이 되는 부분이 명확하게 시간적으로도 공간적으로도 분리된다는 것이다. 물론 이러한 설명방식이 봉건제사회의 현실을 과연 제대로 묘사한 것인지를 확인하는 것은 역사학자의 몫이겠지만.

맑스가 여러 곳에서 강조했던 것은 자본주의사회에서의 착취는 봉건제의 예처럼 투명하게 눈에 보이지 않는다는 사실이었다. 더구나 이런 방식으로 자본주의의 착취를 설명하면, 왜 갑돌이가 네시간 만에 퇴근하지 못하고 순순히 자본가의 명령에 따라 작업을 계속하는지는 물리적인 힘이라는 요인에 의해 설명될 소지가 커진다. 자본주의 이전의 계급사회에서 노예나 농노는 노예주나 영주의 물리적 폭력 앞에 무방비 상태로 노출되어 있었기 때문에, 때로는 종일 지배자를 위해서만 일해야 했다. 적어도 제대로 발달한 자본주의사회에서는 노동자들이 자본가의 날것 그대로의 물리력에 노출되어 있지는 않다. 그렇다면 갑돌이가 순순히 일할 수밖에 없는 것은, 그렇게 하지 않으면 일자리를 잃게 될 것이라는 해고의 위협 때문이다. 흔히 역사유물론을 쉽게 설명하는 책에서 이러한 해고의 위협은 '경제적 강제'라는 말로 표현되어, 자본주의 이전 사회에서의 '경제외적 강제'와 대비되곤 한다. 그러나 이를 감안하더라도 여전히 노예나 농노와 자본주의사회의 노동자 사이의 질적 차이가 명확하게 드러나는 것 같지는 않다. 만약 갑돌이가 강력하게 저항해서 네시간만 일하고 퇴근해버린다면 그리고 다른 동료노동자들도 모두 갑돌이처럼 행동한다면, 자본주의사회의 착취는 사라져버릴 것인가라는 단순한 물음에 그렇다라고 선선히 대답하기는 쉽지 않기 때문이다.

규모의 경제인가 착취인가

그런데 맑스는 『자본론』의 다른 여러 곳에서 착취를 다른 방식으로도 설명해놓았다. 자본주의적 협업의 발전과정을 설명하면서, 그는 열두명의 노동자가 따로따로 일한 것을 합한 것보다 열두명이 함께 일한 것이 훨씬 더 많아진다는 예를 든다. 산업혁명을 거치면서 근대에 등장한 자본주의적 공장제도의 가장 두드러진 특징은 수많은 노동자들이 한 장소에 모여 함께 일한다는 것이다. '함께 일한다'는 의미에서 그것은 협업이지만, 한곳에 모여 있다보면 결국 일의 나눔이 이루어진다는 의미에서 그것은 분업이기도 하다. 즉, 분업에 기초한 협업인 것이다.

분업에 기초한 협업이 가져다주는 생산력의 비약적인 증대효과는 사실 근대적인 경제학의 발생 초기부터 매우 중요한 개념이었다. 애덤 스미스의 『국부론』은 바로 이러한 분업에 기초한 협업의 장소인 핀(pin)공장을 경탄하는 묘사로 시작된다. 작은 핀 하나를 만드는 일도 수십가지의 공정으로 분리되어 누구는 핀을 자르기만 하고 누구는 다듬기만 하면서 일한 결과, 혼자서 전 공정을 담당하는 경우보다 몇백배나 더 많은 양을 생산할 수 있게 되었다는 것이다. 사실 이 문제는 앞서 얘기한 일차 동차 생산함수 문제와도 관련이 있는데, 핀 공장의 예는 말하자면 생산의 특성이 일차 동차가 아니라는 점, 경제학적 개념으로 표현하자면 규모의 경제가 존재하는 상황을 설명해주고 있는 셈이기 때문이다. 규모의 경제란 예를 들어 생산요소의 투입량을 두배 늘리면 생산량은 두배보다 많이 증가하는 상황을 가리키는 개념이다.

그렇다면 여기서 맑스는 착취를 어떻게 설명하고 있을까? 그는 이러한 분업에 기초한 협업을 통해 사회 전체의 생산력이 비약적으로 증가함을 먼저 지적한다. 그리고 나서, 그것이 마치 자본이 이룬 생산력 증대인 것처럼 받아들여지면서 생산증가분의 상당부분을 자본가가 가져가게 되는 현상을 착취라고 설명한다. 개념화해서 말하자면, 사회적 생산력이 자본의 생산력으로 전환된다는 것이다. 여기에서 맑스는 얼핏 보면 맑스답지 않은 주장까지 덧붙인다. 마치 오케스트라의 지휘자가 하는 역할처럼 모든 사회적 생산에는 조직과 지휘의 역할이 어느 정도는 반드시 필요하며 이는 생산적이라는 것이다. 이러한 주장이 '맑스답지 않다'고 말하는 이유는 현실에서 그러한 기능을 수행하는 것이 자본가라는 점에서 자본가도 어느 정도는 '생산적'이라는 주장으로 들리기 때문이다.

이렇게 본다면, 흔히 맑스주의자들이 '일하지 않는 자, 먹지도 마라'는 경구를 자본가를 겨냥한 버전으로 해석할 때 염두에 두었던 풍경과는 사뭇 다른 모습이 드러날 수 있는 것은 아닐까? 사실 이러한 설명방식에서는 흉기를 들고 공장 문앞에 서서 갑돌이로 하여금 좀더 일할 것을 요구하고 그 결과물은 혼자 챙기는 자본가의 이미지는 어느정도 변화를 겪을 수밖에 없다. 애초에 맑스의 경제학 방법론이 어느 특정 개인의 착하고 나쁨이나 똑똑하고 어리석음 자체를 문제삼는 것이 아니라, 그러한 개인들이 모여 만들어나가면서도 개인적으로는 거스를 수 없는 구조를 문제삼고 있다는 점을 기억하자. 그렇다면, 좋은 자본가를 찾는 것이 무의미한 만큼이나 자본가는 반드시 흉포한 개인이어야 한다는 생각도 잘못된 일이다. 결국 통속화한 설명과는 달리 착취는 사회적 생산력의 일부 또는 전부가 자본의 생산력으로 전환되는 현상, 정확하게 말하자면 우리의 의식이 이런 현상을 자연스럽게 받아들이는 그 자체를 비판적으로 가리키고 있는 것이다.

맑스가 생각하는 사회적 생산력의 발휘는 앞서 말한 규모의 경제와 정확하게 일치하는 개념은 아니었다. 실제로 맑스의 『자본론』도 수학적으로는 일차 동차 생산함수를 가정한 것이 아닌지를 탐구하는 진지한 연구도 있기는 하다. 그러나, 맑스가 염두에 둔 것은 개개의 노동력이 집단적 노동력으로 결합되기 이전과 이후를 비교하는 것이었다. 즉, 단순히 한 명의 목수가 한 개의 톱으로 책상을 만들다가 둘이서 두 개의 톱으로 만드는 상황을 얘기하는 것은 아니었다. 이 점을 명확하게 이해한 것은 뜻밖에도 문학평론가로 유명한 일본의 카라따니 코오진(柄谷行人)이었다.

카라따니는 1970년대 중반 잡지에 연재했던 『맑스 그 가능성의 중심』에서 최근의 저작인 『트랜스크리틱』에 이르기까지 일관되면서도 독특한 주장을 펼친다. 그에 따르면 맑스의 잉여가치 개념은 서로 다른 두 개의 체계 사이에서 발생한다. 즉 잉여가치는 시간적·공간적 체계의 차이에 따라 발생한다는 것이다. 사실 이를 글자 그대로 받아들이면, '서울에서의 100원짜리 물건을 부산에서 120원에 팔면 20원의 "잉여가치"가 나온다거나, 오늘 100원짜리 물건을 내일 80원에 만든다면 역시 20원의 잉여가치가 생긴다는' 논리가 돼버리는, '사회과학 — 맑스적이든 반맑스적이든 — 이 졸도할 지경'[2]이라는 어느 경제학자의 냉혹한 평가가 이해되지 않는 것도 아니다. 그렇지만 텍스트와 이를 받아들이는 독자의 해석은 독립적이라는 카라따니 자신의 명제를 받아들인다면, 그가 말하는 체계 사이의 차이를 서울과 부산의 차이나 어제와 오늘의 차이 같은 구체적인 대상이 아니라 집합노동의 성립 이전과 이후라는 두 체계 사이의 논리적인 차이를 가리킨다는 내 해석도 무방할 것이리라.

정보비대칭성으로서의 권력?

조지프 스티글리츠는 '정보경제학'이라는 새로운 분야를 개척한 공로로 2001년에 노벨경제학상을 수상했다. 1980년대 중반 내가 미시경제학 과목을 수강할 때, 미국유학에서 방금 돌아온 담당교수는 지금 미국에서는 정보경제학이라는 분야가 유행하고 있다는 짧은 한마디만 남겼을 뿐, 그 내용을 소개하지 않았다. 정확하게 10여년쯤 지나 미국에서 돌아온 또다른 교수는 미국에 유학 가서 정보비대칭성에 관한 논의를 공부하고 나서 비로소 주류경제학으로 세상을 설득력있게 설명할 수 있다는 자신감을 얻었다는 일화를 소개했다. 1980년대에 한국에서 대학을 다닐 때, 주류경제학을 공부하는 것이 정치경제학을 공부하는 것에 비해 현실 설명력이 약하다는 자괴감에 주눅이 들어 있었다는 고백과 함께. 흥미로운 것은 그 교수가 이제는 미국식 주류경제학에 대한 대단한 자부심으로 무장하여 일체의 비주류적인 견해에 배타적인 태도를 견지하게 되었다는 점이었다. 아마도 노벨상 수상을 예감하면서 자신의 연구업적을 집대성하여 대중적으로 알리기 위해 쓴 책에 스티글리츠는 『사회주의는 어디로』(*Whither Socialism?*, 한국어판은 『시장으로 가는 길』로 번역됐다)라는 다소 팬시한 제목을 붙여놓았다.

스티글리츠에 의해 다듬어진 정보비대칭성이론이 주로 적용된 분야 중 하나가 바로 노동시장이었다. 정보비대칭성이란 거래에 참가하는 경제주체들 사이에 주어지는 정보량이 서로 다른 상황을 가리킨다. 노동시장에 관해 정보비대칭성 개념을 적용한 이론이 이른바 효율성임금 모델(efficiency wage model)이고, 효율성임금 모델 중 한가지 유력한 버전이 '태만'(shirking) 모델이다.

태만 모델의 골자는 이렇다. 노동자는 자본가와 노동계약을 맺고 일한다. 자본가의 목표는 노동자를 열심히 일하게 만듦으로써 최대의 이윤을 얻는 것이다. 반면, 노동자의 목표는 주어진 임금을 받고 일하는 기간 동안 적당히 태만함으로써, 시쳇말로 '땡땡이'를 침으로써 만족을 얻는 것이다. 그런데 노동자가 땡땡이를 치는지 안 치는지는 노동자 자신이 가장 잘 안다. 자본가는 물론 여러가지 방법을 통해 노동자가 열심히 일하는지를 모니터하지만, 모니터를 충실하게 하면 할수록 더 많은 비용이 발생한다. 예컨대 출근부를 작성해서 근무태도를 관리하거나 작업성과를 체크하는 데는 많은 금전적·비금전적 비용이 들 것이다. 즉 땡땡이를 치느냐 안 치느냐는 문제에 관한 한, 노동자가 가진 정보량이 자본가가 가진 정보량보다 더 많은 상태, 즉 정보가 비대칭적으로 분포되어 있는 상태이다. 자본가가 이 문제를 해결하는 방법 중 하나는 역설적이게도 실제 주어도 되는 임금보다 더 많은 임금을 노동자에게 지불하는 것이다. 왜? 더 많은 임금을 받은 노동자는 만약 자신이 땡땡이를 치다가 적발되어 일자리를 잃고 나면 다른 어떤 곳에서도 이렇게 많은 임금을 주는 일자리를 찾을 수 없다는 점을 잘 알 것이기 때문이다. 그 결과 누가 감시하지 않더라도 자신을 규율하면서 열심히 일을 하게 된다는 것이다. 더욱이 그 노동자가 일하는 직장 앞에는 이력서를 들고 취업기회를 노리는 많은 구직자들이 줄을 설 것이다. 따라서 노동시장에서는 수요에 비해 공급이 많아지는 비자발적 실업이 존재하게 된다.

태만 가설에 기초한 효율성임금 모델이 기존의 주류경제학에 가져온 변화는 노벨경제학상으로 상징되는 만큼이나 큰 것이다. 모든 경제주체들이 거의 완벽에 가까운 정보를 가진 채 합리적으로 행동한다는 기존의 초보적인 경제학 교과서 수준의 이미지는 현실을 제대로 설명하기 어려웠다. 그러나 이제 현실을 나름의 논리로 설명할 수 있게 된 것이다. 또한 2차대전 이후 자본주의경제의 부흥에 따라 일자리가 노동자 수보다 많아져 이론적으로는 존재하기 힘든 것으로 간주되던 비자발적 실업이 왜 생겨나는지를 경제주체의 합리적 행동에 기초해 설명할 수 있게 되었다.* 더구나 그것은 정보비대칭 상황에서도 인간이 여전히 주류경제학에서 상정해왔던 대로 합리적으로 행동한다는 점을 보였기 때문에, 주류경제학의 틀 자체를 흔드는 것은 아니었다. 물론 효율성임금 모델은 시장에서 거래되는 노동'력'과 실제 생산과정에서 지출되는 노동은 구별되어야 한다는 맑스주의경제학의 오랜 아이디어를 변형하여 받아들인 것으로 이해할 수도 있다. 이미 1980년대 초중반부터 쌔뮤얼 보울즈(Samuel Bowles) 같은 경제학자는 효율성임금 모델을 급진적 정치경제

---

* 케인즈가 『일반이론』에서 제시한 답변은 노동자들은 자신이 받는 명목임금은 중요하게 여기지만, 물가수준을 감안한 실질임금에 대해서는 잘 모른다는 것이었다. 이를테면 노동자들은 항상 잘못 생각한다고 가정한 셈이다.

학의 버전으로 재해석하는 연구결과를 내놓고 있었다.

　그렇지만 맑스경제학에서 바라보는 노동시장 및 노동과정에 대한 관점과 정보비대칭성이론에 입각한 관점에는 근본적인 차이가 있다.

　잠깐 용어문제부터 지적해두자. 효율성임금 모델에서 말하는 효율성은 누구의 효율성인가? 다름아닌 자본가가 땡땡이치기를 효율적으로 모니터한다는 의미에서의 효율성이다. 자본가는 이윤극대화를 추구하고 노동자는 태만을 추구한다는 포지션 자체가 이론의 계급적 관점을 드러내는 것이라는 근본적 비판도 일리가 없는 것은 아니다.[3] 여담이지만 과거 한국 독재정권이 좌파들이 기념하는 날이라는 이유로 5월 1일 '노동절' 대신에 3월 14일 '근로자의 날'을 고집했던 예는 용어를 결정하는 문제 자체가 그 무엇보다도 정치적인 성격을 강하게 지닌다는 것을 잘 보여주는 예이다.

　어쨌든 효율성임금 모델에서 말하는 효율성은 노동생산성의 향상이라는 의미에서의 효율성인 것이다. 노동생산성은 보통 생산된 결과물을 노동시간으로 나눈 값으로 측정된다. 똑같이 10시간 일했더라도 땡땡이를 치지 않고 일한 10시간은 땡땡이를 치면서 일한 10시간보다 더 많은 생산량을 가져다줄 것이므로 노동생산성은 증가한 것으로 간주된다. 그러나 맑스경제학에서는 얘기가 달라진다. 맑스경제학에서 말하는 상품의 가치는 그것을 생산하는 데 사회적으로 필요한 노동량으로 정의된다. 그런데, 어느 산업 안에서 하나의 기업만이 효율성임금 모델에 따라 노동자들이 더 많은 노동을 지출하도록 하는 데 성공했다고 하자. 그렇다면, 그 기업은 같은 산업 안의 경쟁기업들에 비해 더 많은 사회적 필요노동을 지출한 셈이다. 따라서 그 기업의 10시간 노동은 다른 경쟁기업에서의 12시간이나 13시간에 해당하는 것이 된다. 그러므로 이것은 진정한 의미에서의 노동생산성 향상이 아니라 노동강도의 증가에 따른 초과이윤의 생산일 뿐이다. 만약 어느 산업에 속한 모든 기업이 동시에 효율성임금 모델에 따랐다면, 이제 이 산업의 10시간 노동은 그 산업의 새로운 표준으로 작용한다. 따라서 생산량은 늘어났지만 생산량 한 단위당 가치는 줄어들며, 생산한 총가치량은 그대로이다.

이제 잘 알려진 찰리 채플린의 영화 「모던 타임즈」에서 묘사하는 자본주의적 노동과정의 이미지를 생각해보자. 찰리는 무엇인가를 스패너로 조이는 공장에 취직한다. 공장에는 거대한 컨베이어벨트가 놓여 있어서 일감을 끊임없이 빠른 속도로 찰리 앞에 옮겨놓는다. 찰리가 잠시라도 일을 지체하면 그다음 노동자가 일감을 처리할 수 없다. 짧은 휴식시간에 화장실에 가기 위해 찰리는 펀치카드를 찍어야 한다. 화장실에서 담배를 피워 무는 찰리에게 사장은 화장실에 설치된 CCTV로 보면서 스피커를 통해 빨리 작업에 복귀하라고 소리를 지른다. 결국에는 해프닝으로 끝나지만, 식사시간까지 아끼기 위해 일하는 동안에 자동으로 식사를 도와주는 기계까지 등장한다. 마지막에 찰리는 결국 공장에서 쫓겨나고 실업자 신세가 된다. 이른바 비자발적 실업인 것이다.

「모던 타임즈」에서 묘사하는 내용은 효율성임금 모델이 전제하는 세상을 맑스적인 관점에서 뒤집어 보여준다. 땡땡이치기를 막기 위한 수단인 컨베이어벨트, 펀치카드, CCTV 그리고 비자발적 실업에 이르기까지 말이다. 그렇지만 경제주체의 합리적 행동이라는 '우아한 세계'는 다른 한편에서는—비록 한발짝 떨어져서 바라보는 관찰자에게는 코믹한 희극이지만—냉혹한 '감시와 처벌'의 세계로 바뀐다. 마치 영화 「대부」의 말론 브란도(Marlon Brando)가 딸의 결혼식에서 함께 춤을 추는 인자한 아버지이지만, 응접실에서는 비정한 살인명령을 내리는 것과 마찬가지

.라고나 할까?

여기까지만 보면 이것은 마치 이 책의 서두에서 지적했던 「라쇼몽」의 문제인 것처럼 보인다. 가족에게는 인자한 아버지이자 할아버지인 브란도가 경쟁상대인 다른 갱들에게는 더할 나위 없는 냉혈한이면서, 사업의 뒤를 돌봐주는 의뢰인에게는 든든한 대부인 것처럼 말이다.

그러므로 정보비대칭성이론과 맑스경제학 사이에는 얼핏 생각하는 것보다 훨씬 더 큰 간격이 있음을 기억해야 한다. 정보부족이나 비대칭성의 문제가 해결된다고 하더라도 노동시장은 생산수단을 소유한 자본가계급과 노동력밖에 없는 노동자계급 사이에 근본적으로 권력을 통한 지배·피지배 관계가 발생할 것이기 때문이다. 노동시장을 정보문제만 해결되면 두 당사자 — 자본가와 노동자 — 사이에 대등한 경쟁이 보장되는 평평한 경기장으로 보는지, 아니면 처음부터 한쪽으로 기울어진 경기장으로 보는지 사이에는 본질적인 관점의 차이가 존재하는 것이다. 마치 작금의 세계화를 '평평한 세계'[4]로 이해하는지, 아니면 모든 사람들에게 공정한 것은 아닌 것으로 보는지[5]의 문제와 비슷한 셈이다.

일하지 않는 자 먹지도 마라?

그렇다면 자본주의사회에서의 착취는 어떻게 극복할 수 있는 것일까? 사회과학이 단지 사회현실을 묘사하기 위해서만 존재하는 것이 아니라면, 당연히 그 현실을 어떻게 개선할 것인지가 논의되어야 할 것이다.

러시아혁명 이후 사회주의를 건설하고자 했던 20세기의 맑스주의자들은 자본가를 없앰으로써 자본주의적 착취를 극복할 수 있다고 믿었고 적어도 상당기간 그것을 위해 노력했다. 러시아의 혁명가 레닌이 즐겨 말했던 '일하지 않는 자 먹지도 마라'는 경구는 자본가를 겨냥한 것이었다. 그렇지만 잘 알려진 것처럼, 현실 사회주의국가에서 자본가가 사라진 자리에는 당 관료나 테크노크라트 등의 특권계층이 들어앉았다. 개인 자본가는 사라졌지만, 구조로서의 권력은 여전히 존재했던 셈이다. 문앞을 지키던 예의 자본가는 없어졌다. 그러나 사회적 생산력이 온전히 사회구성원 모두의 것이 되지 못하고 그 누군가의 것이 되는 불평등한 구조가 여전히 존재한다면, 착취는 아직 사라지지 않은 것이다.

착취를 설명하면서 맑스는 협업을 지휘하고 통제하는 이의 노동이 일부 생산적이라는 사실을 인정했다. 그러나 동시에 계급적대에 기초한 사회에서, 그 적대의 정도가 크면 클수록 더욱 많은 양의 지휘와 통제를 위한 노동도 필요하다는 점을 덧붙였다. 어쩌면 사회주의 혁명가들은 자본가를 없애고 나면, 장부정리 정도의 단순한 관리노동만이 필요할 뿐, 사회적 생산력이 자본의 생산력으로 전환되는 현상은 사라질 것이라고 쉽게 생각했던 것일지도 모른다. 사회주의사회에서는 정치경제학은 필요가 없어지고 회계학만이 남을 것이라던 니꼴라이 부하린(Nikolai Bukharin)의 주장도 비슷한 맥락에서 나왔을 것이다. 그렇지만, 대부의 냉혹한 인간성이 그를 마피아두목으로 만든 것이 아니라 마피아를 만드는 구조가 존재하는 한, 대부가 죽더라도 평범한 일상을 보내던 그의 아들이 다시 「대부 2」로 바뀌게 되는 것이 아니겠는가?

결국 자본주의적 착취는 혁명이나 정치권력을 획득함으로써 일거에 해결되는 성질의 것이 아니다. 사회적 생산력을 자본의 생산력으로 전환해버리는 메커니즘 그 자체에 대한 끊임없는 견제와 비판, 참여를 통한 개선이라는 길고도 지루한 과정이 필요하다. 이러한 결론은 절망적인 동시에 희망적인 것이기도 하다. 혁명에 의거하건 선거에 의거하건 인간에 의한 인간의 착취를 '한방'에 해소하는 것은 어렵다는 점에서 절망적이다. 그러나 작게는 작업장 내부의 사소한 의사결정에서 크게는 사회 전체의 구조개혁에 이르기까지 또는 전통적인 노동과 자본의 관계에서 새롭게 제기되는 환경이나 여성문제 등에 이르기까지, 모든 수준에서 사회 구성원의 민주주의적 참여와 노력이 요구한다는 점에서 그리고 그러한 지난한 과정이 궁극적으로는 착취구조의 소멸에 기여하게 된다는 점에서, 여전히 낙관적이다.

맑스의 생산적 노동과 비생산적 노동의 구분은 건전하고 유용한 무언가를 생산하느냐의 문제가 아니라, 자본주의경제의 잉여가치 생산구조를 이해하는 방식과 관련되어 있다. 이를 통해 착취문제의 구조를 더욱 깊이있게 이해할 수 있을 것이다.

러브호텔은 비생산적인가

몇년 전의 일이다. 내가 근무하는 대학 앞의 새로 개발되는 상업지구에 러브호텔을 허가할 것인지를 둘러싸고 관할구청과 시청이 서로 대립하면서 지역사회의 이슈가 된 적이 있었다. 나는 누구나 '러브'는 하면서도 내 집 앞에 생기는 러브호텔만은 안된다는 이중성을 풍자하는 딴지일보식의 논조에도 어느정도 동의하는 편이기는 하다. 그러나 학창시절 식민지시기 토오꾜오(東京)대학에서 공부했던 교수님께서 당신의 모교 앞에는 헤겔이나 칸트 같은 철학책을 파는 서점이 즐비한데, 한국대학 앞에는 술집과 당구장만 널려 있다며 개탄하시는 것을 듣고 심각하게 고개를 끄덕였던 경험도 있다. 세월이 한참 흐른 뒤에 찾아간 일본의 명문대 앞에도 서점은 거의 없고 커다란 파찡꼬만 있다는 사실에 쓴웃음을 짓기는 했지만.

물론 나같은 중년남성들이 밤이면 은밀하게 찾아들지는 몰라도, 적어도 겉으로는 러브호텔이나 룸쌀롱 같은 이른바 유흥업소들은 불건전하고 비생산적인 산업이라는 평가를 받는다. 조금 더 확대하면 금융산업 같은 것도 그렇게 말할 수 있을 것이다. 내가 대학을 졸업하던 무렵인 1980년대 후반에는 경제학이나 경영학 전공자에게 가장 인기있는 직장은 높은 보수와 쾌적한 근무환경을 제공해주는 금융기관들, 그중에서도 흔히 제2금융권이라 불리는 증권회사나 리스회사 등이었다. 지금처럼 금융세계화가 진전되어 카지노자본주의니 하는 비판이 널리 알려지기도 전이다. 그러나 그 당시에도 은사님들이나 주변의 어른들은 '생산적'인 직장은 기피하고 너도나도 '비생산적'인 금융권으로만 가려는 젊은 세대들을 못마땅해했다. 이때 '생산적'인 직장이란 대체로 자동차나 반도체, 텔레비전 같은 실물을 직접 만들어내는 산업, 그러니까 흔히 제조업이라 불리는 것들을 의미했다.

　현대의 주류경제학 교과서에서 '생산적'인 산업과 '비생산적'인 산업의 구분에 관한 얘기를 듣는 것은 불가능하다. 그렇지만 이미 근대적인 경제학이 성립하기 이전부터 상당기간 생산적인 것과 비생산적인 것을 어떻게 구분할 것인지는 매우 중요한 주제 중 하나였다. 이러한 논의에서 가장 손쉽게 제시될 수 있는 해답 중 하나는 진짜로 뭔가를 만들어내는 것은 생산적이고, 반대로 뭔가를 만들지는 못하면서 이미 만들어놓은 것을 이리저리 굴려서 돈을 버는 것은 비생산적이라는 것이다. 주류경제학에서 생산적인 것과 비생산적인 것의 구분이 사라진 데는 어쩌면 '과학적 경제학'에서 가치판단은 배제되어야 한다는 철학적 태도와도 관련이 있을 것이다.

　한때를 풍미했지만 오늘날에는 적어도 '주류 중 주류'라고 부르기에는 무리인 케인즈경제학에서도 한편으로는 이러한 구분이 중요한 듯하면서도 다른 한편으로는 별다른 역할을 하지 못한다. 예를 들어 케인즈가 『일반이론』의 마지막 부분에서, 자본이 점점 풍부하게 되어 아무 하는 일도 없이 자본만 대어주고 이자를 받아먹는 금리생활자가 안락사하리라고 이야기할 때, 그는 마치 비생산적인 금융자본가에게 냉소적인 저주를 보내는 것처럼 보이기도 한다. 그렇지만 그가 실용적으로는 전혀 의미없는 피라미드 건설이나 심지어는 지진도 성장에 기여한다고 설명할 때에는 진짜로 뭔가를 만드는 것뿐 아니라 파괴하는 것조차 거시경제적으로는 의미를 갖는 것으로 생각한 것처럼 보인다. 케인즈의 유명한 승수이론에 따르면 소비지출이나 투자지출이 독립적으로 증가하면 그것은 그 몇배에 해당하는 총수요의 증가를 가져옴으로써 GDP 증가에 기여한다. 그런데 러브호텔이나 룸쌀롱에서 돈을 쓰는 것이나 헤겔의 책을 사는 것이나 총수요의 증가에 기여한다는 점에서는 똑같다. 오히려 경제효과로 치자면 헤겔 책 몇십권 살 돈으로 하룻밤에 술을 마시는 것이 더 나을 것이다. 현대 자본주의사회에서 경제잉여 중 점점 많은 부분이 광고비라든가 군비지출 같은 비생산적인 용도로 사용되는 경향을 비판한 베블렌 또는 스위지와 바란(P. Baran)[1] 등의 전통을 잇는 주장은 비생산적인 지출도 결국은 성장을 지탱하는 기둥 역할을 하는 현실 앞에서 힘을 잃기도 한다.

맑스는 생산적 노동과 비생산적 노동을 구분하는 것이 경제학의 중요한 과제이던 시대에 경제학을 연구하고 책을 썼다. 맑스 이후 아직까지도 맑스경제학의 중요한 논쟁거리 중 하나임에도 불구하고, 실상 맑스 자신의 구분은 적어도 이론적으로는 매우 단순명쾌한 것이었다. 자본주의경제하에서 자본에 고용되어 잉여가치를 생산하는 노동은 생산적 노동이고 그렇지 못한 노동은 비생산적 노동이라는 것이다. 정확하게 말하면 그냥 생산적 노동이 아니라 잉여가치 생산적 노동인 셈이다. 맑스경제학자인 정운영은 수업시간에 자주 '창녀의 노동은 생산적인가?'라는 선정적인 물음을 던지곤 했다. 수업을 듣던 여학생들은 불쾌한 반응을 보였고 남학생들은 은근히 그들의 반응을 즐기기도 했다. 그렇지만, 이러한 물음에는 나름대로 생산적·비생산적 노동문제의 요점이 담겨 있었다. 즉, 그 답이 긍정적이냐 부정적이냐에 상관없이, 예컨대 진짜로 무엇을 생산하지 않는 퇴폐적인 노동도 '생산적'인 노동으로 간주될 수도 있다는 것이다. 거꾸로 포주에게 인신적으로 종속되어 어쩔 수 없이 몸을 팔 것으로 상정되는, 따라서 개인적으로는 다양한 경제적·경제외적 착취에 시달리는 창녀라 하더라도 잉여가치를 생산하지 못하는 '비생산적' 노동일 수도 있는 것이다.

결국 맑스에게 있어 생산적·비생산적 노동의 구분은 무엇보다도 사회전체의 거시적 구조와 연결된 문제일 뿐, 노동자 개인이 어떤 경제적 형편에 놓여 있는지 혹은 진짜로 무엇인가를 만들어내는 행위인지 등의 문제와는 거리가 멀었다. 이처럼 맑스의 생산적 노동 개념은 주류경제학자들이 흔히 오해하는 것과 달리 주관적인 가치판단에 휘둘리는 이론은 아닌 것이다.

헤어디자이너와 미용사의 생산성 차이

맑스경제학자들 중에서도 생산적 노동과 비생산적 노동을 구분하는 것이 그다지 중요하지 않다고 생각하는 이들은 있다. 그렇지만, 대부분의 맑스경제학자들은 그 구분을 매우 중요시한다. 그렇다면 생산적 노동과 비생산적 노동을 구분하는 것은 실제 경제를 분석할 때 어떤 차이를 가져다주는가? 이것은 맑스경제학의 생산적 노동이라는 개념 때문에 불편해하는 많은 주류경제학자들이 던지는 물음이기도 하다.

뉴스쿨대학교(New School University)의 안와르 샤이크(Anwar Shaikh)가 그의 제자와 함께 미국경제에 관한 맑스경제학적 실증연구 결과를 모아낸 것이 『국부의 측정』(*Measuring the Wealth of Nations*)[2]이라는 책이다. 이 책은 2차대전 직후부터 1980년대말까지의 데이터에 기초하여 여러가지 연구결과를 제시하고 있다. 구체적인 추계방법론 등에서는 의견이 다를 수 있겠지만, 그 결과만큼은 대부분의 맑스경제학자들이 받아들이는 정형화된 사실과 일치한다. 먼저 같은 기간 생산적 노동자 수에 비해 비생산적 노동자 수는 매우 빠른 속도로 증대했다. 즉, 전체 노동자 중에서 생산적 노동자가 차지하는 비중은 37퍼센트나 감소한 반면, 비생산적 노동자가 차지하는 비중은 138퍼센트나 증가했다. 그렇지만 비생산적 노동이 받는 시간당 임금은 생산적 노동이 받는 시간당 임금에 비해 12퍼센트가량이나 하락했다. 한편, 거시경제의 소득분배 정도를 알 수 있는 중요한 지표인 이윤/임금비율*은 거의 27퍼센트나 하락하여 노동소득에 유리한 분배가 일어난 것으로 보인다. 그러나 이윤/임금비율의 맑스경제학적 버전이라 할 수 있는 잉여가치율**은 반대로 50

---

* 부가가치 중에서 이윤으로 지불되는 금액을 임금으로 지불되는 금액으로 나눈 값이다. 이 비율이 클수록 자본이 더 많은 몫을 가져감을 의미한다.
** 노동자가 생산한 잉여가치를 노동력가치로 나눈 값이다. 이 비율이 클수록 자본가계급이 노동자계급을 더 많이 착취하였음을 의미한다. 그런데 12장에서 설명할 전형문제 등으로 인해, 이 비율은 이윤/임금비율과 크기가 반드시 같지는 않다.

퍼센트 정도나 상승한 것으로 추계되었다.

이상의 사실을 종합하면 다음과 같이 해석할 수 있다. 맑스경제학의 관점에서 비생산적 노동은 잉여가치를 생산하지 못하는 노동이다. 그러므로, 다른 모든 조건이 같다면, 비생산적 노동자의 비중이 증가할수록 경제 전체에서 생산되는 잉여가치의 양은 상대적으로 감소할 수밖에 없을 것이다. 그러므로 경제 전체가 급속한 이윤율저하를 경험하지 않기 위해서는 생산적 노동자들이 상대적으로 더 많은 잉여가치를 생산해야만 한다. 비생산적 노동자에게 지불되는 임금은 사실은 생산적 노동자가 생산한 잉여가치의 일부분인 것이다. 물론 비생산적 노동이 받는 임금률 자체가 상대적으로 하락하고 있다는 것은, 평균적으로 볼 때 비생산적 노동자들은 낮은 임금에 시달린다는 것을 보여준다. 결국 생산적 노동과 비생산적 노동을 구분하게 되면, 이윤/임금비율만으로 파악할 수 없는 계급간의 소득분배를 파악할 수 있다는 점, 그리고 노동자 내부구성의 변화를 알아볼 수 있다는 점 등이 실제 경제를 분석할 때 야기되는 차이라 할 수 있을 것이다.

물론 생산적 노동과 비생산적 노동의 경계를 정확하게 알아내는 것은 대단히 어려운 일이다. 단지 현실의 통계자료를 가지고 추정하기 어렵다는 문제뿐 아니라 이론적으로도 어디까지가 생산적 노동이고 어디서부터 비생산적 노동인지에 관해서는 학자들마다 의견이 분분하기 때문이다. 예를 들면 공무원은 자본에 직접 고용된 노동자가 아니기 때문에 비생산적 노동으로 분류되어야 한다는 것은 분명하다. 또한 맑스는 『자본론』에서 운수 및 보관과 관련된 노동은 생산적 노동이라는 점을 명시적으로 밝힌 바 있다. 이것은 사실 거슬러 올라가면 토마스 아퀴나스 (Thomas Aquinas)에서 시작된 전통이기도 하다. 그렇지만 그 중간에 놓여 있는 많은 노동에 대해서는 생산적 노동인지의 여부를 명확히 가리기 어려운 것도 사실이다. 여기에서도 이 물음에 속 시원한 대답을 바로 내릴 수는 없다.

그렇지만 이 문제를 주류경제학의 입장에서 뒤집어보면 시사점을 얻어낼 수 있다. 주류경제학의 관점에서 보면 시장에서 거래되는 모든 것들은 경제학적으로 유의미한 '생산'이다. GDP라는 개념 자체가 그러한 관점에 입각해 있음은 잘 알려진 사실이다. 예를 들면 가사노동이 노동하는 사람의 입장에서 아무리 힘들고, 노동의 댓가를 누리는 입장에서 아무리 유용한 것이라 하더라도, GDP를 한푼도 증가시키지 못하는 것은 이 때문이다. 앞서의 문제로 돌아가보면 러브호텔이나 룸쌀롱에 도덕적 비판은 할 수 있을지 모르나 적어도 성장률에 미치는 효과는 의심할 수 없는 것도 같은 이치다. 결국 주류경제학에서 생각하는 '생산적인 것'이 있다면 그것은 '시장에서 판매될 수 있는 것'이다.

한미자유무역협정 문제와도 관련하여 특히 찬성 측에서 많이 주장한 논리 중 하나가 한국의 써비스업 생산성이 매우 낮아 자유무역협정을 통해 농업부문을 다소 희생하더라도 써비스업의 생산성을 높여 국가경쟁력을 강화하자는 것이었다. 여기에서 써비스업의 생산성을 어떻게 잴 것인지의 문제를 생각해보자. 쉽게 생각해서 써비스업의 노동생산성은 생산된 써비스의 총량을 노동시간으로 나누어주면 될 것이다. 그렇다면 생산된 써비스의 총량 또는 총가치를 어떻게 계산하는지가 문제인데, 만약 '시장에서 판매되는 것'은 모두 '생산적인 것'이라는 시각을 받아들이게 되면 그것은 당연히 판매된 써비스의 총가격이 될 것이다.

일반화할 수는 없겠지만, 많은 써비스업은 맑스경제학에서 말하는 비생산적 노동에 속할 가능성이 크다. 다른 한편으로 써비스는 비(非)교역재, 즉 국가간에 자유롭게 거래되는 상품이 아닌 경우가 많다. 그 이유는 오늘날 같은 세계화시대에도 노동력의 경우는 돈에 비해 자유롭게 국경을 넘어 다니기가 쉽지 않기 때문이다. 써비스가 완전한 의미의 교역재가 되려면, 예를 들어 서울에서 일하는 미용사가 돈을 더 많이 벌 수 있는 토오꾜오나 뉴욕으로 옮겨가서 미용사를 할 수 있어야 한다. 그렇지만 이것이 쉽지 않으리라는 것은 분명하다. 노동 이동을 가로막는 법적·제도적 장벽 말고도 언어를 비롯한 문화적 장벽도 존재하기 때문이다. 이렇게 써비스업이 비교역재라는 사실은 특히 선진국과 후진국 사이의 체감물가의 차이를 가져오는 요인도 된다. 환율에 따라 다소 변화는 있겠지만, 일본의 1인당 GDP는 한국의 그것에 비해 최소한 두배 정도된다. 그렇지만 실제로 달러를 기준으로 한 동일한 소득으로 서울과 토오꾜오에서 생활하면 토오꾜오의 생활비가 더 비싸게 느껴질 가능성이 크다. 중요한 이유 중 하나가 1인당 GDP가 높은 일본의 써비스가격이 한국의 그것에 비해 훨씬 높기 때문이다. 서울의 미장원에서 한시간 동안 머리를 자르고 1만 5000원을 지불해야 한다면, 토오꾜오의 미장원에서는 그 몇배에 해당하는 5000엔을 지불해야 할 수도 있다.

자, 그렇다면 앞서 제시한 써비스업 생산성의 문제를 생각해보자. 한시간 동안 일한 서울의 미용사는 1만 5000원어치를 판매—따라서 생산—했지만, 똑같은 시간 동안 일한 토오꾜오의 미용사는 5000엔어치를 판매—따라서 생산—한 것이다. 원화와 엔화의 환율이 10대 1이라가정하면, 토오꾜오 미용사의 생산성은 시간당 5만원이 되어 한국 미용사의 그것에 비해 3배가 넘게 된다. 그렇지만 토오꾜오의 미용사가 서울의 미용사로서는 도저히 흉내내기 힘든 특별한 숙련을 요구하는 작업을 하지 않는 이상, 가령 염색이나 퍼머 등을 하지 않고 그저 길고 덥수룩해진 머리를 단정하게 커트하는 정도의 작업이라면, 머리를 잘랐다는 본질적인 사용가치에는 별반 차이가 없을 것이다. 그렇다면 우리가 시장가격만을 기준으로 토오꾜오의 미용써비스의 생산성이 서울의 미용써비스 생산성보다 훨씬 높다고 주장할 수 있을 것인가?

물론 이러한 문제는 정도의 차이는 있지만 일반적인 재화의 경우에도 존재하는 것으로 써비스업만의 문제는 아닐 수 있다. 가령 물가나 가격지수를 만들 때 제품의 질을 어떻게 반영할 것인지의 문제와도 관련이 있다. 이를 위해 통계학적으로 여러가지 방법들이 강구되고 있기도 하다. 그렇지만 생산적 노동과 비생산적 노동을 구분하는 논의가 이러한 문제들과 연관되어 있는 것만은 사실이다.

과거 소련에서는 오직 실물을 생산하는 부문만 생산적인 부문으로 간주했고 그런 부문에 종사하는 노동만을 생산적 노동으로 간주했다. 이것은 시장에서 판매되는 것은 모두 생산적이라고 간주하는 예의 주류경제학적 태도와는 정반대편의 또다른 극단이라 할 수 있을 것이다. 물론 이런 극단적인 태도가 나온 배경은 나름대로 이해할 수 있다. 본질적인 사용가치와 상관없는 것들에 대한 지출은 생산적인 것으로 간주하지 않으려는 이유 때문이었을 것이다. 예를 들면 5000원 주고 변두리 '미장원'에서 머리를 자르는 것과 2만원을 주고 중심가의 '헤어디자이너'에게 머리를 자르는 것은 머리를 자른다는 본질적인 행위에 덧붙여 잘 대우받는다는 즐거움이라든가 '강북보다는 강남이 낫다'라는 식의 일종의 문화적 요소까지도 포함할 수 있다. 물론 이러한 문화적 요소 중에는 나름대로 실체가 있는 것도 있지만 환상적인 요소도 포함되어 있을 것이다. 이미 오래전에 보드리야르(J. Baudrillard)가 지적한바, 이는 일종의 기호(sign)가 가치를 갖는 현상이다.[3] 결국 생산적 노동과 비생산적 노동의 구분은 이러한 기호에서 무엇인가 실체가 있는 것을 구분해내려는 노력이라고도 할 수 있을 것이다.

교수는 노동자인가: 면접장에서

오래전의 일이다. 나는 어느 사립대학의 교수공채에 지원하여 최종 면접장에 앉아 있었다. 지금은 일종의 유행처럼 되어버렸지만 그때만 해도 익숙하지 않던 예고없는 영어질의와 응답에 약간 당황하고 있던 내게, 이번에는 그 대학의 이사장님이 다행스럽게도 한국말로, 그러나 불행하게도 대답하기에는 더 어려운 질문을 던졌다. 만약 교수협의회가 어떤 사안에 모든 교수가 서명할 것을 요구하는 일이 있다면 어떻게 하겠는가라는 질문이었다. 사실 객관적인 관찰자의 시점에서 보면 우스꽝스럽고 유치한 질문이지만, 취직이 걸린 당사자의 입장에서는 제법 심각한 질문이었다. 그래서 순간 나름대로 생각해낸 기발한 답변은 '모든 사람들이 서명한다는 이유만으로 서명하지는 않겠습니다' 라는 궁색하면서도 외교적인 것이었다. 그러나 답변을 쉽게 이해하지 못한 그 분은 다시 한번 똑같은 질문과 답변의 과정을 거치고 난 뒤, 화를 내면서 교수가 노동자인가라는 더 근본적인 질문을 던졌다. 그나마 다행스러운 것은 이번에는 혼잣말처럼 던진 것이므로 굳이 내가 답변할 필요가 없었다는 것이다.

세월이 좀 흘러 재단 이사장의 눈치를 볼 필요 없는 국립대학의 교수가 되고 난 뒤, 나는 교수노동조합설립을 준비하는 모임에서 '교수는 왜 노동자인가?'라는 제목의 원고청탁을 받았다. 제목에서 알 수 있듯이,

청탁의도는 이미 교수가 노동자임을 전제해놓고 그것을 경제학적으로 정당화해달라는 것이었다. 그런데 스스로 원해서 쓰는 글이 아니라서 그랬는지 모르겠지만, 엉뚱하게도 대학교수는 노동자라기보다는 이데올로기의 생산자이고 그 소득의 원천은 잉여가치의 일부를 나누어 받는 데 있다고 쓰고 말았다. 그러고 보니 오래전 민간경제연구소에 근무할 때도 어쩔 수 없이 할당된 의무적인 글의 경우에는 펜 끝 — 정확하게는 컴퓨터 자판 — 이 생각보다 앞서 달려가는 경험을 한 적이 있기는 하다. 어쨌든 그 뒤에 받아본 노조 준비모임의 소식지에 문제의 글은 실리지 않았는데도 굳이 이유를 알아보려 하지 않았던 기억이 있다.

사실 맑스의 정의를 기계적으로 적용하면, 대학교수를 노동자라고 규정하더라도 이윤추구를 목적으로 하지 않는 국공립대학 종사자는 최소한 잉여가치를 생산하는 생산적 노동자는 아니다. 사립대학이 이윤추구를 목적으로 한다고 단언하기는 어렵지만, 학교관계자가 방송에 나와서 그것이 설립자나 그 가족의 '사유재산'임을 당당하게 강조하는 한국의 풍토에서는 어느 정도는 그렇다고 할 수도 있을지 모르겠다. 만약 그렇다면, 사립대학에서 일하는 교수는 생산적 노동자가 될 가능성도 있다. '전교조'가 처음 생길 때 수많은 교사들이 해직당하고 거리로 쫓겨난 적이 있었다. 당시 교사의 노동조합을 인정하지 않는 논리 중 하나는 어찌 신성한 교직을 노동으로 볼 수 있느냐는 식의 약간은 시대착오적인 발상이었다. 이를 생각한다면, 교사보다 훨씬 교육기간이 길고 경제적·사회적 대우가 나은 것으로 생각되는 대학교수를 노동자라 말하는 것은 더욱 받아들이기 어려울지도 모른다. 그렇지만 정치경제학의 개념이 그같은 정서적 태도나 반응에 따라 적용될 수 없음은 두말할 나위도 없다.

내가 대학교수는 이데올로기 생산자라고 규정하면서 청탁의도와 다른 엉뚱한 결론을 내린 것은 역설적으로 나 자신의 소망을 표현한 것이기도 했다. 대학에서 생산하고 재생산하는 지식의 내용과 범위가 점점 자본의 힘에서 자유로울 수 없는 현실을 감안할 때, 대학교수는 점점 노동자가 되는 경향성을 지닌다고 말해야 할 것이다. 한국사회를 강타했던 황우석 교수 스캔들을 통해 한가지 분명하게 알려진 사실은 자연과학적 지식이 자본의 논리에서 결코 자유로울 수 없다는 점이었다. 스캔들의 밑바탕에 깔린 중요한 동기가 돈 또는 돈벌이의 문제였을 뿐 아니라, 거짓말이 밝혀진 뒤에도 끝까지 황교수를 지지했던 사람들의 중요한 논리 중 하나는 줄기세포의 경제적 가치였다.

나는 줄기세포가 몇조원의 경제적 효과를 낳을 것인지를 판단할 지식은 없다. 그러나 인문사회과학이 명시적인 형태의 돈을 벌어들이지 않는다는 것쯤은 누구나 아는 사실이다. 결국 인문사회과학은 자신의 물질적인 존립을 위해 다른 부문이 창출한 돈을 얻어 쓸 수밖에 없다. 그러나 최근 벌어지고 있는 상아탑 안으로의 자본의 침투는 우려스러운 점이 많다. 예를 들어 대학의 돈줄을 쥐고 있는 재벌들로 구성된 자유기업원이 시장경제에 관한 강의안과 강사까지 결정한 후, 대학강의를 의뢰하는 행태나 전경련 간부가 체제를 비판하는 강의를 수강한 대학생에게 취업시 불이익을 주겠다는 식의 발언은 이러한 우려가 허황된 것은 아님을 보여주는 예이다. 우리는 대학교수가 노동자인가라는 어려운 물음에 논리적으로 답변하기보다 자본주의가 심화됨에 따라 대학교수라는 존재의 물질적 기반이 변화하면서 생겨나는 정치적 효과를 주의깊게 살펴봐야 할 것이다.

임금취득자인가 노동자인가

논란의 여지가 없는 것은 아니지만, 맑스는 자본주의사회가 발전할수록 모든 사회구성원이 노동자계급과 자본가계급이라는 두 계급으로만 분화되어갈 것이라 생각했던 것 같다. 그렇지만 우리가 목격하는 현실 속에서는 노동자도 자본가도 아닌 중간 범주에 속하는 구성원들이 많이 존재할뿐더러 자본주의의 발전과 더불어 그들의 양적·질적인 중요성이 줄어드는 것 같지도 않다. 사실 이 문제는 20세기 초반 독일의 베른슈타인(Eduart Bernstein) 등이 제기한 이른바 수정주의 논쟁의 중요한 주제이기도 했다. 제3의 범주로 간주되는 이들로 쉽게 떠올릴 수 있는 예는 자영농이나 자영업자 등에서 흔히 신중간계급이라 불리는 의사나 변호사 같은 전문직 종사자까지 이르는 다양한 형태들이 있다. 특히 한국사회의 맥락에서 여기에 속하는 많은 이들이 애매모호하게 중산층이라는 개념으로 뭉뚱그려져왔고, 많은 사람들이 스스로 중산층에 속한다고 생각하는 경우도 있기 때문에 더욱 복잡해진다.

맑스나 맑스주의자들의 주장을 선의로 해석한다면, 다른 모든 과학이론과 마찬가지로 정치경제학 또한 현실의 여러가지 잡음(noise)을 배제함으로써 성립되는 순수한 발전경향을 탐구한다는 점에서, 현실에서 중간적 범주가 전혀 존재하지 않는 자본주의사회를 상정하는 것은 아니었다고 항변할 수 있겠다. 이를테면 마찰이 존재하지 않는다고 가정하여 전개된 물리학이론이 마찰이 실제하는 현실에서는 그대로 성립하지 않는 것과 유사하다. 더구나 사회과학의 경우에는 인간이 의식적으로 마찰을 일으킬 수 있다는 점을 감안한다면, 맑스의 예측이 반드시 틀렸다고 볼 수는 없을 것이다. 한국사회와 관련해보면, 특히 1997~98년 경제위기 이전에는 급속한 경제성장과 생활수준 향상 등으로 상당히 많은 정규직 노동자들도 스스로 중산층이라는 애매한 범주 속에 자리매김하는 일종의 허위의식도 있었다는 점 그리고 중산층이라 불리는 사람들 중 상당수는 서구적 개념으로 보면 도시 부르주아지에 해당된다는 점도 지적되어야 할 것이다.

어쨌든 이러한 문제 때문에 노동자나 노동자계급이라는 말 대신 '임금취득자'(wage earner)라는 용어를 사용하는 이들도 생겨났다. 예를 들어 맑스주의자로 출발했던 프랑스 조절학파의 경제학자 미셸 아글리에따(Michel Aglietta) 같은 이가 대표적이다.[4] 임금취득자라는 말은 노동자라는 말에 비해 확실히 정치적으로 중립적인 뉘앙스를 풍긴다. 자본주의 시장경제에서는 노동생산물이 아닌 재화나 써비스도 그것이 사용가치를 가지면서 누군가가 그에 돈을 지불할 의사를 갖게 되면 상품으로서 거래된다. 리카도(D. Ricardo) 이래 고전학파 경제학자들은 이러한 부류의 상품을 노동가치론의 예외로서 취급하거나 가치와는 다른 개념, 예를 들면 지대라는 개념을 이용하여 가격형성 원리를 설명해왔다.

맑스 또한 크게 보면 이와 별반 다르지 않았다. 이와 비슷하게, 일단 노동시장에서 노동을 공급함으로써 돈을 버는 모든 사람들은 임금을 받는 사람이라는 의미에서 임금취득자라는 범주로 묶을 수 있다. 그렇다면 맑스가 『자본론』 제1권에서 설명하는 노동자, 즉 자신의 노동력가치를 재생산하는 데 필요한 노동시간보다 더 많이 일함으로써 자본가에게 잉여가치를 착취당한다는 의미에서의 노동자가 아니더라도 임금취득자로는 분류될 수 있다. 한편 앞서 살펴본 것처럼, 맑스가 말한 비생산적 노동자의 경우 거시경제적으로 보면 잉여가치를 생산하는 것이 아니라 생산적 노동자들이 생산한 잉여가치의 일부를 임금으로 나누어 받는다. 때문에 여러가지 미묘하고도 복잡한 문제가 생겨나는데, 그냥 임금취득자로 묶어 생각해버리면 이러한 문제들에서 벗어날 수 있는 이점도 있다. 물론 착취라는 용어 자체가 도덕적 분노와 연결되는 경우가 많다는 점에서, 예컨대 장시간 노동과 저임금에 시달리는 순수 유통부문의 노동자—이는 맑스경제학의 구분에 따르면 논란의 여지 없이 비생산적 노동이다—와 억대 연봉을 받는 종합병원의 전문의를 똑같은 범주에 포함하는 것은 정서적인 거부감을 불러일으킬 수 있는 것도 사실이다.

그야말로 군대의 계급을 나누듯이, 모든 사회구성원을 남김없이 특정 계급 속에 분류하려는 것은 마치 프로크루스테스(Procrustes)의 침대 이야기처럼 몸에다 침대를 맞추는 것이 아니라 침대 길이에다 몸을 맞추는 어리석은 짓일 수도 있다. 오히려 경제학적으로나 정치적으로 더욱 중요한 의미를 지니는 것은 노동자 또는 임금취득자 내부에 여러가지 복잡한 구성이 존재하며 그 양적 비중이나 질적 중요성이 끊임없이 변화한다는 사실일 것이다.

예를 들면 1997~98년 경제위기 이후 한국사회에서 노동문제의 핵심으로 떠오른 비정규직 노동의 문제를 생각해보자. 정규직 노동과 비정규직 노동의 문제는 똑같은 작업장에서 똑같은 일을 하면서도, 즉 경제학적으로 보면 똑같은 노동과정에서 똑같은 자본가의 지휘 및 통제를 받아 잉여가치를 생산하면서도, 임금 같은 경제적 조건에서 사회문화적 의식에 이르기까지 커다란 차이가 있다는 데 있다. 또 실제 작업형태나 경제적·사회적 처지는 노동자이지만 겉으로는 자영업자의 형태를 띠는 경우도 많다. 가령 각종의 영업직 노동이나 도급제 등의 형태로 일하는 이들이 그렇다. 현재의 한국경제에서 보면 임금취득자 중 상당수는 비정규직 노동과 영세 자영업으로 이루어진 커다란 풀(pool) 속에 존재하면서 두 범주 사이를 왔다갔다하고 있다. 자영업자 중 상당수가 훨씬 안정적인 정규직의 풀에서 자의반 타의반으로 밀려나와 장시간 노동에 시달리며 자기착취를 하고 있는 것이 현실이다. 약간의 생산수단을 가지고 누구에게도 고용되지 않으면서 또한 누구도 고용하지 않은 채 — 때로는 소수의 노동력을 고용할 수도 있다 — 일하는 자영업자의 경우, 간신히 자신의 노동력가치에 해당하는 만큼의 소득을 얻으면서 생활을 꾸려나가는 것이 보통이다. 이 경우 대부분 열악한 노동조건이나 불안한 경제적 상태와 결합되면서 결국 자신의 노동력을 자신이 착취하는 셈이라고도 볼 수 있는 것이다. 비정규직 노동과 영세 자영업자로부터 착취된 노동이 정규직 노동에 일부 이전되는 메커니즘도 존재한다. 마치 제국주의 시대에 식민지 노동자로부터 착취된 초과이윤의 일부가 본국 노동자에게 분배됨으로써 일종의 노동귀족을 만들어내고, 두 그룹 사이에 경제적·정치의식적으로 미묘한 대항관계가 생겨난 것처럼 말이다.

한국의 대학에서 시간강사라는 이름으로 불려온 비정규직 교수의 문제가 있다. 대학교육을 경제적인 관점에서 보면 결국 학생이 수업료를 지불하고 그 댓가로 교육써비스를 받는 거래라고 할 수 있다. 그런데 이 교육써비스의 가장 중요한 부분을 정규직 교수의 노동과 비정규직 교수의 노동이 하나의 패키지로 제공하고 있는 셈이다. 실제로 어느정도 이윤을 목적으로 운영되는 한국 사립대학의 현실을 감안한다면, 똑같은 임금취득자 그룹에 속하는 정규직과 비정규직 교수는 함께 잉여가치를 생산하는 것으로 파악할 수도 있다. 여기서 분명한 것은 비정규직 교수의 잉여가치율은 정규직 교수의 그것에 비해 높다는 점이다. 아울러 정규직 교수에게는 연구실이 일인당 하나씩 주어지고 비정규직 교수에게는 그렇지 않다는 등의 현실적 차별이 존재한다는 점이다. 특히 대학 자체가 점점 자본의 논리에 장악되어갈수록 이러한 문제는 심화될 것이다. 능력 있는 사람이 정규직이 되는 것은 마땅하고 비정규직은 노동력 재생산조차 위협받는 현실이 어느정도 불가피하다는 논리로도 이어질 수 있기 때문이다. 물론 이렇게 계급의 내부구성 변화에 주의해야 한다는 주장은 자본가계급을 분석하는 데도 똑같이 적용될 수 있다. 때로 자본 대 노동이라는 큰 틀로 뭉뚱그리는 분석만으로는 부족하며, 중소자본가와 대자본가, 산업자본과 금융자본, 한국적 맥락에서는 재벌과 비재벌 등을 구분하고 그들 사이의 힘관계를 살펴보는 것이 중요하다는 점은 두말할 나위도 없다. 요컨대 노동자이건 임금취득자이건, 그것이 사전적으로 정의되는 구속복(straight jacket)이어서는 곤란하며, 변화하는 현실을 풍부하게 반영할 수 있어야 한다는 점만은 분명할 것이다.

다시 착취의 문제로

이제 다시 5장에서 제기한 착취를 어떻게 이해할 것인지의 문제로 돌아갈 필요가 있다. 맑스에게 착취는 본질적으로 집합노동에 적용되는 개념이었다. 즉 어느 개인이 다른 개인에게 폭력적·비폭력적인 방식으로 무엇인가를 빼앗기는 것을 착취로 이해하는 것은 올바른 이해가 아니다. 앞서 말한 정규직 교수와 비정규직 교수의 예를 생각해보면, 상황에 따라서는 정규직 교수도 비정규직 교수 못지않게 '착취'당하는 경우도 있을 수 있고, 정말로 정규직 교수는 귀족처럼 혜택만 누리는 경우도 있을 수 있다. 특정 대학의 비정규직 교수는 오히려 다른 특정 대학의 정규직 교수보다 나은 경제적·사회적 조건을 누릴 수도 있다. 예를 들어 미국 연구중심대학의 조교수는 보통 6년 뒤에 정규직 여부를 강도 높게 심사 받아야 하는 비정규직이다. 그렇지만, 경제적 처지나 사회적·문화적 조건이 한국대학의 시간강사와 비슷하다고는 결코 말할 수 없다.

그렇다면 착취란 무엇인가? 무엇보다도 정규직 교수와 비정규직 교수 그리고 직원들로 이루어지는 대학 내부의 교육써비스를 생산하는 집합 노동 전체의 문제인 것이다. 대학은 순수한 의미에서 영리를 추구하는 기업이 아니므로 그다지 적절한 예는 아니겠지만, 어쨌든 이 집합노동의 생산력이 발휘되는 과정에서 그 구성원인 임금취득자들의 의사가 체계적으로 배제되는 현상이 바로 착취의 본질이다.

그러므로 잉여가치의 생산과 착취를, 물질적 재화를 생산하는 과정에서 생산적 노동자가 당하는 현상이라는 좁은 의미로만 간주하지 않는다면, 집합노동의 일원인 비생산적 노동도 당연히 착취를 당하게 되는 것이다. 이렇게 보면, 앞서 지적한 자영업의 외관을 갖는 노동자들도 당연히 집합노동의 구성원으로서 자본의 착취구조 속에 편입된 것으로 생각할 수 있다. 한국경제에서 줄곧 문제로 지적돼온 대기업과 중소기업 사이의 하청관계 속에서 중소기업이 '착취'당하는 문제도 넓게 보면 이렇게 개념화할 수 있는 것이다. 물론 이는 이론적인 개념화이다. 막연히 정서적으로 대기업은 막대한 이윤을 누리면서 하청기업에만 낮은 단가를 유지하도록 강제한다든지, 분명히 경제적 계약관계임에도 불구하고 현실에서 지배·종속이라는 관계 때문에, 곧바로 대기업이 중소기업을 정치경제학적으로 착취한다고 말할 수 있는 것은 아님에 주의해야 한다.

때로 맑스주의자들보다 더 급진적인 페미니스트들이 지적하는 가부장제에 의한 착취문제도 이렇게 생각할 수 있다. 가부장적인 가족 구조

속에서 여성이 의사결정권한의 배분에서 차별당하는 현실은 분명히 존재한다. 비유하자면, 가족구성원 전체의 생산력이 가부장의 생산력으로 간주되면서, 그 생산력의 한축을 차지하는 여성은 체계적으로 배제되는 셈이라고 말할 수 있다. 그렇지만 이것이 맑스경제학에서 말하는 착취이기 위해서는 그 여성의 노동이 사회적인 생산과정 속에서 집합노동의 한 구성요소로 자리매김되는 과정이 먼저 설명돼야 한다. 좀 비겁하지만, 여기서 나는 가부장제적 착취를 맑스경제학적 착취로 설명할 수 있는지에 대한 확정적인 결론은 내리지 않으려 한다. 이것은 이를테면 여전히 폭력적인 군사문화의 영향이 남아 있는 한국의 중·고등학교에서 교사와 교장에 의한 학생 통제를 강제적인 지배와 착취로 볼 수 있느냐는 문제와도 비슷한 측면이 있기 때문이다. 착취 개념을 사회 전체의 민주적 참여와 의사결정이라는 문제로 일반화하는 것은 상당히 의미있고 유용한 일임에는 틀림없다. 그렇지만 맑스경제학이 주목하는 자본주의사회의 착취는 그러한 일반화보다는 좁은 범위를 갖는 것 또한 분명하다.

7장

자본구성과 기술진보

「모던 타임즈」와 전자신분증 | 권력인가 효율성인가 |
자본구성은 어떻게 측정되는가 | 해석인가 변혁인가

생산력발전은 기계의 도입을 필요로 한다. 기계가 도입될 때 노동자와 자본가의 관계에는 여러가지 변화가 생긴다. 이러한 변화는 자본구성이라는 개념으로 분석할 수 있다. 자본주의사회에서 자본구성의 고도화는 경제적 효율성뿐 아니라 노동통제의 문제와도 연관되어 있다.

...

「모던 타임즈」와 전자신분증

잘 알려진 것처럼 애덤 스미스의 『국부론』(1776)은 핀 공장의 분업에 대한 묘사로 시작된다. 스미스가 사실은 그 핀 공장에 가보지도 않고 글을 썼다는 가십성 주장을 읽은 적도 있다. 그렇지만, 어쨌든 1770년대의 영국이 산업혁명의 한복판에 있었으며 스미스뿐 아니라 누구라도 엄청난 생산력의 발전에 충격을 받거나 흥분했으리라는 점은 쉽게 상상할 수 있을 것이다. 비유하자면, 최근 10여년 사이 인터넷의 등장으로 상징되는 이른바 정보혁명이 가져온 급격한 변화에 못지않은, 어쩌면 그것을 훨씬 능가하는 수준의 변화를 그 시대 사람들은 느끼고 있었을 것임에 틀림없다. 『국부론』이 오늘날의 기준에서 보자면 단순해 보일지 모른다. 그렇지만 당시 중상주의자라 불린 이들은 국부란 돈(당시로는 금)을 많이 모으면 증가하는 것이고 그러기 위해서는 수출을 많이 해야 한다는 정도의 주장을 반복하는 수준에 머물러 있었다. 이같이 개인적 차원에서의 재테크 전략과 국민경제를 구별하지 못하는 당대의 논의들에 비해 『국부론』은 스미스를 경제학의 아버지라 불리도록 만들기에 충분한 책이었다. 그렇지만, 분업이 가져오는 엄청난 노동생산성 증대효과에 압도된 나머지, 스미스는 하루 종일 수백개의 핀만 잘라야 하는 노동의 단조로움과 그것이 인간으로서의 노동자에게 가져다주는 파괴적인 효과를—몰랐던 것은 아니지만 적어도—가볍게 여겼다는 혐의에서 자유롭지 못하다.

그러나, 데이비드 리카도에 이르면 분위기는 확실히 달라진다. 생산력 증대로 매일 아침 빵과 고기를 먹을 수 있게 된다는 점 못지않게 분업, 특히 기계의 도입이 가져오는 파괴적인 효과가 눈에 들어오기 시작한 것이다. 리카도는 자신의 대표작인 『정치경제학 및 과세의 원리』 개정판에서 특별히 '기계에 관한 장'을 삽입하면서, 기계의 도입이 실업증가로 이어질 수 있다는 점에 주목한다. 그는 명실공히 노동가치론을 자신의 경제학의 기초로 삼은 최초의 경제학자였다. 그의 가업이면서 동시에 막대한 부를 거머쥐게 해준 직업이 주식거래와 관련이 있다는 사실은 매우 흥미로우면서도 역설적이다. 이를테면 성공한 월 스트리트의 펀드매니저가 백만장자가 되어 은퇴한 뒤 그림 같은 해변의 별장에서 인간의 노동만이 가치를 창조한다는 명제를 붙들고 씨름하는 장면을 연상해보라. 인간의 노동만이 가치를 창조한다는 명제와 기계가 노동을 대체하는 현실이 결합될 때, 어떤 결론이 내려질 것인지를 상상하기는 그다지 어렵지 않다. 리카도는 뒷날 맑스에 의해 불변자본과 가변자본이라는 개념으로 바뀌는 고정자본과 유동자본이라는 개념을 만들어냈고, 둘 사이의 비율이 가격결정에서 중요한 역할을 한다는 점을 깨달았으며, 실업을 그

비율의 변화와 연관지어 설명하고자 했다.

이러한 리카도의 아이디어들은 본질적으로는 큰 변화 없이 맑스에게 계승되었다. 맑스 또한 본격적으로 정치경제학 연구를 시작하기 전 엥겔스와 함께 쓴 『공산당선언』(1848)에서 세계화 경향에 대한 인상적인 묘사와 더불어, 자본주의의 엄청난 생산력 증대효과에 관해 명확하게 설명하고 있었다. 그렇지만, 그러한 생산력 발전은 기계에 의해 대체되는 수많은 노동자들의 실업을 낳을 뿐 아니라, 기계사용의 논리 즉 자본의 논리가 인간의 논리를 압도함으로써, 맑스의 표현을 빌리자면 기계를 자본주의적으로 사용하게 됨으로써 노동자에게 파괴적인 영향을 미치는 것이었다. 간단한 예를 들면, 애초에 기계의 발명이 인간의 노동력을 절약하기 위한 휴머니즘적 동기에서 출발했더라도 — 사실 이와는 정반대인 전쟁무기 개발 같은 반휴머니즘적 동기에서 기술개발이 이루어지는 경우도 매우 많지만 — 그것이 도입되고 나면 이윤추구 및 비용절약이라는 자본주의적 논리 때문에 오히려 노동자의 노동시간이 늘어나고 노동강도가 강화되는 등의 역설적인 결과를 가져오는 경우가 많다. 『자본론』제1권에서 맑스는 바로 이러한 점을 지적하고자 했던 것이다.

실제로 노동시간의 연장과 단축을 둘러싼 자본과 노동 사이의 대립은 자본주의의 역사를 꿰뚫는 하나의 키워드라 할 수 있을 정도로 중요한 역할을 수행했다. 한국에서는 오랫동안 공식적으로 인정되지 않았던 메이데이(5월 1일)도 노동시간 단축을 주장하던 시위대가 미국경찰의 총에 맞아 죽은 사건에서 유래했다. 『자본론』제1권에서 노동일(working day)의 단축을 둘러싼 역사적 과정에 대한 설명이 지루할 정도로 길게 삽입된 이유도 이 문제가 지닌 중요성 때문이다.

다른 모든 조건이 같다면 노동시간의 연장은 잉여가치 생산을 늘림으로써 이윤증가에 기여한다. 이 명제는 노동가치론으로부터 논리적으로 도출되는 것이다. 물론 노동시간의 연장이라는 개념 속에는 절대적으로 몇시간 일하느냐의 문제뿐 아니라, 상대적으로 얼마나 열심히, 강도 높게 일하느냐의 문제 또한 포함된다. 초기 자본주의 단계에서는 노동통제시 때로 매우 원시적인 폭력이 수반되곤 했다. 기본적 생리욕구조차 정해진 시간에만 해결하도록 통제한다거나 감금이나 구타 등이 벌어지는 경우도 흔했다. 노동운동이 발전하고 인권과 민주주의 의식이 높아지면서 폭력적으로 노동시간과 노동강도를 통제하는 일은 점점 줄어들었다. 다소 낙관적으로 생각하면, 경제가 더욱 발전할수록 이러한 문제는 자연스레 해결될 것이라 주장할지도 모른다.

그러나 맑스는 노동시간의 단축은 끊임없는 투쟁의 성과일 뿐 자동적으로 주어지는 것은 아니라는 점을 강조하면서, 심지어는 노동시간 단축은 개별자본이 못하는 일을 국가가 총자본으로서 대신했을 뿐이라고 주장하기도 했다. 개별자본의 입장에서 보면 경쟁상대인 다른 자본들보다 조금이라도 노동시간을 더 늘리거나 노동강도를 더 높인다면 더 많은 이윤을 얻을 수 있다. 따라서 모든 개별자본은 노동시간을 늘리고 노동강도를 강화하기 위해 노력한다. 그러나 모든 개별자본이 그렇게 행동함으로써 사회 전체의 노동시간이 절대적·상대적으로 증가하게 되면, 노동자들이 육체적·정신적으로 건강을 유지할 수 없을 것이다. 이러한 상황은 장기적으로 노동공급을 원활하지 못하게 함으로써 자본 전체에 치명적인 손해를 입히게 된다. 국가가 총자본의 역할을 수행한다는 주장은 바로 이러한 딜레마를 자본 전체의 이익을 고려하여 국가가 조정해준다는 의미다. 이러한 명제를 매우 강한 버전으로 표현한 것이 '국가는 부르주아지의 집행위원회'라는 『공산당선언』에 등장하는 명제라고 할 수 있다.

　사실 파시즘이나 개발독재 같은 경우가 아닌, 민주적 선거를 통해 선출되는 선진 자본주의 국가에서 국가가 부르주아계급 전체의 이익만 대변한다고 주장하기는 쉽지 않다. 국민을 대변한다는 정치적 선언성의 명제에 숨겨진 매우 복잡한 과정을 파헤쳐야 비로소 국가와 지배계급 사이의 연관을 찾아낼 수 있을 것이다. 그러나 자본주의의 역사를 보건대, 국가가 총자본으로서 조정역할을 수행해왔다는 명제는 적어도 결과적으로는 타당성이 있다고 생각된다. 이른바 국민국가의 역할이 점점 무력화되는 세계화(globalization) 아래에서 끝없는 개별자본의 이익추구가 총자본에 의해 조정되지 못함으로써 무엇인가 심각한 파국으로 이어질 것이라는 우려는 이러한 면과 관련이 있다. 흥미로운 것은 이러한 우려가 맑스경제학뿐 아니라, 정치적으로 오른쪽에 서 있는 케인즈주의자들이나 제도주의자, 심지어는 민족이나 국가의 의미를 편집증적으로 강조하는 보수주의자들에 의해서도 종종 제기되곤 한다는 사실이다. 예를 들어 금융세계화의 영향으로 불안정해져가는 국민경제의 통합과 발전을 위해 정부가 조정자 역할을 할 것을 주문하는 논의들이 이에 속한다. '한강의 기적'에 감동한 서구의 많은 좌파 케인지언들이나 제도주의자들이 신자유주의적 금융세계화에 강한 반감을 드러내는 동시에 박정희 모델을 비판적으로 지지하는 듯한 일견 모순된 현상도 이 때문이다.[1]

　한편 최근 정보기술의 발전은 훨씬 세련된 형태로 노동시간이나 노동강도를 통제할 수 있도록 해준다. 무선호출기에서 핸드폰, PDA 등으로 이어지는 첨단기술은 노동자의 노동흐름을 체크하고 규율할 수 있는 중요한 수단이다. 자본가의 입장에서 더욱 좋은 점은, 첨단기기의 사용은 노동통제를 당하는 노동자들 자신에게도 일종의 흥미를 부여하며, 심지어는 자부심을 느끼게 해주는 기제로까지 작동하기도 한다는 것이다. 「모던 타임즈」의 주인공인 찰리가 화장실 앞에서 꽂아야 하는 펀치카드는 굴욕이나 거부감을 가져다줄 수 있다. 그러나, 청년실업의 시대에 모두가 선망하는 대기업에 취직한 직장인의 목에 걸린 전자신분증은 어려운 취업전선을 뚫고 살아났다는 자랑스러운 훈장으로 여겨질 수도 있는 것이다.

자본주의사회에서 노동자들 — 좀더 일반적으로 임금취득자들이라 해도 좋다 — 은 노동시간만큼 일하고 남는 시간을 여가로 보낸다. 즉, 하루 24시간 중 노동시간을 뺀 나머지 시간이 여가가 되는 것이다. 그런데 초급 수준의 미시경제학 교과서에서는 반대다. 노동시간은 여가의 잔여항으로서만 등장한다. 노동공급량은 공급의 주체인 노동자가 자신에게 주어진 하루 24시간 중에서 얼마를 여가로 사용하고 얼마만큼을 돈 버는 데 사용하느냐의 선택결과로 결정된다. 즉 선택대상은 여가와 소득(돈)일 뿐, 노동시간 그 자체는 아닌 것이다. 똑같이 하루 여덟시간을 일하더라도 허리가 휘고 폐결핵이 걸릴 정도로 일하느냐, 아니면 시쳇말로 널널하게 일하느냐의 문제는 선택대상이 아니다. 노동강도의 문제, 좀더 일반적으로 노동시간의 문제가 중요한 분석대상으로 등장한 때는 이른바 효율성임금 모델에 와서다. 그러나 학부수준의 경제원론이나 미시경제학 교과서에서는 이 문제가 아직까지도 본격적으로 다루어지지 않고 있다. 이데올로기적 관점에서 벗어나 경제학설의 발전이라는 커다란 맥락에서 보면, 이 문제는 맑스의 경제이론이 현대경제학에서 약간 변형된 형태로 다루어지는 것이라고도 할 수 있다. 예를 들어 노동시간이 가치와 잉여가치를 직접 생산한다는 노동가치론을 받아들이지 않더라도, 노동시간의 절대적·상대적 길이가 갖는 중요성을 인식하고 그것을 모

델의 핵심적인 변수로 도입하는 것이 현대 주류경제학의 중요한 과제가
되고 있다.

권력인가 효율성인가

결국 맑스에게 있어서 기술발전의 문제는 그것이 가져오는 생산력증
대 효과 못지않게 직접적 생산자인 노동자에게 미치는 영향을 분석하는
문제였다. 따라서 그에게는 기술진보를 분석할 개념적 도구가 필요했
다. 그가 주목한 것은 불변자본과 가변자본* 사이의 비율로 정의되는 자
본의 구성이라는 개념이었다. 맑스는 자본주의의 발전과 더불어 가변자
본에 대한 불변자본의 비율은 반드시 증가할 것이라 믿었으며, 이를 자
본구성의 고도화라는 압축적인 명제로 표현했다. 주류경제학 교과서에
서는 그가 말하는 가변자본은 노동으로, 불변자본은 자본이라는 생산요
소로 이름이 바뀐다. 논리상 당연하지만, 주류경제학은 기술진보의 유형
을 세가지로 구분한다. 자본이나 노동 둘 중의 하나를 상대적으로 더 많
이 사용하는 유형들과 자본과 노동의 비율이 일정하게 유지되는 유형이
존재한다. 즉 여러가지 기술진보의 유형을 이렇게 세가지에 따라 일람표
를 만든다. 그러나 자본과 노동의 비율이 장기적으로는 일정비율을 유지
하게 되는 것과 같은 문제에 대해서는, 단지 '정형화된 사실'(stylizeld

* 기계나 원료 등의 생산수단에 투하된 자본을 불변자본이라 부른다. 생산수단은 그 자
  체가 인간노동의 산물이므로 일정한 크기의 가치를 갖지만 새로 가치를 만들어내지는
  못하기 때문에, 그 크기는 변하지 않는다는 의미에서 이렇게 부른다. 반면 노동력을 고
  용하기 위해 투하된 자본은 노동을 통해 새로운 가치를 만들어내므로 그 크기가 변한다
  는 의미에서 가변자본이라 부른다.

facts)로서 경험적으로 관찰가능할 뿐, 어떤 유형의 기술진보가 왜 지배적이게 되는지는 이론적으로 취급조차 하지 않는다.

맑스가 자본구성의 고도화를 주장한 데는 산업혁명이 가져온 엄청난 기계의 발전과 그로 말미암은 노동력의 대체라는 당대의 현실도 한몫했을 것이다. 그러나 자본구성이 정말 높아지는지의 실증적 문제를 잠시 미루어두더라도, 다음과 같은 두가지 사실을 강조해둘 필요가 있다.

첫째, 맑스는 기계로 상징되는 생산요소로서의 불변자본과 유일하게 가치를 만들어낼 수 있는 노동력 사이의 대립을 나타내는 개념인 자본구성을 통해 기술변화가 노동자계급, 나아가 자본주의사회에 미치는 영향을 탐구하려 했다는 점이다. 이것은 물질적 재화의 생산을 둘러싼 사람들 사이의 사회적 관계 및 조직이라는 관점에서 사회와 역사의 발전을 분석하려 했던 그의 입장, 즉 역사유물론의 관점에서는 반드시 그럴 수밖에 없었던 것이다.

둘째, 맑스도 지적한 것처럼 자본가가 기술을 도입하는 동기는 이윤추구를 위한 것이고 그것을 위해서는 기계가 대체하는 비용이 기계 때문에 발생하는 비용보다 크다는 조건이 충족되어야 한다. 그런데 맑스의 관점에서 볼 때, 노동자를 기계로 대체하는 기술진보, 즉 자본구성이 높아지는 기술진보는 단순히 금전으로 환산되는 경제적 비용의 문제일 뿐아니라 생산과정을 둘러싼 권력의 문제이기도 했다. 즉, 장기적으로 자본이 생산과정에서의 권력을 유지하기 위해서도 자본구성을 높이는 기술을 도입하는 경향이 자본주의사회에서는 당연히 증가할 것이다.

1970년대 미국의 급진 정치경제학 내부에서 이루어진 논쟁은 바로 이러한 문제를 다루고 있다.[2] 아주 단순한 예를 들어보자. 만약 A라는 기술을 도입하면 B라는 기술에 비해 금전적 비용은 조금 더 들지만, 대신 필요한 노동력의 규모를 줄일 수 있을 뿐 아니라 숙련이 훨씬 덜 요구되는 주변적인 노동력만으로도 생산이 가능해진다고 하자. 이때 자본은 금전적 비용을 최소화하는 기술 B를 도입하는 것이 아니라, 권력을 유지하면서 노동을 쉽게 통제할 수 있는 기술 A를 도입할 것이다. 그러므로 새로운 기술을 도입하는 것은 경제적 효율성의 논리에 따라서만 이루어지지는 않으며, 정치적 권력의 문제, 맑스식으로 말하자면 계급투쟁에 의해 이루어진다는 것이다.

물론 이에 많은 반론도 제기되었는데, 특히 올리버 윌리엄슨(Oliver Williamson)으로 대표되는 거래비용경제학(transaction cost economics)의 주장은 주목할 만하다.[3] 거래비용은 금전적으로 수반되는 비용뿐 아니라 거래 전에 필요한 정보수집단계, 협상단계, 계약을 준수하는 데 필요한 비용, 처음에 맺은 계약이 불완전하기 때문에 생겨나는 비용 등 전체적인 면에서의 비용을 모두 포함하는 개념이다. 간단하게 말하자면, 위의 기술 B는 금전적으로는 비용이 적게 들지 몰라도, 기술 도입 이후에 노동자들을 통제하는 데 여러가지로 껄끄러운 일이 발생할 수 있기 때문에 그와 같은 '껄끄러움'도 일종의 비용으로 환산해서 계산하면 결국 기술 A보다 비용이 더 많이 드는 것으로 볼 수 있다는 것이다. 그렇다면 기술 A를 선택하는 것도 자본가가 비용보다 권력을 선택했다기보다, 거래비용까지 감안하여 더욱 효율적인 기술을 선택한 것으로 해석할 수 있지 않느냐는 주장이다.

사실 기술이라는 것을 어떻게 정의할 것인지도 쉬운 일은 아니며, 그것이 구체적인 산업현장에 적용되는 형태도 매우 다양할 것이다. 그러므로, 기술진보가 자본구성을 높일지의 판단은 기술발전의 역사를 면밀하게 검토하면 누구든지 동의할 수 있는 결론이 나는 식의 문제는 아닐 것이다. 다만 한가지 분명한 것은 권력같이 정치적으로 보이는 문제를 궁극적으로 시장에서 환산가능한 거래비용이라는 금액으로 환원해서 설명할 수 있는지가 맑스경제학과 거래비용경제학의 중요한 차이라는 사실이다.

경제학의 역사를 '애덤 스미스의 오류'라는 키워드로 정리한 최근의 흥미로운 책[4]에서, 저자는 경제학은 더이상 과학이 아니라 일종의 신학과도 같은 신념의 철학이 되어버리고 말았다고 지적한다. 왜냐하면, 사회적 삶의 다른 모든 영역에서는 이기적 이익추구가 도덕적 문제를 일으키게 되지만, 경제적 삶의 영역에서만은 아무런 문제도 없는 것으로 믿도록 강요한다는 것이다. 그런데 이는 역설적으로 모든 것을 시장이라는 하나의 투명한 장소, 즉 모든 것이 가격으로 바뀌어 나타나는 장소에서만 다루려는 현대경제학의 태도와 동전의 양면을 이루고 있는 것이다.

자본구성은 어떻게 측정되는가

고등학생 시절 콜라공장에 견학을 간 적이 있었다. 평소 좋아하던 콜라도 실컷 마시고 빨간색 로고가 선명한 쟁반 비슷한 기념품까지 받아서 즐겁게 집으로 돌아왔었다. 공장 견학코스는 복도를 걸어가면서 유리창 너머로 보이는 콜라 제조과정을 구경하는 것이었는데, 날씬한 여성의 몸매를 형상화했다는 콜라병이 수십개씩 자동으로 돌아가면서 병마개가 채워지던 인상적인 장면이 아직도 기억에 남아있다. 20여년의 세월이 흐른 뒤에, 나는 인솔교수의 자격으로 학생들과 함께 소주공장을 견학했다. 청량음료와 술이라는 차이는 있지만, 겉으로 보이는 생산공정은 매우 비슷했다. 그런데, 콜라공장과 비교할 때 놀라울 정도로 눈에 띄는 차이점은 견학코스의 유리창 너머로 사람의 모습이 거의 보이지 않았다는 것이다. 유일하게 발견한 것은 소주가 이미 상자에 담긴 다음 공장바닥을 쓸고 있는 여성노동자뿐이었다. 회사 측의 브리핑에서 확인한 바에 따르면, 전체 노동자의 대부분은 완성된 소주를 출고하는 트럭 운전기사들과 약간의 사무직·생산직 노동자들을 위해 밥을 해주는 식당 아주머니들로 이루어져 있었다. 20여년의 세월 동안, 별다른 정확한 통계자료가 없어도 쉽게 확인할 수 있는 것은 생산설비 및 재료에 비해 노동자의 비중이 극적으로 감소했다는 현실이었다. 기술진보가 반드시 자본구성을 높일 것이라는 맑스의 직관은 바로 이러한 현실에 기초한 것이었다.

그렇지만 이러한 직관을 엄밀한 개념장치를 이용하여 양적으로 측정할 수 있는 변수로 형상화하는 것은 그리 쉬운 일이 아니다. 경제학에서는 어떤 변수의 크기를 측정할 때 주어진 시점에서 측정하느냐, 아니면 일정한 기간 동안의 흐름으로 측정하느냐에 따라 스톡(stock)변수와 플로우(flow)변수로 나뉜다. 예를 들어 어떤 직장인의 연봉이 3000만원이라고 할 때, 그것은 1월 1일부터 12월 31일까지 1년 동안에 걸쳐 버는 소득을 나타내므로 플로우 개념이다. 반면에 고위공직자가 신고해야 하는 재산총액에는 월급이나 연봉이 포함되지 않는데, 그것은 어느 주어진 시점을 기준으로 측정되는 스톡변수이기 때문이다.

맑스가 말한 자본의 구성이라는 개념은 기본적으로 스톡변수 사이의 비율이었다. 즉, 자본가가 처음 생산을 시작할 때 투자하는 불변자본 스톡의 가치와 노동자에게 지불하기 위해 준비하는 임금총액의 비율인 것이다. 이 두 변수의 크기를 각각 가격기준으로 측정하면 문제는 간단하다. 예를 들어 기계나 원료 등의 구입비로 10억원을 지출하였고 노동자를 고용하기 위해 1억원의 인건비를 준비해두고 있다면, 자본구성을 10억원/1억원=10이라고 부르면 되는 것이다. 그러나 특별한 가정이 없는 한, 노동가치론의 관점에서 이러한 측정방식은 받아들이기 어렵다. 우연적인 시장상황의 변화와 무관하게 결정되는 내재적인 척도로서의 가치 개념이 필요하며, 그것은 결국 인간의 노동에 기초한다는 것이 노동가치론의 일관된 입장이기 때문이다.

따라서 맑스는 자본구성 개념을 세가지로 구분하고자 했다.

첫번째 개념은 자본의 기술적 구성이라는 개념이다. 기술적 구성은 실제로 생산에 투하되고 있는 불변자본의 요소들—기계 등의 생산설비나 원료, 재료 등—과 노동력 사이의 물량적 비율을 가리키는 개념이다. 20여년의 시차를 갖는 콜라공장과 소주공장에서 내가 느낀 기계화 내지는 자동화 수준의 차이가 바로 그것이다. 그러나 아주 짧은 기간 동안에 완전히 동질적인 기계와 노동력을 사용하는 경우가 아니라면, 이러한 물량적 지표를 가격이나 가치 개념 없이 객관적으로 측정하는 것은 불가능하다. 이는 경제학에서 흔히 지수문제(index number problem)라 불린다.

예를 들어 2명의 노동자가 2대의 컴퓨터를 가지고 일하던 인쇄소에서 똑같은 기종의 컴퓨터 1대를 추가로 들여왔다면, 지수문제를 고민할 필요도 없이 기술적 구성이 50퍼센트 증가했다고 말해도 무방할 것이다. 그러나 새로 들인 컴퓨터가 기존의 컴퓨터와는 비교도 안될 정도로 높은 성능을 지닌 신형컴퓨터라면 기술적 구성은 몇퍼센트 높아졌다고 계산할 것인가? 흔히 자본구성의 고도화라는 경향이 현실에서는 제법 오랜 시간이 지나야 관찰된다는 사실을 감안하면 사태는 더욱 복잡해진다.

내가 1980년대 중반 당시 최고수준을 자랑하던 대학 전산실에서 한나절을 투자하며 해결하려고 애썼던 계량경제학 숙제는, 20여년에 걸친 한국의 소비와 소득의 관계를 추정하는 것이었다. 컴퓨터공학과에 다니던 친구의 도움을 받아가면서 암호 같은 컴퓨터용 언어로 명령을 작성했고, 유리창 너머로 보이던 거대한 컴퓨터가 처리한 결과를 도트프린터로 출력해야 했다. 지금이라면 마이크로쏘프트 엑쎌 정도의 스프레드 시트를 이용하면 아마도 몇분이면 충분할 것이고, 엑쎌을 사용하기 위한 컴퓨터는 무릎 위에 올려놓을 수 있는 노트북이면 충분할 것이다. 결국 문제는 옛날의 대형컴퓨터와 오늘날의 노트북을 어떻게 비교해야 하는가다. 이것이 바로 기술적 구성이라는 개념만으로는 자본구성을 측정하기 힘든 이유이다. 약간 다른 맥락이기는 하지만 1960년대의 유명한 자본논쟁*에서 폴 쌔뮤얼슨 같은 당대 최고의 주류경제학자들을 괴롭힌 문제도 이질적인 자본재를 어떻게 하나로 묶어서 취급할 수 있느냐라는 물음이었다.

따라서 맑스가 '가치구성'이라는 두번째 개념을 생각한 것은 당연하다. 20여년 전의 대형컴퓨터의 가치를 계산하고, 오늘날의 노트북의 가치를 계산한 다음, 각 시점에서 고용된 노동력의 가치를 계산하여 비율로 표시해주면 가치구성의 계산이 끝날 것이다. 그런데 여기에서 또 하나의 문제가 생겨난다. 20년 전에 그 대형컴퓨터를 생산하는 데 필요한 추상적 인간노동의 양은 엄청난 크기였을 것임에 틀림없다. 편의상 그

---

* 이는 영국의 케임브리지대학과 미국의 케임브리지에 위치한 MIT대학 간의 논쟁이라는 의미에서 '케임브리지 대 케임브리지' 논쟁이라고도 불린다.

크기가 대략 1000시간이었다고 해두자. 오늘날 노트북을 만드는 데 필요한 추상적 인간노동의 양은 그에 비해 엄청나게 줄어들었을 것이다. 누구나 알고 있는 것처럼, 컴퓨터 관련기술은 눈부신 속도로 발전해왔기 때문이다. 역시 편의상 그 크기가 대략 1시간 정도라 해두자. 비록 대형 컴퓨터가 당시 수준으로는 엄청난 성능을 자랑하는 고가의 물품이었음을 인정한다 하더라도, 1980년대 중반에 비해 지금이 컴퓨터화라는 측면에서 엄청나게 발전했다는 점은 누구도 부인할 수 없을 것이다. 즉, 컴퓨터의 가치가 매우 빠른 속도로 감소했기 때문에, 오늘날 노트북 1000대의 가치는 20여년 전 대형컴퓨터 1대의 가치에 지나지 않을 것이다. 물론 성능을 비교한다면 거꾸로 노트북 1대가 과거 대형컴퓨터의 1000배 이상일 것이다. 누구나 알아차릴 수 있는 컴퓨터화, 즉 물량적인 의미에서 기술적 구성이 상승했음에도 불구하고, 가치구성을 계산하면 반대로 하락한 것으로 나타나거나 최소한 자본구성의 상승은 관찰되지 않을 것이다. 물론 컴퓨터 관련기술의 발전은 정보혁명이라는 용어가 상징하듯 매우 예외적인 것이기는 하다. 그렇지만 일반적인 기술진보 경향은 한편에서는 자본의 기술적 구성이라는 면에서는 구성을 상승시키면서, 다른 한편에서는 불변자본 투입요소의 가치를 떨어뜨린다는 것만은 틀림없는 사실이다.

아마도 이러한 문제를 해결하고자 맑스가 고심 끝에 제기한 제3의 개념이 '자본의 유기적 구성'(organic composition of capital)이라는 개념일 것이다. 사실 맑스는 『자본론』 제1권에서 유기적 구성을 '기술적 구성을 반영하고 그 변화에 의해 결정될 때의 가치구성'이라고 명확하게 정의했다. 그러나 이러한 외견상의 명확한 정의에도 불구하고, 그것을 어떻게 해석하느냐, 나아가 어떻게 손에 잡히는 변수로 만들 수 있느냐를 둘러싸고 맑스경제학자들 사이에 많은 논쟁이 있었다.

이와 관련하여 두가지 이론만 소개해보자.

하나는 영국의 맑스경제학자인 벤 파인(Ben Fine)이 제시한 방식이다. 파인이 한국에서의 1980년대 맑스경제학 르네쌍스에 미친 영향은 매우 큰 것이었다. 『자본론』을 번역한 김수행 교수를 비롯하여 많은 맑스경제학자들이 그의 제자였기 때문이다. 1970년대 영국을 중심으로 벌어진 맑스경제학 논쟁을 배경으로 탄생한 그의 저서 중 하나인 『현대 정치경제학 입문』이 번역출간된 것도 이러한 배경에서일 것이다. 『자본론』은 금서라 쉽게 구하기도 힘들었고 방대한 분량을 외국어로 읽어야 하는 부담이 컸기 때문에, 맑스경제학에 관심을 가진 이들은 처음에는 주로 일본책을 번역한 정치경제학 원론류의 책을 읽었다. 원론 교과서의 다음 단계에 해당되는 대표적인 책이 바로 이것이었다.

파인에 따르면, 유기적 구성이라는 개념은 기술진보에 따른 가치의 변화가 없다고 가정하여 측정되는 개념이다. 앞에서의 컴퓨터의 예로 돌아가서 1980년대 중반의 대형컴퓨터 1대가 2000년대 중반에 100대의 노트북으로 바뀐 상황을 생각해보자. 앞에서 가정했던 수치로 계산하면, 불변자본의 가치는 20여년 전에는 1000시간이었고 지금은 $\frac{1시간}{1대} \times 100대$ =100시간이 된다. 즉, 불변자본의 가치는 10분의 1로 줄어든 것이다. 여기서 파인의 기본 가정처럼 20년간 컴퓨터의 가치에 변화가 없었다고 하면, 대형컴퓨터 1대에서 노트북 100대로 변화했으므로 불변자본은 100배나 증가했다고 말할 수 있을 것이다. 파인의 주장을 아주 도식적으로 해석하면, 이러한 상황에서 가변자본(이므로 노동력)의 가치에 변화가 없다면, 자본의 가치구성은 20여년 후에는 10분의 1로 줄어들었지만, 유기적 구성은 오히려 100배 증가한 것으로 보아야 한다는 것이다. 이러한 해석을 받아들이면, 일단 파인의 유기적 구성이라는 개념은 내가 20여년의 간격을 두고 경험한 콜라공장과 소주공장에서의 느낌의 차이를 근사하게 반영하게 된다.

그렇지만 파인의 해석에는 중요한 결점이 있다. 자본구성이라는 개념 자체가 기술의 진보를 전제한 후 그것을 분석하기 위한 개념이었다는 점을 기억한다면, 기술진보의 가장 중요한 결과인 가치하락이 없다고 가정하는 것은 논리적으로 모순일 가능성이 있기 때문이다. 최근 번역된 파인의 『맑스의 자본론』은 1970년대에 혼자 썼던 책을 자신의 제자와 함께 고쳐 쓴 21세기판 교과서이다. 여기에서 지은이들은 파인의 유기적 구성 개념이 내가 해석하는 것처럼 기계적인 시간구분에 기초한 것은 아니라고 강조한다. 그러나 책에서 그들은 철학적이고 방법론적인 논의만을 제시할 뿐, 유기적 구성을 과연 어떻게 측정할 것인지에 대해서는 속 시원한 답변을 내놓지 못한다. 그럼에도 파인의 해석이 갖는 한가지 뚜렷한 장점은 맑스의 의도를 분명히 밝혀준다는 데 있다. 즉, 기술진보 때문에 동시에 발생하지만 효과는 정반대인 두가지 경향을 종합적으로 파악하기 위해 고심 끝에 맑스가 내놓은 개념이 자본의 유기적 구성이라는 것이다. 두가지 경향이란 한편에서는 자동화로 말미암아 자본구성이 고도화되고, 다른 한편에서는 특히 기계의 가치가 떨어지는 것을 가리킨다.

유기적 구성 개념과 관련되어 주목할 만한 또다른 해석은 일본의 오끼시오 노부오(置鹽信雄)가 제시한 해석이다. 오끼시오는 파인의 해석이 설명해내는 불변자본 요소의 가치변화 문제에는 별다른 대답을 제시해주지 못한다. 그러나 유기적 구성 개념의 또 하나의 축인 가변자본(노동력)의 가치 부분에 대해서는 중요한 논점을 제기한다.

맑스가 염두에 둔 개념은 불변자본과 가변자본의 비율보다는 오히려 생산과정에 도입되는 노동자들의 직접노동과 생산수단으로 표현되는 간접노동 사이의 비율이라고 오끼시오는 주장하면서 이를 '생산의 유기적 구성'이라 불렀다.[5] 설명을 위해 다시 컴퓨터의 예로 돌아가보자. 앞에서는 대형컴퓨터이건 노트북이건 간에 그것을 다루는 직접노동, 그중에서도 노동자에게 지불되는 가변자본의 가치를 어떻게 취급할 것인지를 전혀 언급하지 않았다. 파인뿐 아니라 전통적인 맑스경제학자들의 해석에 따르면, 자본의 유기적 구성을 정의할 때 분모에 들어가는 가변자본의 가치는 노동자들의 노동력을 재생산하는 데 필요한 임금재의 가치를 가리킨다. 그런데 임금재라는 것도 결국은 상품으로서 생산되는 것이기 때문에, 해당 상품을 생산하는 기술이 발전함에 따라 그 가치도 하락하게 된다.

예를 들어 1980년대 중반 한국사회에서 자가용을 가진 노동자를 떠올리는 것은 쉬운 일이 아니었지만, 지금은 전혀 그렇지 않다. 어쩌면 적어도 정규직 노동자에 국한해본다면 자가용이 없는 노동자를 찾는 것이 더 어려울지도 모른다. 이는 물론 20여년 사이에 한국경제가 비약적으로 성장한 탓도 있지만, 무엇보다 자동차라는 상품의 가치가 급속하게 하락한 탓이 크다. 또 흔히 재계에서 지적하듯이 1980년대 후반 이후 실질임금이 급속하게 상승한 탓도 분명히 있을 것이다. 결국 이러한 점들 때문에, 불변자본요소와 마찬가지로 유기적 구성의 다른 한축인 가변자본에 해당하는 노동력가치의 측정 문제도 말끔하게 정리되기는 어려울 것이다. 즉, 자동차의 가치하락처럼 임금재가치의 하락, 잉여가치율 또는 착취율의 변화에 따른 실질임금의 변화 등과 같은 요인이 작용하기 때문이다.

오끼시오가 '생산의 유기적 구성'이라는 개념을 통해 제안한 것은, 자본구성의 분모를 가변자본의 가치, 그러니까 노동력의 가치(오른쪽 표에서 분모에 놓인 필요노동시간 4시간을 의미)로 정의하는 것이 아니라, 노동자가 실제로 생산에 투하하는 노동시간 전체로 정의하자는 것이다. 가령 어떤 노동자가 8시간 일했다면 생산의 유기적 구성을 측정할 때에는 그 8시간 전부가 분모로 계산되면 된다는 것이다. 전통적인 해석은 8시간 중에서 4시간은 자신의 노동력을 재생산하는 데 필요한 '필요노동'이고 나머지 4시간은 자본에게 착취당한 '잉여노동'이므로, 자본구성의 분모는 4시간으로 계산해주어야 한다는 것이었다.

그런데 이렇게 전통적인 해석에 따르면, 결국 자본의 구성이라는 개념은 잉여가치율의 크기에 의해서도 영향을 받게 돼버린다. 만약 잉여가치율이 100퍼센트에서 300퍼센트로 증가했다면, 필요노동은 2시간, 잉여노동은 6시간으로 바뀔 것이다. 따라서 자본구성의 분모는 2시간으로 계산된다. 그러나 원래 맑스가 자본의 구성이라는 개념을 통해 설명하고자 한 것이 기술변화 그 자체가 총노동시간처럼 노동자에게 미치는 영향이었다는 점을 기억한다면, 일단 잉여가치율의 변화는 생각하지 않는 것이 나을 것이다. 물론 기술변화, 예를 들면 새로운 기계도입이나 자동화, 컴퓨터화 등은 결국에는 노동과정(노동시간이나 노동강도)에 변화를 가져와서 잉여가치율에도 영향을 미칠 것이다. 그러나 기술변화가 노동자에게 미치는 영향을 알고자 자본의 구성이라는 개념을 생각할 때에는, 일단 (총노동시간에는 영향이 없는) 잉여가치율의 변화는 2차적인 문제로 간주해야 한다는 것이 오끼시오의 논지이다.

이상의 내용을 표로 정리하면 이렇다.

	1989년	2009년
생산의 물적 데이터	대형컴퓨터 1대 노동자 100명 1인당 노동시간 8시간	노트북 100대 노동자 100명 1인당 노동시간 8시간
기술적 구성	$\dfrac{\text{대형컴퓨터 1대}}{100명 \times 4시간}$	$\dfrac{\text{노트북 100대}}{100명 \times 4시간}$
가치구성	$\dfrac{\text{대형컴퓨터 1대의 가치}}{\text{노동력의 총가치}} = \dfrac{1000시간}{100 \times 4시간} = 2.5$	$\dfrac{\text{노트북 100대의 가치}}{\text{노동력의 총가치}} = \dfrac{100 \times 1시간}{100 \times 4시간} = 0.25$
유기적 구성 (파인)	가치구성과 동일(2.5)	$\dfrac{100 \times 1000시간}{100 \times 4시간} = 250$
생산의 유기적 구성(오끼시오)	$\dfrac{\text{대형컴퓨터 1대의 가치}}{\text{총노동시간}} = \dfrac{1000시간}{100 \times 8시간} = 1.25$	$\dfrac{\text{노트북 100대의 가치}}{\text{총노동시간}} = \dfrac{100 \times 1시간}{100 \times 8시간} = 0.125$

* 단 필요노동=4시간, 잉여노동=4시간.

해석인가 변혁인가

이제 논의를 요약해보면 다음과 같다. 먼저 맑스는 자본주의사회에서 기술변화는 필연적으로 이윤추구라는 목적에 의해 규정될 수밖에 없다는 점을 강조했다. 당연히 그의 가장 큰 관심사는 이러한 기술변화가 노동자들에게 미치는 영향을 분석하는 것이었다. 그래서 그는 리카도로부터 계승·발전시킨 자본의 구성이라는 개념을 통해 자본축적과정을 분석하고자 했다. 그런데 기술진보는 한편으로는 자본의 구성을 증가시키면서, 다른 한편에서는 상품가치의 하락을 가져온다. 더구나 여러 상품의 가치는 같은 비율로 하락하는 것이 아니라, 상품마다 불균등하게 하락한다. 심지어는 기술이 정체되면서 가치가 하락하지 않는 상품도 있을 수 있다. 맑스는 이러한 두가지 경향을 체계적으로 나타낼 수 있는 개념을 만들고자 했다. 그 결과 찾아낸 것이 자본의 기술적 구성이나 가치구성과는 구별되는 유기적 구성이라는 제3의 개념이었던 것이다. 이 개념은 『자본론』 제1권의 마지막 부분에서는 물론, 그가 초고로만 남겨놓았다가 엥겔스에 의해 『자본론』 제3권의 가장 중요한 주제 중 하나로 편집된 이윤율저하경향의 법칙에서 핵심적인 역할을 수행하는 개념이 되었다.

여기에서 우리는 경제학은 과연 세상을 바꾸기 위한 것인가 아니면 해석하기 위한 것인가라는 근본적인 물음으로 되돌아가게 된다. 물론 어찌 보면 이것은 불필요한 구분일 수도 있다. 도대체 세상을 바꾸려고 마음을 먹는다면, 먼저 그 세상이 어떻게 돌아가고 있는지를 알아야만 할 것이고, 그것은 어떤 식으로든 세상을 해석해야 함을 의미하기 때문이다. 사실 오늘날의 주류경제학 교과서에서는 경제학이 이른바 과학이 되기 위해서는 현실을 객관적으로 설명하는 데만 주력해야지 그것이 옳다거나 그르다는 식의 가치판단을 내리려 해서는 곤란하다고 가르친다. 흔히 말하는 실증경제학과 규범경제학의 구분이 그것이다. 물론 대부분의 주류경제학자들이 시장논리를 그대로 묘사하고 분석하는 데 그치는 것이 아니라 실상은 시장논리를 규범적으로 신봉하는 태도를 보이고 있다. 혹은 가치중립을 지켜야 한다는 주장이 때로는 훨씬 강력한 가치판단을 전제한 것일 수도 있음을 기억해야 한다. 어쨌든 주류경제학은 일단 출발점에서부터 경제학 그 자체에 큰 기대를 걸지 않고 시작하는 듯한 인상을 준다.

반면에 맑스경제학은 그렇지 않다. 한편으로는 맑스경제학이 현존하는 자본주의체제를 부정하는 경제학이라는 이론적 이유 때문에, 또다른 한편으로는 맑스경제학을 혁명적 정치운동과 떼어내 생각하기는 어려웠다는 역사적 경험 때문에, 맑스경제학을 호의적으로 공부하기 시작하는 이들은 선뜻 '비판의 무기'를 손에 쥐게 되기를 기대한다.

이러한 경향이 잘 드러났던 예로, 맑스경제학계의 논쟁 중에서 완전 자동화의 의미에 관한 논쟁이 있다. 과학기술의 엄청난 발전으로 생산이 완전히 로봇에 의해서만 이루어지고 인간의 노동은 전혀 필요하지 않게 되는 상황을 생각해보자. 논쟁의 한쪽 끝에는 이언 스티드먼(Ian Steedman)이 있다. 스티드먼은 신고전학파적인 주류경제학은 물론 맑스의 노동가치론도 철저하게 비판한 경제학자이다. 스티드먼에 따르면, 위와 같은 상황에서도 여전히 가격이 생산비를 초과함으로써 그 차이로 이윤이 발생할 것이므로, 이윤의 원천은 인간의 노동에 있다는 맑스의 이론은 틀린 것이다. 논쟁의 반대쪽 끝에는 맑스주의자, 그중에서도 뜨로쯔끼주의자로 국제적인 명성을 날린 에르네스트 만델(Ernest Mandel)이 있다. 만델은 로봇화가 진행되면 인간의 노동이 0이 되고 따라서 잉여노동도 0이 되므로 자본주의는 붕괴될 것이라고 주장했다. 물론 나는 두 사람 모두 적어도 예측가능한 장래에 완전자동화가 정말로 실현될 것이라고는 결코 생각하지 않았으리라 믿는다. 차이가 있다면 스티드먼은 엄밀한 추상이론의 세계에서 노동가치론이 틀리다는 사고(思考)상의 실험을 수행한 것이고, 만델은 분명히 혁명에 대한 의지적 낙관을 가지고 있었다는 점일 것이다.

나는 스티드먼이나 만델 같은 거장의 이론을 한마디로 날려버릴 위치에는 결코 있지 않다. 그러나 맑스경제학의 분석으로부터 어떤 멋진 변혁적 전망이나 결론을 이끌어내려는 것은 마치 성경을 읽는 기독교신자가 묵시론적 전망을 그 결론으로 이끌어내는 것만큼이나 치명적인 유혹이라는 점은 분명하다. 자본구성의 고도화 경향으로부터 현실적으로 실업 ― 맑스의 용어로는 '상대적 과잉인구' ― 과 빈곤이 증가할 수밖에 없으며, 이는 곧 자본주의체제의 경제적 붕괴를 증명한다고 해석하고픈 욕망은 그래서 거부하기 어려운 유혹인 만큼이나 맑스경제학 자체에는 치명적인 것이다.

　미시경제학 교과서는 자본가라는 이름 대신에 생산자라는 무색무취한 이름으로 등장하는 주체가 비용최소화를 위해 기술을 선택하는 것으로 묘사한다. 그 기술은 결과적으로 자본집약적일 수도 있고 노동집약적일 수도 있다. 그러나 맑스경제학에서는 자본주의사회의 주어진 경제논리와 사회구조가 자본가로 하여금 자본구성을 상승시키는 기술을 선택하도록 만든다는 점을 강조한다. 나아가 그렇게 선택된 기술이 비용을 최소화하는 효과보다 그것이 직접 생산자인 노동자들에게 미치는 영향이 중요하다고 해석한다. 유기적 구성을 둘러싼 수많은 악명높은 혼란과 논쟁에도 불구하고, 이 차이는 결코 작은 것이 아니다. 어쩌면 이 차이를 축소하고픈 유혹보다는 이 차이를 과장하고픈 유혹에 저항하는 것이 적어도 '과학'을 지향하는 경제학으로서는 더 중요할지도 모른다.

생산재와 소비재 부문으로 구성된 재생산표식을 거쳐 자본가와 노동자가 처하게 되는 딜레마를 이해하게 될 것이다. 자본가는 임금액의 산정에 있어, 생산비용의 절감이냐 구매력의 증대냐는 선택의 딜레마에, 노동자는 값싼 상품을 구매하여 생활비를 절감하느냐 착취당하는 노동자와 연대할 것이냐의 딜레마에 놓인다.

...

자본가는 자신이 지출한 만큼 번다

맑스는 『자본론』 제2권에서 재생산표식(reproduction scheme)이라 부르는, 생산재 부문과 소비재 부문이라는 두 부문으로 이루어진 일종의 거시경제 모델을 제시하고 있다. 그 서술은 오늘날의 기준에서 보면 난삽하기조차 한 숫자 예로 가득 차 있지만, 당대의 기준으로 보면 상당한 수학적 모델이라고 평가할 수 있다. 예를 들어 재생산표식의 내용을 근대적인 수리경제학의 아버지쯤 되는 발라가 1874년에 출간한 『순수정치경제학 요론』(Elément d'économie politique pure, 한국어판은 『순수경제학』으로 번역됐다)에 나타난 수학적 도구의 수준과 비교해보면 잘 확인할 수 있다. 다만 발라와 달리 미적분학의 기본적인 개념이 나타나지 않고 있다는 정도가 차이일 텐데, 이것은 바로 경제학설사에서 말하는 한계개념의 등장과도 관련되는 부분일 것이다. 더구나 맑스 자신이 미적분학을 공부했다는 문헌적 증거도 있고, 미적분학이 오늘날처럼 고등학생이 배우는 쉬운 테크닉이 아니라 첨단의 수학이던 당대의 사정을 생각해보면 더더욱 그러하다.

재생산표식의 기본 틀은 경제 전체의 산업을 생산재를 생산하는 부문과 소비재를 생산하는 두 부문으로 구분하고, 각 산업에서 생산한 상품의 가치를 불변자본, 가변자본 그리고 잉여가치의 세 구성요소로 구분한 것이다. 맑스는『자본론』제2권 제3편 '사회적 총자본의 재생산과 유통'에서 숫자 예를 가지고 재생산표식을 전개하고 있다. 그중에서 단순재생산, 즉 자본가가 이윤을 모두 소비해버리고 생산에는 다시 투자하지 않는 경우의 예를 들어보면 다음과 같다.

$$\text{I. } 4000C + 1000V + 1000S = 6000$$
$$\text{II. } 2000C + 500V + 500S = 3000$$

여기에서 I부문은 생산재를 생산하는 부문, II부문은 소비재를 생산하는 부문 그리고 C, V, S는 각각 불변자본, 가변자본, 잉여가치를 나타낸다. 예를 들어 4000C는 불변자본이 4000만큼 있다는 것을 의미한다. 즉, I부문에서 생산한 생산재의 총가치는 6000시간인데—가격으로 생각해서 6000만원이나 6000만달러라고 생각해도 좋다—그중에서 4000은 기계나 원재료 등의 불변자본의 가치가 이전된 것이고, 1000은 노동자에게 임금으로 지불된 부분이며, 나머지 1000은 자본가가 얻는 이윤이다. 이 모델은 매우 간단하면서도 사회 전체적인 가치의 생산과 유통과정을 일목요연하게 보여주는 장점이 있다. 특히 생산재와 소비재라는 상품의 사용가치를 분명히 구분했다는 점에서 맑스경제학이 소비자의 수요측면을 무시한다는 판에 박힌 비판이 그릇된 것임을 보여줄 뿐 아니라, 그 수요 자체가 각각 다른 계급으로부터 나오는 구성요소들을 가지고 있다는 점을 명확하게 하고 있다.

재생산표식에서 확대재생산, 즉 이윤의 일부가 생산에 재투자되는 숫자 예를 조금만 연장하면 두 부문이 같은 비율로 성장하는 균형성장 모델로도 만들 수 있다. 즉, 두 부문의 자본가들이 이윤 중에서 일정한 몫을 생산을 확대하기 위해 투자한다고 가정하면, 궁극적으로 두 부문은 매년 일정률로 성장하면서 경제 전체의 수요공급균형을 달성할 수 있게 된다.[1] 이러한 특징에 주목하여 재생산표식을 불안정 균형성장 모델로 해석한 것은 모리시마 미찌오(森嶋通夫)였다. 여기에서 불안정이라는 말은, 경제가 외부 충격이나 교란에 의해 균형성장 경로를 벗어나면 다시 되돌아가지 못하고 점점 멀어짐을 의미하는 경제학적 개념이다. 그런데, 재생산표식뿐 아니라 모든 균형성장 모델을 해석할 때 드는 당연한 의문은 '그래서 어떻다는 거냐'라는 것이다. 자본주의 붕괴의 필연성을 믿고 있는 '보수적'인 맑스주의자라면, 혹시 재생산표식의 의미가 자본주의가 영원히 잘 먹고 잘 산다는 뜻이냐라고 신경질적인 반응을 보일지도 모른다. 사실 20세기 초반의 경제학자들 중에는 맑스의 재생산표식을 이런 식으로 해석한 이들도 있었다. 우리가 매일 목격하는 현실은 멀리는 세계 금융시장에서 가까이는 한국의 부동산시장에 이르기까지 끊임없는 불균형과 불안정으로 가득 차 있으니, 균형성장 모델을 만들어보는 것 자체가 무의미한 지적 유희에 지나지 않는다고 주장할지도 모른다.

그런데, 균형성장 모델이라는 측면을 잠깐 제쳐놓고 생각하더라도, 맑스의 재생산표식에서 건질 수 있는 중요한 주제는 많이 있다. 그중 하나가 맬서스(T. Malthus)에서 시작하여 맑스를 거쳐 케인즈 및 칼레츠키

(M. Kalecki)로 이어지는 유효수요이론의 계보이다.

맑스가 볼 때, 자본주의경제는 글자 그대로 자본이 주인인 경제이다. 자신의 가치를 끊임없이 증식하는 것을 존재이유로 삼고 있는 자본이 주인인 경제라는 것은, 그 경제를 자본의 증식운동으로 묘사하고 이해할 수 있다는 것을 의미한다. 따라서 자본주의사회의 모든 생산은 자본가가 자신의 자본을 생산요소, 맑스의 용어로는 불변자본과 가변자본에 투자하는 것에서 시작된다. 이렇게 투자된 생산요소가 생산과정에서 결합되고, 노동자의 잉여노동에 의해 잉여가치(즉 이윤)가 생산되는 것이다. 이렇게 생산된 상품이 시장에서 모두 팔려야 비로소 잉여가치는 실현될 수 있다. 결국 맑스는 노동가치론에 입각하고 있지만, 재생산표식 분석에서는 생산물을 시장에서 전부 팔 수 있는가라는 유효수요 문제도 제기하고 있는 것이다. 그런데, 자본이 주인이 되는 사회이므로 당초의 모든 생산의 출발은 자본가가 지출한 투자에서 비롯되며, 투자한 금액보다 많이 생산된, 즉 이윤까지 덧붙여진 생산물 총액을 파는 것도 결국에는 자본가의 지출에 의존할 수밖에 없게 된다. 그렇다면, 예를 들어 당초에 1000원을 투자한 자본가는 어떻게 해서 1200원의 생산물을 실현시킬 수 있는가라는 물음이 제기된다. 바로 이것이 맑스가 『자본론』 제2권에서 스스로 제기하고 답하려 한 물음이었다.

맑스의 답변은 자본가 자신이 상품의 판매를 위해 필요한 돈을 유통에 던져 넣는다는 얼핏 이상해 보이는 것이었다. 그렇지만 이러한 답변이 무한등비급수를 이용한 교육적인 숫자 예와 함께 세련되게 만들어진 것이 칸(R. Kahn)을 거쳐 케인즈가 주목한 승수효과(multiplier effect)라 할 수 있다. 자본가가 100원을 투자한다고 하자. 그중 일부는 다른 자본가에게 갈 것이고 또다른 일부는 노동자들에게 임금으로 지불될 것이다.

예컨대 노동자는 자신이 받은 임금의 대부분을 생활에 필요한 소비재를 구입하는 데 쓸 것이다. 이 노동자들의 지출은 그들에게 소비재를 판 어떤 자본가의 수입이 될 것이고, 그 자본가는 다시 그 돈을 지출하거나 투자하는 등의 무수한 과정을 거쳐, 최초에 투자한 100원은 그보다 훨씬 큰 몇배의 금액으로 늘어나서 국민소득을 이루게 된다.

케인즈는 맑스를 삼류 경제학자 정도로 취급했다. 케인즈와 비슷하게 유효수요 원리를 파악한 폴란드 출신의 칼레츠키는 케인즈와 달리, 맑스 경제학적 전통 속에서 성장했기 때문에, 자신의 유효수요 원리를 맑스경제학적인 계급구분의 관점과 결합했다. 칼레츠키는 2부문 모델에서 한걸음 더 나아가 자본가의 소비재와 노동자의 소비재를 구분하는 3부문 모델을 구성함으로써, 맑스의 직관을 케인즈적인 모델로 만들어냈다. 사실 칼레츠키가 영어로 글을 쓰지 않았기 때문에 주목받지 못했을 뿐 시기적으로는 케인즈보다도 오히려 빨랐다는 주장도 있다. 칼레츠키에 따르면, 논리적으로 가장 먼저 이루어지는 것은 자본가가 이윤 중에서 얼마를 투자하고, 얼마를 개인적으로 소비하느냐라는 의사결정이다. 이러한 의사결정의 결과, 생산재 생산부문의 산출량과 고용수준이 결정된다. 그다음 계급간의 세력관계나 기업의 독점력 등에 의해 노동자들이 받는 실질임금이 결정된다. 실질임금은 노동자들이 소비하는 임금재에 대한 수요의 원천을 이루므로, 임금재 생산부문의 산출량 수준이 가장 마지막에 결정된다. 이러한 칼레츠키의 원리를 한마디로 표현한 것이 '노동자는 자신이 번 만큼 지출하고, 자본가는 자신이 지출한 만큼 번다'(The workers spend what they get and the capitalists get what they spend)라는 유명한 명제다.

보통 단순한 케인즈 모델에서 승수의 크기는 $1/(1-\text{한계소비성향})$으로 나타낸다. 한계소비성향이란 소득이 1원 증가할 때 소비가 얼마나 증가하는지를 나타내는 케인즈 특유의 개념이다. 그런데 (한계소비성향과는 약간 다른 개념이지만) 평균소비성향은 정의상 '소비/소득'이고 이는 다시 '노동투입량/소득×소비/노동투입량'으로 바꾸어 쓸 수 있다. 여기에서 '노동투입량/소득'을 노동-산출비율, '소비/노동투입량'을 노동 한 단위당 소비로 바꾸면, 소비성향은 맑스경제학에서 말하는 노동력 가치와 거의 일치한다.

$$평균소비성향 = \frac{소비}{소득}$$

$$= \frac{노동투입량}{소득} \times \frac{소비}{노동투입량}$$

$$= \frac{노동량}{산출} \times \frac{소비}{노동량}$$

$$= 노동-산출비율 \times 노동력\ 한\ 단위당\ 소비$$

먼저 노동-산출비율은 생산량 한 단위당 노동량을 의미하므로 맑스경제학의 노동가치와 비슷해진다. 소비/노동투입량은 노동력 한 단위당 소비, 즉 임금재 바스켓*과 유사하다. 따라서 둘을 곱하면, 임금재 바스켓의 가치가 되어, 노동력가치와 근사해지는 것이다. 물론 흔히 포스트-케인지언 등의 분배이론에서 가정하듯이 자본가는 모든 이윤을 투자로 돌리므로 소비를 하지 않고, 노동자는 저축을 할 여력이 없어서 모든 소득을 소비에 지출한다는 단순화 가정이 필요하다. 결국 몇가지 단순한 가정하에서 승수의 크기는 1/(1-노동력가치)가 된다. 이 식이 함축하는

* 노동자가 자신의 노동력을 유지하기 위해 임금으로 구입하는 상품들의 집합을 의미한다.

바는 놀라운 것인데, 노동력가치가 커질수록 승수의 크기가 커진다는 것이다. 흔히 좌파케인지언에서 주장하듯, 소득분배가 평등해질수록 국민소득이 증가하게 된다는 근거 중의 하나를 여기에서 찾을 수 있다.

죄수의 딜레마 1: 노동비용 대 구매력

1984년의 가을, 내가 대학교 2학년이 되어 미시경제학, 거시경제학 같은 전공과목을 공부하고 있을 때였다. 당시만 해도 국경일이던 국군의 날에 개천절, 한글날, 심지어는 개교기념일까지 겹친 데다, 군사정권에 맞선 집회와 시위로 날을 지새는 탓에 한달에 서너번 수업하기조차 힘들던 어느날, 마침내 총학생회에서는 중간고사 집단거부방침을 결정했다. 경제통계학 과목의 중간고사가 예고되어 있던 그 첫날, 나와 몇명의 친구들은 강의동 앞 잔디밭에 앉아 번민으로 가득 찬 시간을 보내야 했다. 내 경우, 군사정권의 폭압이 부당하다는 생각은 확실했지만, 그것에 저항하는 수단이 왜 시험거부여야 하는지에 관한 확신은 없는 상태였다. 나는 강의실 앞에서 시험거부를 종용하는 학생대표들과 그것을 뚫고 들어가서 시험을 치르기로 결정한 학우들 사이에서 어정쩡하게 앉아 있을 수밖에 없었다. 학생대표들의 주장 중 현실적으로 들린 것은, 결국에는 시험거부가 '거교적'으로 진행될 것이므로 교수들이 전교생을 대상으로 F학점을 날리지 않는 한, 시험에 참가하지 않아도 개인적인 불이익은 없을 것이라는 점이었다. 막상 시험이 시작되기 전까지는 그래도 군사정권에 대한 저항과 학생의 의무 따위의 추상적인 논리가 중요했지만, 시험이 시작되어 20여분이 지나면서 내 머릿속을 지배하는 생각은 딱 하나였다. 시험거부운동이 정말로 전교생 90퍼센트 이상 참가로 성공한다면 다행이지만, 10~20퍼센트 학생 정도만 거부하고 대다수 학생은 시험을 치른다면 나는 어느 편에 서야 하는가였다. 내 선택이 무엇이었는지는 중요하지 않다. 다만 그해 가을의 혼란은 시험거부에 참석한 학생들의 입장에서는 다행스럽게도 해피엔딩으로 마무리되었다.

위의 상황은 게임이론에서 묘사되는 죄수의 딜레마의 전형적인 예라고 할 수 있다. '맑스경제학과 게임이론' 정도 되는 팬시한 제목의 책을 우연히 읽은 적이 있다. 다 읽고 나서야 그 제목은 출판사의 상업적 전략일 뿐, 게임이론을 적용한 유일한 사례는 노동자가 파업에 참가할 것인지를 고민하는 상황을 죄수의 딜레마와 연결시킨 에피쏘드 하나뿐임을 알고 허탈하기는 했지만. 노동자계급 전체의 입장에서는 절대 다수의 노동자들이 파업에 참가하여 단결력을 키우면 자본가와의 교섭에서 유리한 결과를 얻을 가능성이 크다. 그러나 개별 노동자의 경우, 혼자만 파업에 참가하고 동료 노동자들은 참가하지 않는 경우 징계나 해고 따위의 개인적인 불이익을 얻을 가능성이 크다. 결국 가장 좋은 상태는 동료 노동자들은 모두 파업에 참가하고 자신은 참가하지 않음으로써 개인적인 불이익을 모면하는 동시에, 파업이 성공한 뒤의 전리품은 나누어 갖는 것이다. 그러나 모든 개별 노동자들이 이렇게 생각하게 되면, 결국 아무도 파업에 참가하지 않을 것이므로 파업은 실패하고 만다. 이러한 상황을 자본의 입장에서 역으로 생각하면, 일종의 분할통치(divide and rule) 전략으로 연결시킬 수도 있을 것이다.

그런데, 자본의 입장에서도 이와 비슷한 죄수의 딜레마가 존재한다. 맑스의 재생산표식이 분명하게 보여주고 있는 한가지 사실은 바로 이에 관한 것이다. 재생산표식에서 노동자에게 임금으로 지급되는 가변자본은 처음에는 자본의 투자지출로서 나타난다. 앞서 말한 것처럼, 자본주의사회의 모든 생산은 자본가가 자신의 자본을 생산요소에 투자하는 것에서 시작하기 때문이다. 그렇지만 일단 상품이 생산되고 나서 그것을 판매하는 단계에서 임금은 소비재에 대한 수요의 원천이 된다.

그러므로 개별 자본가는 일종의 딜레마에 빠지게 된다. 자본가가 생산을 시작할 때 노동자에게 주는 임금은 투하자본의 일부이자 비용이었다. 물론 똑같은 임금을 주더라도 노동시간이나 노동강도 등을 적절하게 통제하여 더 많은 잉여가치를 생산하면 그만이다. 그러나 역시 다른 조건이 같을 때 임금을 적게 지불할수록 생산비용은 줄어들기 때문에 이윤도 커질 것이다. 그러므로 자본가는 가능하면 임금을 적게 지불하고자 노력한다. 그러나 그렇게 생산한 상품을 팔아야 하는 시점에서는 얘기가 달라진다. 상품을 동료 자본가들에게만 팔 수는 없다. 결국 인구의 다수를 이루는 노동자들이 사주지 않으면 생산한 잉여가치를 실현할 수 없다.

일본의 문학평론가 카라따니 코오진은 자본주의체제에 저항하는 중요한 지점으로 이 부분을 주목한다. 노동자들이 상품을 사지 않으면 강제로 사게 할 방법은 없기 때문에, 자본에 대한 '스트라이크'(strike, 파업)의 중요한 포인트가 자본이 생산한 물건을 사지 않는 데 있다는 것이다.[2] 어쨌든 이러한 문제 때문에 자본가들은 이제 자신이 생산한 상품을 사줄 노동자들이 충분한 구매력이 있기를 기대한다. 개별 자본가의 입장에서 가장 바람직한 상태는 자신은 임금을 적게 지불함으로써 비용을 절약하고, 동료 자본가들은 임금을 많이 지불함으로써 결국 시장에서 노동자들이 충분한 구매력을 갖는 상태일 것이다. 그러나 내가 이렇게 생각하면 남도 이렇게 생각한다! 바로 죄수의 딜레마 게임인 것이다. 자본가 A와 B가 모두 저임금전략을 추구하면, 경제 전체적으로는 지나친 노동자 착취와 더불어 유효수요의 부족현상이 나타난다. 동시에 자백한 두명의 용의자가 모두 무거운 죄를 받는 것과 비슷한 상황이다. A나 B 중의 하나만 저임금전략을 추구하고 다른 하나는 고임금전략을 선택하면, 유효수요는 어느정도 확보되지만 그 혜택은 저임금전략을 추구한 자본가가 더 많이 가져가게 된다. A와 B가 모두 고임금전략을 선택하면, 노동자들은 충분한 구매력을 갖게 되므로 최소한 유효수요는 걱정하지 않는 상황이 될 수 있다. 이제 이것을 편의상 '죄수의 딜레마 1'이라고 불러보자.

물론 주류경제학 교과서에 서술된 것처럼 이 죄수의 딜레마라는 게임은 한번에 끝나지 않는다. 무엇보다도 자본주의경제의 경기변동이라는 거시적·구조적 요인 즉, 게임을 둘러싼 외부환경이 달라질 수 있기 때문이다. 과거 한국이 처한 IMF위기 같은 상황에서 자본가는 고임금을 지불할 여력 자체가 없다. 설사 게임에 참여한 두 자본가가 모두 고임금전략을 선택하더라도 임금이 충분한 소비로 이어지기는 힘들 것이다. 결국 경기변동 등의 구조적 요인에 의해 노동자의 구매력을 확보하는 문제는 주기적으로 나타날 수밖에 없다.

1960~70년대 한국의 경제성장 과정에서 자본은 국가의 강력한 물리적 지원하에 저임금전략을 추구했음에도, 결과적으로 높은 성장을 이룰 수 있었다. 국내시장의 규모 자체가 워낙 작은 데다가 수출지향적 공업화전략 자체가 미국을 비롯한 광대한 외국시장에 의존하고 있었기 때문에, 굳이 국내 노동자들의 소비에 의존하지 않아도 높은 축적을 할 수 있었다. 알랭 리삐에츠(Alain Lipietz)가 말하는 유혈적 테일러주의전략, 즉 노동자들에게는 낮은 임금과 가혹한 노동조건으로 대응하면서 수출을 통해 상품가치의 실현을 도모하는 전략이 바로 이것이다.[3] 그러나 수출지향적 경제성장전략은 몇몇 개발도상국의 개별적인 상향이동은 가능

하게 하지만, 모든 개발도상국이 집단적으로 추구하는 것은 불가능한 전략이라는 지적도 이러한 맥락에서 이해할 수 있다. 그렇지만 경제가 일정수준 이상으로 성장하면, 이와 같은 방식의 성장전략이 지속될 수는 없다. 즉, 저임금전략은 장기구조적으로도 지속가능한 전략은 아닌 것이다.

대량생산과 대량소비의 원리

본인이 인식했는지는 모르겠지만, 헨리 포드(Henry Ford)의 탁월함은 바로 이러한 죄수의 딜레마를 깨고 나간 데 있었다. 포드는 자신이 대량생산하기 시작한 자동차가 더이상 부자들의 사치품에 머물러서는 곤란하다는 사실을 깨달았다. 그가 유명한 T모델을 생산하면서 채택한 이른바 5달러 임금정책은 당시의 시장임금 기준보다 두배 이상 높은 수준이었다. 즉 동료 자본가들이 말도 안된다고 생각한 높은 임금 지불전략은 궁극적으로 자동차를 비롯한 내구소비재 시장의 확대를 통해 자신의 이윤실현에 도움이 되는 길이었던 것이다. 그렇지만 시대를 앞서가는 영웅이 항상 성공하는 것은 아니다. 포드의 전략이 성공을 거둔 것은 대량생산-대량소비가 가능한 미국의 자동차라는 산업적 특성과 맞아떨어졌고, 나아가 소비자금융의 확대라든지 관리통화제도 같은 여러가지 경제제도가 뒷받침되었기 때문에 가능했다. 이것이 아글리에따 등의 조절학파가 분석한 포드주의(Fordism)이다. 포드주의의 성공은 국가가 케인즈주의적 정책을 통해 유효수요를 관리하고 그것을 뒷받침하기 위한 노·자관계나 금융제도 등의 다양한 제도형태가 갖추어짐으로써 비로소 가능했다. 결국 단순화해 말하자면, 여러가지 제도적 조건하에서 자본은 상품을 대량으로 생산하고 높은 임금을 받는 노동자들은 대량으로 소비하며, 자본의 고임금 지불전략에 대해 노동자들은 높은 생산성으로 화답하는 식의 선순환구조가 성립했고 이것이 전후 자본주의의 장기호황을 가져온 포드주의의 요체였던 것이다.[4]

물론 포드주의적인 경제씨스템은 1970년대 이후 여러가지 문제가 겹치면서 사실상 붕괴되기에 이른다. 가구당 한대를 넘어 두세대씩 자동차를 갖게 되면, 더이상 소품종대량생산 씨스템은 적합하지 않게 되고 다품종소량생산이 요구된다든지, 애초부터 여러가지 이유에서 대량생산이 불가능하거나 곤란한 부문인 교육이나 의료써비스 등의 중요성이 증대되는 문제가 발생한다.

미국의 맑스주의 역사학자인 로버트 브레너(Robert Brenner)는 1998년 『신좌파평론』(New Left Review) 특집호 전체를 차지하는 책 한권 분량의 논문인 「불평등 발전과 장기 침체: 호황에서 정체까지 선진 자본주의경제 1950~1998년」을 발표했다.[5] 이 논문에서 브레너는 포드주의의 위기에 해당하는 시기를 다루고 있다. 그에 따르면 선두주자인 미국의 경쟁자로 일본과 서독이 등장하면서 자본의 국제적 경쟁이 격화되고 그에 따라 가격하락, 자본생산성 악화 등이 초래되면서 이윤율이 하락했다는 것이다. 그의 분석이 정통 맑스경제학의 원리에 충실한 것인지는 논쟁중이지만, 흥미로운 것은 앞에서 말한 '죄수의 딜레마 1'이 국경을 넘는 차원에서 전개되었음을 지적하고 있다는 점이다. 예컨대, 미국내 자동차시장이 토요따 등의 일본기업에 의해 잠식당하는 상황은 그 이전까지 선순환구조를 갖던 미국 자동차회사의 조건을 변화시킴으로써 궁극적으로는 포드주의의 붕괴로 이어졌던 것이다.

또다른 중요한 요인은 높은 임금을 지불받은 노동자들의 생산성이 계속해서 높게 유지될 수 있는지의 문제이다. 자본의 입장에서 높은 임금의 전제조건 또는 반대급부는 높은 노동생산성인데, 만약 이러한 전제가 충족되지 않는다면 포드건 그 누구건 간에 자본은 언제든지 저임금전략으로 돌아가려 할 것이기 때문이다. 연전에 중국에서 현지 법인을 설립하여 생산하고 있는 한국 자동차회사의 공장에 견학을 간 적이 있었다. 브리핑을 해준 대표이사는 회사 입장에서 중국노동자들의 저임금은 더이상 경쟁력의 원천이기 어렵지만 본국(한국)의 노동자들에 비해 그들의 '작업모럴(moral)'이 매우 뛰어나다는 점을 장점으로 꼽았다. 사실 자동차공장 생산라인의 작업강도는 매우 센 편이고 따라서 노동자들에게 요구되는 육체적·정신적 에너지나 스트레스의 정도는 심한 편이다.

포드주의의 선순환구조는 이와 같은 심한 노동강도를 노동자가 충분히 견디면서 '근로(열심히 일한다)'할 것을 전제로 한다. 경제가 급속하게 성장하고 있는 오늘날의 중국 또는 포드주의 성립 당시의 선진국에서는 높은 임금과 그에 따른 높은 소비수준을 보장함으로써 '근로'를 이끌어낼 수 있다. 이를테면 애덤 스미스가 분업을 통한 엄청난 생산력 증대와 부의 창출이라는 긍정적 효과 덕분에 분업에 따른 노동의 지루함, 괴로움, 소외 등까지도 가볍게 넘겼던 것과 똑같은 논리로, 남들보다 빨리—또는 남들처럼—자동차도 사고 싶고 집도 사고 싶은 노동자들은 높은 임금에 높은 '작업모럴'로 보답할 수 있다. 그렇지만 일정수준의 성장과 소비를 넘어선 단계에서는 이것이 어려워질 것이고, 실제로 포드주의의 위기과정에서 나타난 생산성의 정체도 상당정도 이러한 측면에 기인한 것이었다.

죄수의 딜레마 2: 소비자잉여 대 잉여가치

　이제 우리는 '메이드 인'의 시대가 아니라 '보트 인'(bought in)의 시대를 살고 있다는 재치있는 조어에 감탄한 적이 있었다. 일본을 찾는 한국인 관광객들이 같은 쏘니 전자제품 중에서도 품질이 더 낫다고 믿는 '메이드 인 재팬'만을 고집하던 것도 이미 지난일이다. 왜냐하면 순수 '메이드 인 재팬'을 구하기는 불가능하기 때문이다. 연구년을 맞아 난생처음으로 미국에서 1년 동안 살게 되었을 때, 미국방송이 연일 다루던 것은 '메이드 인 차이나' 먹거리와 장난감의 유해성 관련 뉴스였다. 그런데 '메이드 인 차이나' 제품이 주로 팔리는 곳은 월마트 같은 대형할인점이고, 사실 월마트는 나같이 돈을 아껴야 하는 가난한 외국인이나 미국의 중하층 서민들에게는 매우 유용한 곳임에 틀림없다. 물론 제품의 안전성은 보장되어야 하지만 말이다.

　죄수의 딜레마 1과 대칭적으로 생각할 수 있는 것은, 노동자 입장에서 앞에서 말한 파업에 참가할 것인지와는 또다른 의미에서의 죄수의 딜레마이다. 이것을 편의상 '죄수의 딜레마 2'라 부르기로 하자. 노동자는 생산과정에서는 잉여가치를 생산하는 직접생산자이지만, 생산영역을 벗어나는 순간 매일매일 자신의 노동력을 재생산해야 하는 소비자가 된다. 직접생산자일 때에는 잉여가치를 조금이라도 덜 착취당하는 것이 목표가 되고, 그것은 임금인상을 둘러싼 단체교섭이나 파업으로 나타나기도 하며 노동시간이나 노동강도의 통제를 둘러싼 자본가나 경영자 또는 감독자와의 대립으로 나타나기도 한다.

　그렇지만 소비자는 받은 임금으로 가능한 한 필요상품을 많이 구입함으로써 노동력을 원활하게 재생산하고, 나아가 저축을 통해 개별적인 계층상승을 도모하는 것이 목표일 것이다. 따라서 정말로 인체에 치명적인 해만 없다면, 월마트에서 살 수 있는 값싼 먹거리, 값싼 공산품은 바람직한 것이 아닐 수 없다. 그렇게 값싼 상품이 존재하는 현실적인 근거가 중국이나 또다른 저개발국 어딘가에서 열악한 노동조건에 시달리는 아동노동인지, 불법이민자의 노동인지는 그들에게 그다지 중요하지 않다. 따라서 소비자로서의 노동자는 항상 값싼 소비재를 많이 살 수 있는 상태에서 행복을 느끼게 될 것이다. 이러한 소비행위가 지구상 어딘가의 다른 노동자를 착취하는 데 기여한다는 사실이 그러한 행복의 정도를 크게 훼손하지 않는다.

즉, 노동자는 소비자로서 자신의 노동력 재생산을 위해, 미시경제학적으로 말하자면 효용극대화를 위해 값싼 상품을 필요로 하고, 그것의 직접생산자인 다른 노동자의 착취에 간접적이나마 기여하게 된다. 만약 다른 노동자에 대한 착취를 반대하고자 더 비싼 상품을 구입한다면, 이것은 이제 자신의 노동력 재생산 또는 효용극대화에 부정적인 영향을 미치게 된다. 이것이 죄수의 딜레마 2의 요체이다.

일찍이 19세기 중엽, 당시 최선진 공업국이던 영국에서는 국내 농업을 보호하기 위해 오랫동안 유지하던 곡물법, 정확하게는 유럽대륙으로부터의 곡물수입을 금지하는 법을 폐지할지를 둘러싸고 사회적인 논쟁이 발생한다. 곡물법 유지를 주장함으로써 자신의 출신성분인 지주계급의 이익을 옹호한 맬서스와는 반대로, 리카도는 곡물법의 철폐를 일관되게 주장했고 시대적 흐름은 리카도의 손을 들어주었다. 리카도 자신의 의도가 무엇이건 간에 그의 입장은 자본가계급의 이익에 부합하는 것이었다. 왜냐하면 값싼 곡물의 수입은 실질임금을 하락시킴으로써 자본의 수익성을 높이는 데 기여했기 때문이다. 그러나 노동자계급의 입장에서도 값싼 곡물이 대량으로 들어오는 것은 앞서 말한 맥락에서 볼 때 결코 나쁘지 않은 것이었다. 비유하자면 메이드 인 차이나로 가득 찬 월마트가 갑자기 여기저기에 생기는 것이라고나 할까?

2007년 한국사회는 한미자유무역협정을 둘러싼 찬반론으로 극심한 사회적 갈등을 겪었다. 결국 한미자유무역협정이 체결되었을 때, 찬성입장에 섰던 언론에서 앞을 다투어 묘사한 긍정적인 측면은 '갑자기 싸진 포드자동차와 토요따자동차 사이에서 어느 것을 살까 행복한 고민을 하는 쌜러리맨 김과장의 하루' 같은 것이었다. 누구나 친구들과 술 마시면서 추상적인 차원에서 공공의 이익을 역설하는 것은 쉽다. 그러나 생활인으로서 스스로 경제문제를 해결해야 하는 순간, 추상적 이익을 위해 눈앞의 이익을 포기하기는 매우 어렵다.

비슷한 시기 한국사회에서 초미의 현안으로 떠오른 비정규직 문제도 마찬가지 맥락에서 이해할 수 있다. 비정규직 노동자의 존재 자체가 정규직인 내 일자리의 안정성을 보장해주는 안전판이 되고 나아가 매일매일 내 노동력의 재생산을 원활하게 해주는 물질적 기초가 될 때, 비정규직 노동자의 이익을 위해 내 이익을 희생하기는 매우 어려운 일이다. 재생산표식은 비록 간단한 두 부문으로 구성된 모델일 뿐, 맑스가 정규직 노동자와 비정규직 노동자 또는 다른 형태의 노동자계급 내의 이해대립을 염두에 둔 것은 아니었다. 그렇지만, 가변자본(인 노동가치) 부분이 상품가격의 중요한 구성요소이면서 동시에 노동력 재생산의 원천이 된다는 이중성을 보여주는 재생산 표식의 기본구조는, 다양한 현재적 적용이 가능한 표식이다.

균형성장인가 불균형성장인가: 역사적 사회주의의 딜레마

재생산표식을 이용하여 자본주의경제가 영원히 조화롭게 성장할 수 있음을 증명하려 한 이들이 있었던 것처럼, 반대로 자본주의가 끊임없는 불균형에 시달리다가 궁극적으로는 스스로 붕괴해버린다는 것을 보이려 한 이들도 있었다. 균형성장 또는 불균형성장 모델을 이용하여 거시경제의 영고성쇠(榮枯盛衰)까지 단순명쾌하게 설명해버리려는 유혹은 때로는 떨쳐버리기 힘든 것인지도 모르겠다.

사실 러시아의 혁명가 레닌도 비슷한 작업을 한 적이 있다. 그것은 적어도 소련 붕괴 이전까지만 해도 흔히 『제국주의론』과 더불어 그가 정치가이면서도 경제학에 큰 기여를 한 것으로 받아들여진 부분이기도 하다. 레닌이 혁명을 준비하던 짜르(tsar)체제하에서의 러시아는 유럽에서도 매우 후진적인 농업국가였다. 따라서 자본주의가 충분히 발전해 체제모순이 충분히 심화된 뒤에야 가능할 것으로 생각되는 사회주의를 과연 러시아에서 건설할 수 있을 것인지는 러시아의 급진세력 내부에서조차도 의문이었다. 그래서, 인민주의자(나로드니끼 Narodniki)라 불리던 이들은 일단 러시아에서는 자본주의부터 충분히 발전하고 난 다음에야 사회주의혁명을 할 수 있다고 주장했다. 심지어 유명한 여성 인민주의자인 베라 자술리치(Vera Zasulich)는 당시 아직 생존해 있던 맑스에게 직접 편지를 써서 도대체 러시아에서 사회주의가 가능한지를 물어보기까지 했다. 여러차례에 걸쳐 수정한 끝에 작성된 맑스의 답변은 '서구 여러 나라에서 혁명의 기운이 성숙했을 때, 러시아혁명은 사회주의의 도래를 알리는 신호탄이 될 수도 있을 것이다' 정도의 애매모호한 것이었다. 뿐만 아니라 러시아에 존재하던 전통적인 농업공동체(미르mir)가 새로운 사회주의건설의 기반이 될지도 모른다고 암시함으로써 농업공동체의 파괴와 농촌시장의 붕괴를 심각하게 생각하던 인민주의자들의 입장을 완전히 부정하지도 않았다. 선진국이나 후진국을 통틀어서 매우 빨리『자본론』을 번역한 러시아의 번역자인 니꼴라이 다니엘슨(N. Danielson)이 인민주의자 출신이었다는 점을 미루어 당대의 분위기를 짐작할 수 있게 해준다.

그러나 레닌은 러시아에서 사회주의혁명이 가능하다고 믿고 있었고 이러한 정치적 확신을 경제학적으로 설명하기 위해 재생산표식을 이용했다. 그것이 나중에『러시아에 있어서 자본주의의 발전』이라는 두꺼운 분량의 책으로 발전되는「이른바 시장문제에 관하여」라는 논문이었다. 레닌이 수행한 작업은 비록 소비재 부문이 충분히 발전하지 않더라도 생산재 부문(I부문)의 발전을 통해 인민주의자들이 걱정하는 시장문제를 해결할 수 있다는 점을 간단한 숫자 예를 가지고 증명하는 것이었다. 순전히 이론적으로만 보면, 재생산표식 같은 단순화된 거시모델을 통해 경제의 확정적 경로를 예측하기는 무망한 일이다.

그렇지만 재생산표식을 이용하여 자본주의의 필연적인 붕괴나, 반대로 번영을 '증명'하는 것과는 달리, 유효수요 문제를 해결할 '가능성'을 보이는 것 자체는 그다지 무리한 일이 아닐 수 있다. 물론 그 가능성을 필연성으로 전환하기 위해서는 매우 복잡한 현실이 개재되어야 할 것이지만. 이렇게 볼 때 레닌의 시장이론은 순수이론적인 차원에서는 충분히 가능한 이론이었고, 어쨌든 혁명정치의 와중에서 추상적 모델을 그 정도로 이용할 수 있었다는 것이 레닌의 뛰어난 점이기는 하다.

적어도 1917년 시점에서 혁명을 성공시킨 승자가 되었다는 점에서 레닌의 시장이론은 무시할 수 없는 아우라를 지니게 되었고, 그것은 이후 사회주의 건설과정에 있어서 생산재 부문(I부문)의 선도적 발전이라는 명제로까지 격상되기에 이른다. 원래 재생산표식 자체는 경제 전체의 생산부문을 두개의 부문으로 단순화한 모델이다. 이때 I부문의 생산물인 생산재는 소비재 부문인 II부문에 생산요소로서 투입되지만, 반대로 II부문의 생산물인 소비재는 I부문에 생산요소로서 들어가지 않도록 설정되어 있다. 따라서, I부문은 II부문에 비해 일종의 논리적 우위를 점하는 것이다.

그러나 이러한 모델의 논리적 특성으로부터 곧바로 매우 구체적인 경제정책의 수준에까지 즉, I부문만 발전하면 II부문은 자동적으로 따라올 것이라고 추론하는 것은 무리일 수밖에 없다. 20세기에 존재하다가 사라진 이른바 '역사적 사회주의'(이것을 진정한 사회주의로 보건 보지 않건 간에)가 겪은 시행착오의 원인들 중에는 'I부문(중화학공업)의 우선적 발전'이라는 명제도 포함된다는 점을 잊어서는 안될 것이다. 물론 그것이 현실적으로는 자본주의체제, 특히 초강대국인 미국과의 체제간 생존경쟁이라는 차원에서 어쩔 수 없이 추진되었다는 점도 지적해야 공평한 평가가 되겠지만.

한편, I부문의 우선적 발전이라는 명제는 한국 같은 신생독립국에서는 민족주의적 이데올로기와 결합된 경제건설의 이념으로 나타나기도 했다. 예를 들면, 1960년대 한국의 진보적 민족주의자들은 대부분 I부문의 우선적 발전명제를 받아들이고 있었고, 미국의 원조에 '기생'하여 소비재 부문만이 기형적으로 발전하는 현실을 개탄해 마지않았다. 박현채의 민족경제론이나 그 영향을 받은 김대중(金大中)의 대중경제론, 심지어는 박정희의 중화학공업 입국론에 이르기까지 I부문의 우선적 발전명제의 영향을 확인하기는 어려운 일이 아니다. 이미 충분히 발전한 선진 자본주의국가의 재생산구조는 부문간 균형이 조화롭게 달성된 것으로 보일 때, 식민지 상황까지 거치고 나서 일인당 국민소득이 몇십달러에 불과한 빈곤상황에 놓인 저개발국. 그곳의 진보세력이 재생산구조의 파행성에 민감하게 반응할 수밖에 없는 것은 어쩌면 당연한 일이었을 것이다. 물론 세계화의 진전과 함께 재생산구조의 편성 자체가 세계자본주의 전체의 차원에서 이루어지는 지금, 이 문제는 다르게 접근되어야 하는 것도 분명하다.

−9장−

이윤율저하경향의
법칙

자동붕괴의 증명? | 오끼시오정리와 TRPF | 경제학의
거인들과 이윤율저하 | 경험적 결과: 맑스경제학자들만
의 연습문제? | 해석인가 변혁인가: 다시 한번

이윤율저하경향의 법칙은 자본주의의 붕괴를 예측하려는 이론은 아니다. 그것은 이윤율의 변동을 외부적인 충격에 의해서가 아니라, 씨스템 내부의 요인들에 의해 설명하려는 이론이다.

...

자동붕괴의 증명?

맑스경제학, 아니 경제학 자체를 처음으로 공부하기 시작하던 무렵, 우연히 고등학교 동창생들과 마주 앉아 이런저런 얘기를 하던 끝에 화제가 전공학문에 관한 것으로 넘어갔다. 공교롭게도 그 자리에 있던 친구들은 나를 제외하면 모두 공학이나 물리학, 의학 등의 이공계통을 공부하고 있었다. 처음부터 의도한 것은 아니었지만, 얘기를 하다보니 자신의 전공이 인류에게 얼마나 중요한 공헌을 해왔는가, 또는 할 수 있는가에 관한 자랑처럼 되고 말았다. 인간의 목숨을 살리는 의학이야 그렇다 치더라도 달나라에 인간을 실어 보낸 공학, 아인슈타인(A. Einstein)의 천재성 등의 이야기로 대화의 주도권을 완전히 상실한 내가 불쑥 들이민 것은 자본주의경제는 필연적인 이윤율의 하락 때문에 결국에는 무너진다는 놀라운 사실을 증명하려 한 경제학자 맑스의 얘기였다. 나는 그 당시 토미즈까 료우조우(富塚良三)라는 일본인 학자가 쓴 정치경제학 원론 교과서 『경제학 원론』을 읽고 있었는데, 특히 이윤율저하경향의 법칙에 관한 그의 '증명'이 잘 이해되지 않아 헤매던 중이었다. 정말로 내가 이윤율저하경향의 법칙을 자본주의가 결국 무너진다는 법칙으로 인식하고 있었는지는 정확하게 기억나지 않는다. 어쩌면 분위기가 고조되다보니 치기가 지나쳐 그렇게 말했을 수도 있다. 그래도 한가지 확실한 사실은 그 법칙이 아직 완벽하게 증명된 것은 아니라고 말했었다는 것, 그래서 경제학에서도 수학 공부를 하는 것은 매우 중요하다고 말했었다는 것이다.

너무 단순화하면 곤란하겠지만, 이윤율저하경향의 법칙을 자본주의의 필연적인 경제적 붕괴를 설명하는 법칙으로 이해한 이들도 제법 있었다. 꽤 공부를 한 진지한 맑스주의자들 사이에서도 그랬다. 특히 20세기 전반기, 세계대공황의 물결이 자본주의세계를 강타했을 때, 공황을 자본주의 붕괴의 서막으로 생각한 맑스주의자들이나 심지어는 비맑스주의자들 중에서도 어느 정도는 그렇게 받아들였던 것이다. 여기에는 맑스 자신의 영향도 분명히 있다. 맑스 스스로 사회주의혁명의 서막은 자본주의의 공황일 것이라는 희망 섞인 관측을 한 적이 분명히 있었고, 이윤율저하경향의 법칙이 정치경제학의 가장 중요한 법칙이라고 여러차례 강조했던 것 또한 그 자신이었기 때문이다.

이윤율저하경향의 법칙에 관해 맑스가 『자본론』 제3권, 정확하게 말하면 그가 죽으면서 남겨놓은 원고들에 써놓은 내용은 어떤 의미에서는 매우 단순한 것이었다. 경제 전체의 이윤율을 r이라고 하면, 이 r은 총투하자본에 대한 이윤의 비율이다. 여기까지는 자명하다. 그런데, 한걸음 더 나아가 맑스 노동가치론의 입장을 받아들이면, r은 잉여가치(S)의 불변자본(C) 및 가변자본(V) 의 합계에 대한 비율로 정의된다. 즉 $r=$ S/(C+V)이다. 이 분수의 분자와 분모를 각각 V로 나누어 주면, $r=$ (S/V)/(C/V+1)이 되므로, 이윤율의 추세는 분자인 S/V와 분모에 있는 C/V의 상대적 추세에 따라 결정될 것이다. S/V는 잉여가치율이고, C/V 는 자본의 구성이다.

$$이윤율(r) = \frac{S}{C+V} = \frac{\dfrac{S}{V}}{\dfrac{C}{V}+1} = \frac{잉여가치율}{자본의\ 구성+1}$$

마지막으로 맑스가 덧붙이는 것은 자본주의사회에서 자본의 구성 (C/V)은 계속 증가하지만, 잉여가치율(S/V)는 일정하거나 적어도 C/V의 증가속도만큼 빠르게 증가하지는 않는다는 것이다. 그 결과 이윤율(r)은 시간이 지남에 따라 점점 하락하게 된다는 것이다.

이제 내가 제대로 이해하지 못해 고생한 토미즈까의 증명을 소개해보자. 그에 따르면, 이윤율은 아무리 높아져도 S/C 이상은 될 수 없다. 이윤율이 S/C가 되려면 V가 0이어야 하는데, 그것은 노동자들에게 임금을 한 푼도 안 준다는 뜻이고 노예제사회도 아닌 자본주의사회에서는 불가능한 얘기이기 때문이다. 어쨌든 글자 그대로 노동자를 노예처럼 공짜로 부려먹는 상태가 된다면, 그때의 이윤율이 최대이윤율인데 그것은 S/C가 되고 다시 L/C과 같아진다. L은 노동자들의 총노동시간을 나타내는데, 원래 총노동시간은 노동자가 돈을 받는 부분과 그렇지 못하고 착취당하는 부분의 합계라는 것이 맑스의 이론이다. 따라서, L=V+S이고 여기에서 V를 0이라고 놓으면 L=S가 된다. 그런데, L/C은 다시 C/L를 뒤집어놓은 것이고, C/L는 대충 노동 한시간당 기계나 원료·재료 등의 가치와 같다. 자본의 구성이 높아진다는 맑스의 이론은 결국 기계화나 자동화가 점점 진행되는 현실을 반영한 것이고, 따라서 자본축적이 진행될수록 C/L는 커질 수밖에 없다. C/L가 커지면 그 역수인 L/C은 작아질 수밖에 없고, 그 결과 최대이윤율은 반드시 하락하게 된다.

만약 V=0이라면,

$$r = \frac{S}{C+V} = \frac{S}{C} = \frac{V+S}{C} = \frac{L}{C} = \frac{1}{C/L}$$

$$\therefore \frac{C}{L} \uparrow \rightarrow r \downarrow$$

결국 최대이윤율이 하락한다면 언젠가는 실제이윤율도 하락할 수밖에 없지 않겠는가? 이상이 토미즈까 책에 씌어져 있는 '증명'의 요체였다. 알고 보면 이 '증명'은 토미즈까가 처음으로 생각해낸 것은 아니고, 많은 맑스경제학자들이 고심 끝에 이윤율저하경향의 법칙을 '증명'하는 한가지 방식으로 찾아냈던 것이기도 했다.

이러한 증명에 금방 떠올릴 수 있는 비판은 최대이윤율이 떨어진다고 해서 실제이윤율이 떨어진다는 보장이 어디에 있느냐라는 비판일 것이다. V가 0이 아닌 한 최대이윤율과 실제이윤율은 다를 것이고, 그렇다면 예컨대 최대이윤율이 10퍼센트에서 9퍼센트로 떨어지더라도 실제이윤율은 5퍼센트에서 6퍼센트로 올라가는 일이 얼마든지 있을 수 있기 때문이다. 물론 과거 '좌파'정권 때문에 한국경제의 잠재성장률이 떨어졌다는 일부 언론의 호들갑 같은 걸 떠올려본다면, 최대이윤율의 하락을 증명하는 것만으로도 나름의 의미는 있을 것이다. 어떤 경제가 잠재적으로 얻을 수 있는 이윤율의 크기가 작아진다는 의미이기 때문이다.

또다른 비판 또는 이 '증명'의 문제점은 가치와 가격을 구별하지 않고 있다는 점이다. 가치의 가격으로의 전환이라는 전형논쟁*으로부터 알 수 있듯이, 가치와 가격이 같지 않을 수 있다는 문제를 감안하면, 경제 전체의 이윤율을 S/(C+V)로 나타낼 수 없을 것이기 때문이다.

그런데, 이상의 두가지 비판은 실제로 자본가가 중요하게 생각하는 이윤율은 무엇인가라는 문제를 공통적으로 제기하고 있다. 예를 들어, 최대이윤율이 떨어지더라도 실제이윤율이 올라가고 있다면 자본의 가치증식활동에는 별다른 영향을 미치지 못할 것이다. 또 가치텀(term)으로 정의되는 이윤율 S/(C+V)가 하락한다 하더라도, 가격텀으로 측정한 이윤율이 상승하고 있다면, 역시 자본의 활동에는 아무런 영향도 없을 것이다.

결국 토미즈까류의 이윤율저하법칙 증명은 투자를 결정하고 집행하는 자본가가 어떤 이윤율을 중요하게 생각하며, 어떤 이윤율에 의해 실제로 영향을 받는지를 엄밀하게 추구하지 못하고 있는 셈이다.

오끼시오정리와 TRPF

고교동창생들과의 그 모임 이후 꽤 시간이 흐른 뒤에 나는 영국의 맑스경제학자 벤 파인이 동료 로런스 해리스(L. Harris)와 함께 쓴 『현대 정

---

* 전형논쟁의 자세한 내용은 12장에서 다룰 것이다. 다만 수학적 내용에 흥미가 없는 독자라면 그냥 건너뛰어도 큰 문제는 없다.

치경제학 입문』을 읽게 되었다. 비슷한 시기에 출간된 파인의 제자인 김수행 교수의 『경제변동론』을 읽고, 지인들에게 대학원에 진학해서 경기변동론을 전공할 것이라는 말을 하고 다니던 것도 그즈음이었다. 특히 파인의 책은 매우 얇은 분량이지만 상당히 전문적인 내용을 압축적으로 담고 있는 것이었다. 영국을 포함한 서유럽에서의 맑스경제학 논쟁을 알리 없던 나는 생전 처음 듣는 외국 경제학자들의 수많은 이름과 참고문헌 속에서 길을 잃고 헤매야만 했다. 그러나 한가지 확실하게 배운 것은 이윤율저하경향의 법칙은 자본주의의 붕괴를 예측하는 법칙도 아니고, 심지어는 허망하게도(!) 이윤율이 정말로 떨어진다고 예측하거나 증명하는 법칙도 아니라는 것이었다. 덧붙이자면 그래서 미적분학이나 선형대수학을 제아무리 열심히 공부해서 현란한 수학적 테크닉을 갖추더라도, 고등학교 동창생들 앞에서 큰소리쳤던 것처럼 인류사회에 기여할 만한 놀라운 발견을 할 가능성은 거의 없다는 것이었다. 마지막으로 또 하나의 변화는 이윤율저하경향의 법칙이라는 말 대신에, 영어의 머리글자를 따서 습관적으로 TRPF(Tendency of the Rate of Profit to Fall)라는 말을 사용하게 되었다는 것이다. 비록 경기변동론을 전공하지는 않았지만 정말로 대학원에 진학하게 되어 논문제출자격시험 같은 것을 치를 때면, TRPF에 관해 논의하라는 것은 단골문제였고 나는 파인과 해리스의 견해를 충실하게 재생해서 답안지를 채우곤 했다.

오끼시오정리를 명확한 형태로 알게 된 것은 그보다도 한참 뒤의 일이었다. 오끼시오 노부오(置塩信雄)가 나를 비롯해서 맑스경제학에 관심이 있는 학생들에게 그다지 잘 알려져 있지 않았던 이유는 아마도 그가 수리경제학자였다는 점, 그리고 이른바 오끼시오정리가 맑스의 이윤율저하경향의 법칙을 부정하여 일종의 '이단' 같은 이미지를 지녔기 때문

214

이었을 것이다. 예를 들어 1980년대부터 상당기간 맑스 공황론을 한국에서 공부할 때 교과서처럼 이용된 김수행 교수의 런던대학 박사학위논문[1]은 서구의 공황론과 일본의 공황론을 비교·검토한 것인데, 이 논문에서도 오끼시오는 전혀 언급되고 있지 않다.

오끼시오는 자본가가 합리적으로 자신의 이윤을 추구한다면, 새로운 기술이 기존의 기술보다 비용을 절감할 때에만 그 기술을 도입하려 할 것이라고 주장했다. 이 주장 자체는 자명한 것이고 맑스도 『자본론』 제3권에서 비슷한 내용을 말한 바 있다. 오끼시오는 이때 자본가가 비용절감 여부를 파악하기 위한 기준으로 사용하는 임금률을 포함한 가격변수는 현재 성립되어 있는 균형가격이라고 간주하고, 이에 기초하여 새롭게 도입되는 기술은 실질임금이 일정하게 유지되는 한, 맑스의 예측과는 달리 반드시 균형이윤율을 상승시킨다는 것을 수학적으로 입증했다. 이것이 바로 오끼시오정리이다.

요즘은 한국에서도 대학교수들의 업적을 평가할 때 얼마나 좋은 저널에 논문이 많이 실렸고 더욱이 그것이 몇번이나 인용되었는지를 따지는 것이 유행이다. 특히 정량적인 지표를 통해 서열을 매기기 쉽다는 측면에서 꽤 오랫동안 등수 매기기 관행에 익숙해져온 한국에서는 더 설득력 있게 잘 받아들여지는 듯하다. 그런데 아마 맑스경제학 내부에서 피인용 횟수로 그 영향력을 평가한다면, 오끼시오정리를 국제적으로 알린 영어논문[2]이야말로 분명히 다섯 손가락 안에 꼽힐 것이다. 그만큼 오끼시오정리는 특히 맑스경제학자들이 많이 논의하는 대상이었다. TRPF를 사수하는 것을 목표로 삼았던 맑스주의자들, TRPF를 지키는 것 자체를 그다지 중요하게 생각하지는 않았더라도 단지 정리의 수학적 내용에 흥미를 지닌 비주류경제학자들까지 달려들었다. 그들은 결합생산*이 존재한다든가 고정자본의 존재를 고려한다든가 하는 여러가지 상황에서 오끼시오정리가 여전히 성립할 수 있는지를 문제삼았고, 오끼시오는 또 이에 맞서 정리의 내용을 일반화하는 작업을 평생했다. 실제로 그는 200여편의 논문을 남겼는데, 아마도 그 절반 정도는 오끼시오정리와 관련된 것이었다.

그렇지만 오끼시오정리 그 자체는 선형대수에서 오래전에 제시된 페론-프로베니우스정리(Perron-Frobenius Theorem)에 경제적 의미를 부여함으로써 얻어지는 것이므로, 수많은 오해와 잘못된 시도들에도 불구하고 반박불가능한 명제이다. 그러므로 나는 파인의 책을 읽고 났을 때의 실망과는 또다른 종류의 실망을 느껴야 했다. 어쨌든 수학을 열심히 공부하면 뭔가 확정적인 결론을 찾아낼 수 있으리라는 나의 기대에는 부합했다. 문제는 내가 그런 생각을 하기 20년도 전에 이미 오끼시오가 결론을 찾아냈다는 데 있었다.

오끼시오정리에 대해 흔히 하는 오해 중의 하나는 그것이 이윤율저하경향 자체를 부정했다는 것이다. 그러나 오끼시오는 기술진보와 더불어 이윤율이 저하할 가능성 자체를 부정한 것이 아니라, 만약 이윤율이 저하한다면 그것은 실질임금이 상승했기 때문임을 지적했을 뿐이다. 물론 이것은 기술진보의 성격, 즉 자본의 유기적 구성을 높이는 기술진보 그 자체가 궁극적으로는 이윤율의 저하를 가져온다는 점을 보이고 싶었던 맑스경제학자들에게는 실망스러운 결과였음에 틀림없다.

* 결합생산이란 예컨대 양털과 양고기처럼, 하나의 생산과정에서 두가지 이상의 생산물이 동시에 생산되는 경우를 말한다. 보통 전형적인 선형생산이론에서는 하나의 생산과정에서 반드시 한가지 생산물만 나온다고 가정하기 때문에, 결합생산을 고려하게 되면 여러가지 논리적으로 처리하기 어려운 문제들이 발생한다.

오끼시오정리에 대한 비판 중에서 통속적인 오해에 빠지지 않고 문제의 성격을 제대로 이해한 것으로는 던컨 폴리(D. K. Foley)의 주장이 있다.[3] 폴리는 기술변화 과정에서 실질임금 대신에 잉여가치율이 일정하다고 가정하면, 오끼시오정리와는 달리 이윤율이 저하할 수 있음을 입증했다. 사실 폴리의 주장과 오끼시오정리는 서로 다른 기준을 이용하기 때문에, 서로 모순되기보다 양립가능한 주장이다. 즉, 오끼시오처럼 실질임금이 일정하다고 가정하는 것은 기술변화의 결과 생기는 모든 혜택을 자본가가 다 가져가고 노동자는 아무런 이익도 얻지 못한다는 것을 의미한다. 따라서 오끼시오정리는 잉여가치율이 상승할 것을 전제조건으로 하고 있는 것이다. 폴리는 신기술이 도입된다고 해서 잉여가치율이 변한다고 가정하는 것은 어색하며, 잉여가치율이 일정하다는 가정을 채택하는 것이 현실적이라 주장했다. 폴리처럼 생각하면, 기술진보의 이익은 자본가와 노동자가 일정한 비율로 나누어 갖게 된다.

　오끼시오가 죽기 전에 자신의 이름으로 출간된 최후의 논문은 『케임브리지 경제학 저널』(Cambridge Journal of Economics, 2000)에 실린 것이었다.[4] 논문에서 그는 자신의 정리가 매우 제한적인 가정에 기초하고 있음을 인정했다. 가장 대표적인 것은 두가지 균형상태만을 서로 비교하는 이른바 비교정태적 분석이다. 만약 하나의 균형에서 다른 균형으로 찾아가는 과정이 원활하게 이루어지지 않는다면, 비교정태적 분석은 현실적인 설명력을 갖기 어렵다. 그렇다고 해서 오끼시오정리가 무의미해지는 것은 아니다. 오끼시오정리가 주는 한가지 부수적인 교훈은 우리가 맑스의 명제를 아무런 의심 없이 그대로 받아들여 기계적으로 적용해서는 안된다는 점이다. 맑스경제학에서의 수학의 사용도 이러한 측면에서 도움이 될 수 있었던 것이다.

경제학의 거인들과 이윤율저하

경제학이 '암울한 학문'(dismal science)인 탓일까? 경제학설사에 등장하는 잘 알려진 경제학의 거인들은 공교롭게도 자본주의경제의 장래에 그다지 낙관적인 비전을 갖고 있지 않았다. 맑스가 이윤율저하경향의 법칙을 정치경제학에서 가장 중요한 법칙으로 받아들인 것은 실상 어느 정도는 그것이 당대 경제학의 상식 비슷한 것이기도 했기 때문이다. 맑스 스스로 이윤율의 저하보다도 오히려 이윤율의 저하가 점진적으로만 일어나는 이유를 이해하는 것이 더 어렵고 중요하다고 말했을 정도였다.

리카도는 이윤율저하에 관한 자신의 이론을 가지고 있었다. 리카도에게 이윤율의 저하는 궁극적으로 농업부문에서 발생하는 수확체감의 법칙 때문에 생겨난 것이었다. 그의 생각을 단순화하면 이렇다. 토지 면적이 제한되어 있는 상태에서 경제가 성장하고 인구가 증가하면 점점 더 많은 식량이 필요하게 되고, 어쩔 수 없이 점점 비옥도가 떨어지는 땅에서 농사를 짓지 않으면 안될 것이다. 즉, 수확체감의 법칙이 발생한다. 이 경우 농산물의 가격은 가장 열등한 토지의 생산비용을 기준으로 결정되고, 더 낮은 생산비용으로 같은 양의 농산물을 생산할 수 있는 조금이라도 우등한 토지에서는 그 차액만큼을 지주가 지대로 가져가버린다. 결국 인구의 증가는 점점 열등한 토지의 경작을 불가피하게 만들고 그 결과 지대는 점점 증가하게 되어, 자본가의 이윤으로 돌아갈 몫은 점점 줄어들게 된다.

잘 알려진 바와 같이, 수확체감의 법칙은 기술진보를 고려하지 않는 상황에서 성립하는 법칙이다. 이미 엥겔스와 함께 『공산당선언』을 쓰던 시점에서부터 자본주의경제의 가장 큰 특징으로 끊임없는 기술진보를 지적한 맑스는, 수확체감의 법칙이 이윤율저하의 궁극적 원인이 될 수 없다고 주장했다. 맑스가 기술진보의 특정한 형태, 즉 자본의 유기적 구성을 높이는 형태의 기술진보에서 이윤율저하의 원인을 끌어내려 한 것도 그 때문이었다.

신고전학파 경제학의 시조 격이자 일반균형이론의 창시자인 레옹 발라도 선입견과 달리 자본주의경제의 장기적 비전에 많은 관심을 가지고 있었다. 발라는 발전해가는 사회에서는 노동의 가격, 즉 실질임금은 큰 변화가 없고, 토지용역의 가격, 즉 지대는 크게 상승하고, 이자율은 제법 눈에 띄게 하락한다고 주장했다. 이러한 결론에 도달하는 논리는 다를지 몰라도 결론 자체만 놓고 보면 리카도와 크게 다르지 않은 셈이다. 결국 전통적으로 비생산적인 것으로 간주되어온 지주계급에 돌아가는 이익만 커진다는 것은 사회발전을 가로막는 바람직하지 못한 경향이라 할 수 있다. 흔히 비주류경제학의 입장에서 일반균형이론을 세상이 항상 균형을 이룬다고 보는 조화론적 세계관 정도로 선불리 재단하여 비판해버리는 경우가 많다. 그렇게 생각한다면, 발라가 시장경제의 장기전망을 비관적인 색채로 갖고 있었다는 점은 의외일 수도 있을 것이다. 그러나, 발라가 토지문제를 어떻게 해결할 것인가라는 논문 컨테스트에서 입상한 것을 계기로 이름을 얻기 시작한 인물이라는 점을 감안하면 그다지 놀라운 일만도 아니다. 여담이지만, 이 컨테스트에서 1등을 차지한 인물은 프랑스의 유명한 무정부주의자로서 맑스와도 논쟁을 벌이게 되는 삐에르-조지프 프루동(Pierre-Joseph Proudhon)이었고, 발라는 놀랍게도 토지국유화를 주장했다. 이를테면 발라는 부동산문제를 어떻게 해결할 것인가라는 신문사 논문현상대회에서 토지국유화를 주장하는 글로 입상을 한 셈인데, 아마 오늘날 한국에서였다면 '친북좌파'쯤으로 유명해졌을지도 모를 일이다.

맑스와 자주 비교되는 케인즈의 경우에도, 일종의 이윤율저하경향에 관한 아이디어를 『일반이론』의 마지막 부분에서 제시하고 있다. 생산요소인 자본의 희소한 성격이 점점 줄어들면서 오직 자본을 소유하고 있다는 이유만으로 불로소득을 얻는 금리생활자들은 서서히 사라질 것이라는 유명한 '금리생활자의 안락사'라는 명제가 그것이다. 케인즈의 이론은 뒤에 한센(F. R. Hansen) 등에 의해 장기정체론으로 전개되기도 한다. 그런데 적어도 『일반이론』의 해당 부분만 읽어보면, 케인즈의 비전이 비관적이었다고만 보기도 어렵다. 케인즈의 비전이 리카도의 그것과 달랐던 점 중의 하나는, 리카도의 경우에는 이윤율저하가 불로소득계급인 지주들의 배를 불리는 과정에서 나타나는 반면, 케인즈는 불로소득자들의 경제적 쇠퇴를 예견했다는 점이다.

물론 맑스에게 자본가계급은 노동자가 생산한 잉여가치만을 가져가는 불로소득계급이었기 때문에, 케인즈 같은 비전은 그의 것일 수 없었다. 케인즈가 금리생활자의 안락사를 말할 때 한편으로 염두에 두었던 것은 실제로 경영활동을 수행하는 경영자, 맑스의 용어를 빌려 말하자면 '기능자본가'에게는 이익이 돌아가는 것이 마땅하다는 생각이었다. 맑스주의자들 중에는 케인즈가 이른바 전문경영인들과 같은 테크노크라트의 계급적 이해를 대변한다고 비판하는 이들도 있는데, 전혀 일리가 없는 주장은 아니다. 흥미로운 것은 맑스도 자본가가 생산과정에서 담당하는 기능 중에는 마치 오케스트라의 지휘자처럼, 여러 사람들의 협동에 의해 이루어지는 생산을 조정하는 일부 생산적인 역할도 포함된다는 점을 인정했다는 사실이다. 이는 순수한 관리와 조정의 역할을 담당하는 부분에는 그에 합당한 보수가 지불되는 것은 맑스도 반대하지 않았던 것으로 이해해야 한다. 다만 현대 자본주의의 기업에서 이른바 전문경영인이라 불리는 이들이 받는 천문학적인 보수를 단지 그들의 '생산적' 활동의 댓가로만 이해하기는 어렵겠지만.

다른 경제학의 거인들과 비교할 때 맑스의 TRPF가 갖는 중요한 특징은 자본주의체제가 비생산적이고 한때 유행하던 용어인 '부후(腐朽)'해서가 아니라, 바로 그 놀라운 생산력의 발전효과 때문에 이윤율저하라는 장기적 곤란에 부딪힌다는 사실을 강조하고 있다는 점이다. 기술의 낙후나 생산성의 정체, 수확체감의 법칙 같은 외적 요인이 아니라 역설적으로 기술진보 그 자체로부터 이윤율의 저하를 이끌어내려 했다는 점에서 맑스의 독특함을 찾을 수 있는 것이다. 이를 경제모델이라는 관점에서 풀어보자면, 이윤율저하를 모델에서 다루지 않는 외생변수의 변화, 즉 외부적인 충격이 아니라, 모델 자체내에서 결정되는 내생변수의 변화로써 설명하려 한 데에 맑스 TRPF론의 의의가 있는 셈이다.

경험적 결과: 맑스경제학자들만의 연습문제?

진짜 피부과 의사들이 들으면 펄쩍 뛸 얘기겠지만, 의사 중에서 피부과 의사가 자신이 담당하는 질병을 가장 잘 모른다는 얘기를 의사—물론 피부과 의사는 아니다—친구에게 들은 적이 있다. 논리는 꽤 그럴듯했는데, 피부질환은 온갖 차원의 복합적인 원인들이 피부라는 표층적인 영역에 영향을 미쳐 생겨날 수 있으므로, 말하자면 좁은 전공영역을 넘어서는 다양한 요인들 사이의 상호관계를 잘 파악해야 할 분야이기 때문이라는 설명이었다.

　이런 식의 비유는 경제학에도 상당히 그럴 듯한 비유가 될 것 같다. 예를 들어 우리가 매우 구체적인 수준의 경제정책을 현실에서 실행할 것인지 또는 그 효과를 어떻게 평가할 것인지 등이 문제가 되면, 그 주제를 논의하는 경제학자의 학문적인 입장이 예컨대 맑스경제학인지, 신고전학파인지, 포스트-케인지언인지는 그다지 문제가 되지 않는 경우가 종종 있다. 일단 관련 사실을 얼마나 많이 그리고 제대로 파악하느냐가 중요하기 때문이다. 물론 사실을 잘 안다고 올바른 결론이 하나만 나온다는 보장은 없다는 점을 인정하더라도 말이다. 대체로 순수이론에 가까운 가치론 등의 영역에는 개념이나 용어 자체가 학파에 따라 다른 경우도 많기 때문에 명확하게 차이를 느낄 수 있지만, 예컨대 금융 같은 분야를 논의할 때면 추상적인 이론을 아무런 매개 없이 바로 적용할 수는 없기 때문에 학파에 따른 분석도구의 차이를 크게 느끼기 어려운 경우가 많다. 경제학에서 많이 사용되는 통계학적 방법, 이른바 계량경제학도 어느 정도는 그러한 성격을 갖는다.

　이러한 의미에서 맑스경제학의 고유한, 즉 주류경제학에서는 거의 또는 전혀 하지 않는 실증작업이 바로 잉여가치율 및 이윤율 등의 이른바 '맑스비율'을 추계하는 작업이다. 수량적 맑스경제학이라고도 불리는 이러한 연구경향이 한국에 본격적으로 도입된 것은 미국경제의 이윤율 추세에 관한 분석으로 벨기에 루뱅(Louvain)대학에서 박사학위를 받고 1980년대 초반 귀국하여 대학에서 맑스경제학을 강의한 정운영 덕분일 것이다.[5] 그는 맑스가치론 내부에서도 약간은 비주류에 속하지만, 그의 작업은 한국의 젊은 맑스경제학자들에게 많은 영향을 미쳤고 그 결과 한국의 데이타(data)를 이용하여 이윤율이나 잉여가치율 등을 추계하는 많은 연구들이 이루어졌다. 이와 관련된 한국의 연구들은 정성진(丁聲鎭)의 책『마르크스와 한국경제』를 참조하면 자세하게 알 수 있다.

전형논쟁이 맑스경제학자들만의 연습문제가 돼버린 1980년대 이후에도,『미국경제학회지』같은 주류학술지에 심심찮게 실린 맑스경제학 계통의 논문들은 대체로 이윤율이나 소득분배 상태 등을 경험적으로 추계한 논문들이었다. 여기에는 여러 이유가 있겠지만, 앞서 말한 것처럼 매우 구체적인 분석수준으로 내려가면 경제학자의 이데올로기적 입장과 어느 정도는 독립적으로 커뮤니케이션할 수 있는 통로가 확보된다는 사실과도 관련있을 것이다. 이것은 바꾸어 말하면, 이윤율의 추세나 소득분배 등에 관해 주류경제학 자체가 나름대로의 독특한 이론을 제시하지 못하고 있다는 현실과도 관련있다. 실제로 미시경제학 교과서에서 이윤은 그저 자본재의 기회비용 정도로만 간주되고, 거시경제학 교과서에서 투자는 이자율의 함수이거나 케인즈식으로 표현하면 자본가의 '야성적 충동'(animal spirit)의 함수 정도로만 표현된다. 일상적인 비즈니스에서 가장 중요하게 생각되는 수익성, 즉 이윤율의 문제는 정면으로 다루어지지 않는 것이다. 이러한 의미에서 이윤율을 비롯한 맑스 비율의 경험적 추계분야는 여전히, 특히 경제위기나 공황 시기에는 중요한 연구이면서 적어도 지식대중으로부터 관심을 끌어낼 수 있는 분야일 가능성이 크다.

해석인가 변혁인가: 다시 한번

이제 다시 한번 해석인가 변혁인가라는 문제로 돌아오게 되었다. 주지하듯이 철학자의 해석과 변혁을 구분하여 슬로건화한 것이 맑스의 포이어바흐에 관한 열한번째 테제이지만, 모든 변혁은 해석을 필요로 하며 역으로 모든 해석은 결국에는 변혁을 지향한다. 한때 유행했던 레닌의 표현 — 물론 이것도 레닌이 파우스트를 패러디한 것이다 — 을 빌리면, 해석없는 변혁은 맹목적이고 변혁없는 해석은 공허하다. 현대의 주류경제학이 변혁보다는 해석을 지향하는 듯한 제스처를 취한다는 점에서, 비주류경제학을 공부하는 학도들은 선뜻 해석보다는 변혁의 결론을 이끌어내고자 할 가능성이 크다. 적어도 나는 그랬다. 그러나, 치밀한 논리에 기초한 해석이 없이는 어떠한 변혁도 불가능하다. 더구나 주류경제학이 취하는 해석 지향의 제스처는 하나의 커다란 정치적 효과를 가지고 있다는 점을 놓쳐서는 안된다. 명확하게 가치판단이 필요한 이슈를 다루면서 가치중립성을 강조하는 것은 결코 가치중립이 아니라 그 자체가 하나의 커다란 이데올로기이자 기득권의 옹호일 수 있다.

이처럼 주류경제학은 종종 우리가 살고 있는 경제체제의 모순에 대한 비판적 사고 자체를 억제하는 이데올로기적 기능을 수행하기도 한다. 이러한 이데올로기적 기능은 때로 주류경제학의 전통 속에서 작업하는 이론가의 주관적 의도와 무관하게 이루어지기도 한다. 엄밀한 수학적 분석을 이용하여 시장균형을 탐구하고 학술논문을 쓰는 일급의 주류경제학자가 이데올로그로서의 기능을 수행하려는 의도를 가지고 작업하지는 않을 것이다. 그러나 그러한 학술논문이 교과서 속에 들어오고 저널리즘을 통해 대중에게 전달되기 위해 적절히 단순화·속류화되면서, 그것은 본격적인 이데올로기 기능을 수행하는 경우가 많다. 많은 경제학자들은 흔히 이러한 현상을 경제기사를 쓰는 기자들의 무지 탓으로 돌리곤 한다. 그러나 소수의 엘리뜨들만이 이해할 수 있고 다수의 지식 대중은 이해할 수 없는 심오한 그 무엇인가가 있다고 생각하는 것은 옳지 않다. 때로는 전문가들의 기득권 유지 때문에, 때로는 순수이론의 정치적 효과에 무지하거나 지적 게으름 때문에 이러한 현상이 생겨난다. 맑스경제학에서도 그것은 마찬가지이고, 되레 비주류적 입장이기 때문에 그것의 정치적 효과는 훨씬 더 심각한 것일 수도 있다. 이윤율저하를 자본주의 붕괴의 묵시록 정도로 이해하는 입장은 그렇게 해서 확산되었던 것이다.

-10장-

렌트, 버블 그리고
금융세계화

은마아파트 현상 | 내가 나비인가, 나비가 나인가: 버블
의 버블 | 당신이 사는 곳이 당신이 누구인지를 말해줍
니다 | 내일 비가 오는 이유는 신자유주의 때문이다? |
카지노자본주의: 위험에 대한 태도의 사회적 형성

세계경제의 모든 문제점을 신자유주의 때문이라고 비판하는 것은 적절하지 않다. 그러나 금융세계화에 기초한 신자유주의는 사람들의 삶과 의식을 바꾸는 이데올로기로서 작용해오고 있다.

은마아파트 현상

한국에서 아파트가 우후죽순처럼 지어지기 시작한 것은 분명히 개발
연대의 산물이다. 『아파트공화국』의 지은이는 실상 그것이 하나의 신화
에 지나지 않는다는 점을 설득력있게 논의하고 있지만, 어쨌든 한국인들
의 상식에 따르면 좁은 땅덩어리에 많은 인구라는 조건을 생각하면 어느
정도 불가피한 현상이기도 하다. 내 기억에 아파트라는 이름의 고층건
물―고작해야 5층 남짓한 것이었지만―을 처음 제대로 본 것은 다니
던 초등학교 앞에 그것이 생기면서였다. 여름이면 단지 마당 안에 가설
(假設)이기는 하지만 풀장이 생겨 그곳에 사는 친구들은 멀리 가지 않아
도 집 앞에서 즐겁게 놀 수 있었다는 점, 단지 안에 슈퍼마켓 같은 것이
있어서 물건을 마음대로 고른 다음에 카운터로 가서 돈을 계산하면 되는
신기한 곳이었다는 등의 인상이 남아 있다. 실제로 방과 후에 환경미화

라는 이름의 연례행사인 교실꾸미기를 하던 나는 담임선생님의 아이스크림 심부름을 갔다가 어떻게 돈을 내야 할지 몰라 결국 포기하고 친숙한 재래시장 안의 구멍가게로 향했던 아픈(?) 기억도 있다. 어쨌든 그 무렵 아파트는 나를 비롯한 대부분의 아이들에게는 무엇인가 새롭고도 이상한 것, 익숙지 못한 슈퍼마켓의 계산방식 같은 것이었다.

이러한 아파트가 본격적으로 재산증식의 대상이 된 것은 1980년대의 일이다. 특정 아파트의 이름을 거론해 다소 미안하지만, 서울의 강남 대치동에 은마아파트라는 다소 옛스러운, 솔직히 1980년대식의 촌스러운 이름의 아파트가 있다. 지어질 당시에는 매우 혁신적인 아파트였지만, 통상 지은 지 20년만 되면 새로 지어야 한다고 생각하는 한국의 풍토에서는 거의 경제적 수명이 다된 오래된 아파트이기도 하다. 그러나 지은 지 30여년이 된 그 아파트의 30평대의 가격은 연봉 3000만원의 임금생활자가 한푼도 안 쓰고 30년쯤 모아야 되는 금액을 가볍게 상회한다. 이것은 당연히 경제학적으로 쉽게 설명이 안되는 현상이다. 많은 진지한 경제학자들이 아파트의 공급을 확대하면 가격은 자연스럽게 안정될 것이라는 미시경제학의 ABC쯤에 해당하는 처방을 내놓았다. 그에 따라 '강남'과 '서울'의 범위는 점점 확대되어 유사 강남과 유사 서울을 대량으로 만들어냈고 그곳에는 어김없이 점점 더 높은 아파트들이 들어섰지만 여전히 문제는 해결되지 않았다.

사실 내 또래 정도의 한국인, 그것도 서울에서 자란 한국인에게 적당히 돈을 모으고 은행 빚이라도 보태서 아파트를 한채 사고, 몇년 지나 다시 좀더 크고 좀더 유망한 지역의 아파트로 이사함으로써 부를 축적하는 것은 전형적인 저축패턴이었다. 물론 그 과정에서 살지도 않는 곳에 전입하는 등의 불법이나 편법적인 행위는 누구나 잘못임을 알면서도 행하는 공공연한 것이었다. 고위공직 임용예정자들이나 심지어는 대통령 후보조차도 하나둘씩 거의 예외없이 위장전입, 부동산투기 등의 혐의로 때로는 낙마하기도 하고 때로는 곤욕을 치르기도 했다. 그렇지만, 언론이나 술자리 뒷담화에서의 호된 비판에도 불구하고 상당수의 한국인들, 적어도 중산층에 속하는 이들 사이엔 일종의 공모가 있었음을 부인하기 어렵다. 참여정부하의 집권세력이 대통령선거에서 정권을 잃고 이후의 총선에서도 처절하게 응징당한 이면에는 물론 여러가지 다른 이유도 있을 것이다. 그러나, 평균적인 한국인의 라이프 싸이클(life cycle)에 걸친 저축 및 축재 패턴에 교란을 일으킨 부동산정책 때문이었다는 유물론적 이유도 분명히 한몫했음이 틀림없다.

내가 나비인가, 나비가 나인가: 버블의 버블

아파트가격 폭등으로 심각한 사회문제가 생긴 서울올림픽 무렵에 내가 다니던 대학원 경제학과 석사과정의 입시문제에 한국의 아파트가격에 관한 문제가 출제된 적이 있다. 부정확한 기억으로 문제를 재생해보자면, 대충 '요즈음 서울 일부지역에서는 아파트의 전세가격이 매매가격의 70~80퍼센트에 이른다. 아파트의 전세가격과 매매가격 사이에는 경제학적으로 어떤 관계가 성립하는지 설명하고, 최근의 현상을 경제학적으로 분석해보라' 정도의 문제였던 것 같다. 아파트는 경제학적으로는 내구재이다. 내구재는 한번 쓰고 버리는 비내구재와 달리, 신품이 거래되는 시장, 중고품이 거래되는 시장, 신품이나 중고품을 빌려주는 임대시장 등의 세가지 시장이 존재한다. 사실 이 세가지 시장에서 각각 성립하는 세가지 가격 사이에 어떤 관계가 성립하는지는 그리 간단한 문제가 아니다. 모리시마는 이를 '내구재의 딜레마'라는 개념으로 요약하고 그 것이 경제학에서 가장 중요한 문제 중의 하나라고 지적한 바 있다.[1] 결국 간단해 보이는 위의 문제는 실은 경제학이 해명해야 할 중요한 문제 중의 하나였던 셈이다.

사실 전세제도 자체는 한국에만 존재하는 특수한 것이기 때문에 영어로 번역하기조차 어려운 용어이다. 그런데, 초보적인 경제학적 도구를 이용하면 임대가격과 매매가격 사이에는 금리수준을 매개로 하는 일정한 관계가 성립해야 한다. 쉽게 떠오르는 방법은 경제학에서 자본환원이라고 부르는 방법이다. 예컨대 지금부터 1년 뒤에 생기는 1000만원은 지금의 1000만원보다 값어치가 떨어지는 것이 일반적이다. 따라서 이를 현재가치로 계산하려면 이자율로 할인을 해주어야 한다. 즉, 1년 뒤의 1000만원은 현재가치로는 1000만원/(1+이자율)이 된다. 2년 뒤의 1000만원이라면, 복리로 계산해서 (1+이자율)의 제곱으로 할인해주어야 한다. 이런 식으로 계산하면, 매년 X원의 예상소득을 무한히 얻을 수 있는 권리의 현재가치는 X원/이자율이다. 이자율을 i라 놓고 무한등비급수의 성질을 이용하면 현재가치는 다음과 같다.

$$\frac{X}{1+i} + \frac{X}{(1+i)^2} + (\cdots) = X\{\frac{1}{1+i} + \frac{1}{(1+i)^2} + (\cdots)\} = X\left[\frac{\frac{1}{1+i}}{1-\frac{1}{1+i}}\right] = \frac{X}{i}$$

이것은 예상되는 배당금수입을 기초로 해서 주식의 내재가치를 계산하는 것과 비슷한 방식이다.

그런데 맑스는 이러한 자본환원의 방식이 가공자본을 만들어낸다고 비판한다. 왜냐하면 맑스가 생각하는 자본이란 무엇보다도 자본과 임노동의 잉여가치생산을 둘러싼 사회관계를 가리키는 것인데, 이와 같은 자본환원에서는 그러한 사회관계 없이도 매년 일정한 수입을 발생시키는 모든 권리는 자본인 것처럼 비치기 때문이다.

다른 한편, 만약 모든 이들이 아파트를 순전히 주거의 목적으로만 구입하려는 것이라면, 사실 전세가격은 매매가격과 비슷한 수준이 되어야 한다. 10억원짜리 아파트에서 전세로 살건 자기 집으로 구입해 살건 간에, 경제적으로 지불하는 댓가가 10억원의 이자수입에 해당하는 것은 마찬가지이기 때문이다. 결국 어떤 논리를 적용해보더라도, 매매가격이 전세가격에 비해 지나치게 높은 아파트에는 버블이 끼었다고 말할 수 있을 것이다. 내가 10대이던 시절 지어진 대치동이나 압구정동 아파트의 진정한 가치를 그만한 아파트를 새로 짓는 데 필요한 생산비로 산정한다면, 그것은 결코 10억원을 넘어서는 천문학적인 크기가 될 수는 없을 것이다. 어느 신문기사에 나온 가십처럼, 20억원짜리 강남아파트를 살 돈이면 그 돈을 은행에 넣어두고 나오는 이자로 서울시내 최고급호텔의 스위트룸에서 매일 잘 수 있다는, 이른바 기회비용의 개념을 써서 버블을 증명하는 방법도 있을 수 있다. 그렇지만, 최고급호텔 근처에는 논술학원도 없고, ○○동에 산다는 문화적 상징도 없다는 점을 감안한다면, 기회비용을 이렇게 산정하는 것에도 무리가 따를 수밖에 없다. 결국 버블이란 재화나 써비스의 진정한 내재적 가치에 비해 너무 높은 시장가격을 뜻하는 용어일 수밖에 없는데, 그렇다면 부동산의 진정한 가치란 무엇이란 말인가?

엄밀하게 말해 기본적으로 부동산 가격은 내재가치를 갖는 그 무엇에 의해 규제되는 것이 아니라 본질적으로 기회비용을 초과하는 가격으로 정의되는 렌트(rent, 지대)일 수밖에 없다. 경제학 외부에 있는 이들에게는 별 관심이 없는 얘기이겠지만, 실로 드물게 주류경제학과 맑스경제학이 의견일치의 가능성을 보이는 곳도 이 지점이다. 그러므로, 본질적으로 렌트인 것에 버블을 논하는 것 자체가 어쩌면 '내가 나비인지 나비가 나인지'를 논하는 포스트모던한 몽환일 수도 있다.

당신이 사는 곳이 당신이 누구인지를 말해줍니다

서울의 변두리 중에, 구로구 가리봉동이라는 곳이 있다. 개발연대의 상징이던 구로공단 근처이고, 공단오거리라는 곳을 중심으로 '산업전사'라는 명칭을 부여받던 노동자들이 피곤한 몸을 누이던 속칭 '벌집'이라 불리는 조그만 방들과 유흥가가 밀집해 있던 곳이다. 최근에는 세계화시대에 걸맞게 변형된 산업전사의 역할을 물려받은 중국인 노동자들이 몰려들면서 차이나타운 비슷하게 되었다는 얘기도 들었다. 얼마 전 그곳에서 동네 이름을 바꾸려고 한다는 보도[2]를 보았다.

그보다 몇년 전에 쓴 졸고[3]에서 다음과 같이, 바로 이 가리봉동의 '낙후된' 이미지를 이용해서 글을 쓰고 약간의 원고료를 받아먹은 죄과가 있던 터라, 예사롭게만 들리지는 않았다.

그러므로, 이미 '대치동'이 상징하는 것은 단지 30평대 아파트 가격이 몇억이라는 놀라움의 차원을 넘어서는 문화코드이며, 그 배후에는 계층간 격차의 고착화가 숨어 있다. 단순히 추위를 피하고 비구름을 가릴 곳이라는 생활공간의 의미로부터 거주자의 문화적 자본을 집약적으로 표현하는 상징물로 집의 의미는 변화하고 있는 것이다. 고관 대작을 비롯한 유명인사들이 사는 곳, 하다 못해 인기연예인이 마약을 하는 장소라도 압구정동이나 청담동이라면 자연스럽지만, 가리봉동(나도 이 근처에 산 적이 있으므로, 특정 지역을 비하하려는 의도는 전혀 없음을 살펴주시기를!)이라면 이상하거나 심지어는 코믹하게 느껴지지 않는가? 이미 집이 위치하는 장소는 단순한 행정구역의 명칭이 아니라 그 거주자의 학력·가정환경·재력 기타 문화자본에 대한 상당히 많은 정보를 제공해주기 때문이다. 따라서, 당연한 결과로 서울 주변에 신도시를 아무리 건설한들, 문제가 해결되지는 않을 것이다. 세계를 놀라게 했던 주택 200만채 건설사업의 효과란 고작 분당이라는 유사 강남의 형성으로 이어졌을 따름이다.

나 자신도 가리봉동은 아니지만 늘 만원버스를 타고 공단오거리를 지나야 하는 지역에 살며 학교를 다닌 적이 있기 때문에, 가리봉동의 명예를 훼손하려는 의도는 털끝만큼도 가지고 있지 않았다. 아파트값 상승을 위해 예컨대 사당동을 방배동으로 바꾸려거나, 삼성아파트를 래미안아파트로 바꾸려고 소송까지 제기하는 것에 비한다면, 차라리 가리봉동의 이름을 둘러싼 해프닝은 소박하면서도 절박한 욕구의 표현일 것이다. 무슨 캐슬이니 펜트하우스니 하면서 경쟁적으로 아파트 명칭을 인플레이트(inflate)하면서 '당신이 사는 곳이 당신이 누구인지를 말해줍니다'라고 은근히 협박(?)하는 광고문구는 그래서 우리 마음속 깊은 곳에 자리잡은 더욱 적나라한 욕망의 표현에 다름아니다.

그 글에서 나는 이어 다음과 같이 썼다.

제레미 리프킨이 『소유의 종말』에서 보고하는 미국의 자립생활쎈터(CID)라는 주거공동체의 실태는 가히 충격적이다. 담과 울타리로 둘러쳐진, 외부인의 출입은 엄격하게 통제되는 공간, 심지어는 손님이 머물 수 있는 시간이나 인테리어의 색상이나 형식까지 제한을 두는 쾌적하고도 안전한 생활공간의 형성. 결국 그 핵심은 자기와 비슷한 계층의 사람들끼리 어울려 유사한 라이프 스타일의 체험을 누린다는 것, 일정한 가입비를 지불할 능력이 없는 사람들을 이러한 체험으로부터 체계적으로 배제함으로써 누리는 은밀한 즐거움에 있는 것이다.

그렇지만, 리프킨의 책이 번역된 지 몇년 만에 CID는 이제 우리 주위에서도 쉽게 볼 수 있는 현상이 되었다. 횡단보도 건너편에 사는 임대아파트 아이들과 같은 학교를 보낼 수 없다며 교육청 앞에서 시위를 벌이는 맹렬 학부모들의 모습은 그래서 이미 우리의 슬픈 자화상이 된 지 오래다.

맑스는 『자본론』 제1권의 맨 앞부분에서 인간의 욕망을 충족시키는 유용한 대상이 사용가치를 이루며, 그것이 위장을 만족시키는 데서 나오건 환상에서 나오건 본질적인 차이는 없다고 썼다. 강남지역 아파트의 버블이 '당신이 사는 곳이 당신이 누구인지를 말해주는' 환상에 기초한다면, 더구나 그 환상이 단순환 환상이 아니라 일정한 물질적 기초를 가지고 있는 것이라면, 적어도 사용가치로서 그것에는 아무런 버블도 없다. 이미 강남아파트의 가격이 그것을 생산하는 데 사회적으로 필요한 노동량, 즉 그것의 가치에 의해 규정될 수 없는 이상, 그것은 『자본론』이 전제하는 분석대상인 일반적으로 재생산가능한 상품이 아니다. 그것은 극히 제한된 공급 때문에 실체와 상관없이 형성되는 지대 또는 렌트로서 분석되어야 하는 것이다. 『아파트공화국』의 지은이가 지적한 것처럼, 강남아파트에 거주하는 이른바 중산층이 도시부르주아지라는 사회학적 개념의 한국적 표현이라면, 강남아파트란 결국 자본주의경제에서 그 숫자가 한정될 수밖에 없는 도시부르주아지의 지위에 붙여지는 상징재이며 그 가격은 한정된 사회학적 지위에 귀속되는 렌트인 셈이다. 렌트는 희소성 때문에 발생하며 렌트가 존재하는 한, 예컨대 제한된 땅위에 점점 더 높은 층의 아파트를 지음으로써 문제를 해결하려는 경향은 반드시 생겨난다.

30여년 만에 우연히 찾아간 초등학교 시절의 아파트는 이제는 유명한 유흥가가 되어버린 대학가의 좁은 골목 한켠에 20층에 가까운 고층으로 재개발되어 있었다. 내가 부러워하던 가설 풀장이 놓였던 마당조차도 아파트로 들어차고 주차장은 지하로 낸 채, 주어진 공간을 최대한 활용하여 아마도 그 옛날 아파트 건물면적의 10배는 충분히 됨직한 모습으로 서 있었다.

내일 비가 오는 이유는 신자유주의 때문이다?

신자유주의(neo-liberalism)라는 말은 이제 현실 정치인들의 선거구호에까지 등장할 정도로 널리 쓰이는 말이 되었다. 2007년 12월의 제18대 대통령선거에서 당시 범여권으로 분류되던 정치세력 중의 어느 후보는 집권가능성이 압도적으로 높았던 야당후보에 맞서 반신자유주의 연대를 통한 여권후보 단일화를 주장했다. 항상 다이내믹하기로 악명높은 한국의 대통령선거에서 군사정권에 반대하는 연합전선 또는 반민주 파쇼세력에 반대하는 연합전선 등은 익숙한 얘기지만, 신자유주의라는 학문적 개념어가 정치공학의 키워드로 사용된 것은 한편으로는 신선하기도 했다. 물론 여기에는 한미자유무역협정의 체결을 둘러싼 사회세력 사이의 갈등과 대립과정에서 신자유주의라는 담론이 활성화된 탓도 클 것이다.

내가 지역사회의 시민단체 실무자들을 대상으로 신자유주의란 무엇인가라는 제목으로 강의 비슷한 쎄미나를 해달라고 부탁받은 것도 벌서 몇년 전의 일이다. 경제학설사라는 과목을 강의하고 있는 경제학교수이니 신자유주의를 잘 알 것이라 기대하는 실무자들을 실망시킬 수는 없었다. 그래서, 이런저런 참고문헌을 뒤적였는데 놀랍게도 아주 오래전 학창시절에 훑고 지나갔던 박현채의 『민족경제론』에 신자유주의에 관한 글이 실려 있음을 발견했다. 기억하지 못한 이유는 분명히 그 책을 읽었음에도 불구하고, 신자유주의라는 단어는 아무런 현실적 의미를 부여받지 못한 채 내 머릿속에서 사라져버렸기 때문일 것이다. 그러나 알고 보면 그때 말하는 신자유주의란 독일의 발터 오이켄(Walter Euken) 등의 이론을 가리키는 것이었다. 그것은 흔히 '질서자유주의'라고 불리는 데서도 알 수 있듯이, 정부의 지나친 시장개입에는 반대하지만 시장질서의 회복 및 유지를 위한 정부개입에는 찬성하는 입장이었다. 어쨌든 강의를 하다보니 공부 부족이 전면에 드러나면서 대충 얼버무린 채 서둘러 강의를 마칠 수밖에 없었다. 다만 한국사회에서는 신자유주의가 진보적인 기능을 할 수 있는가라는 어떤 수강생의 질문에 "나도 그렇게 생각한다"라고 대답함으로써 신자유주의 비판이라는 본래의 강의 의도에는 어긋나버리고 말았던 기억이 있다.

신사유주의가 자본주의의 일정한 단계를 가리키는 개념으로까지 격상되기 시작한 것은 그즈음부터라고 생각된다. 그런데, 1980년대의 한국사회를 뜨겁게 달구었던 진보진영의 사회구성체논쟁 또는 한국사회 성격논쟁에서는 예컨대 국가독점자본주의라는 용어를 사용하더라도 그것이 자본주의의 일정한 '단계'를 가리키는 개념이냐 아니면 '국면'에 불과하냐, 심지어는 아마도 '국면'보다는 좀더 중요하지만 '단계'만큼은 아니라는 의미에서 '소단계'냐는 식의 말장난 같은 것이 중요한 논쟁거리가 되기도 했었다. 지금 다시 사회구성체 논쟁을 하자는 것도 아니고 한 발짝만 떨어진 국외자의 입장에서 보면 그다지 중요해 보이지도 않는 사소한 개념을 가지고 싸울 필요도 없다고 생각된다. 그래도 신자유주의가 정말로 새로운 현상인지, 더욱이 세계자본주의체제가 어떤 질적인 변화를 거쳐 하나의 새로운 단계로 접어들었다고 말해야 할 것인지에 관해서는, 적어도 맑스경제학자라면 꼭 생각해보아야 할 것이다.

프랑스 빠리10대학의 맑스경제학자 제라르 뒤메닐(Gerard Duménil)과 도미니끄 레비(Dominique Lévy)의 책 『자본의 반격: 신자유주의 혁명의 기원』은 신자유주의를 단순한 시장논리를 강조하는 경제정책 정도의 의미를 넘어서, 자본 중의 금융분파가 자신의 권력을 확립해나가는 반격의 과정으로 묘사하고 있다. 지은이들이 '반격'이라는 말을 쓰는 이유는, 그것이 2차대전 이후 이른바 자본주의의 황금시대를 특징지었던 케인즈주의적 타협정책, 산업자본 주도 등에 대항하는 흐름이라는 의미를 부여하기 때문이다.

2005년 가을, 바로 그 책의 지은이 중의 한명인 뒤메닐이 한국의 경상 대학교 사회과학연구원을 방문하여 신자유주의에 관한 강연을 했다. 마침 당시 내가 근무하는 대학에 외국인 초빙교수로 와 있던 동료가 그 강연에 갔다와서, 강연이 어땠냐고 묻는 내게 눈을 찡긋하며 "내일 왜 비가 오는지 아냐"라고 물었다. 어리둥절한 표정을 짓는 내게 그는 다시 웃으면서 "바로 신자유주의 때문이야"라고 말했다. 예컨대 현대 세계경제의 모든 문제점을 신자유주의 때문이라고 환원해버리는 듯한 강연내용을 비꼬는 농담이었다. 나는 그날 강연을 듣지 않았기 때문에 그 외국인 동료의 촌평이 적절한 것이었는지는 말할 자격이 없다. 다만 뒤메닐이라는 특정 경제학자의 얘기가 아니더라도, 이른바 진보진영에서 신자유주의라는 추상적인 담론을 가지고 현실의 모든 문제를 재단하려는 경향이 가끔은 존재한다는 사실은 확실한 듯하다.

사실 신자유주의란 용어가 일종의 이데올로기체계를 가리키는 말이라면, 우리가 더욱 관심을 가져야 할 것은 말 자체보다는 그러한 변화를 가져온 현실을 연구하는 것이어야 한다. 맑스가 이미 150년도 더 전에 『공산당선언』에서 갈파했듯이, 자본의 세계화, "굳어 있는 모든 것은 녹아 사라지"도록 만드는 시장논리의 확산은 자본주의의 등장과 함께 우리 곁에 늘 있어왔던 것이기 때문이다. 그런데 맑스는 자본의 문명화작용에 관해서도 여러차례 언급했다. 맑스주의 역사학자들이, 예컨대 영국의 인도 지배에 관한 맑스의 식민지이론을 다루면서 때로 곤혹스러워 하는 것도 그 때문이다. 자본의 문명화작용은 가령 최근의 한국에서 자주 사회적 논란거리가 되는 식민지근대화론⁴과 유사한 입장을 지지하는 것으로 해석될 소지도 있는 것이 사실이다. 식민지근대화론자들이 종종 학문적 판단의 영역을 넘어 매스미디어나 심지어는 현실 정치의 영역까지 침투하기 때문에 문제가 복잡해지기는 한다. 그러나 자본의 문명화작용 그 자체는 식민지배가 옳으냐 그르냐라든가 친일파가 잘했냐 아니냐라는 차원을 떠나 '발전'이라는 의미를 갖는다는 것은 이론의 여지가 없다. 마치 노동자에게 착취당하는 것보다 비참한 유일한 상태는 착취해줄 상대를 발견하지 못하는 것이다라는 조안 로빈슨의 씨니컬한 지적처럼.

세계화 자체가 새로운 현상은 아니지만, 1980년대 이후의 이른바 신자유주의적 세계화가 그 이전과는 질적으로 다른 과정이라는 점만은 분명하다. 자본의 문명화작용과 마찬가지로 이 세계화가 갖는 긍정적 측면 또한 분명히 존재한다. 문제는 그것이 시장만이 모든 것을 해결해준다는 이데올로기가 되어 우리의 생각은 물론 습속 자제를 형성하게 되는 상황이다. 그러므로 신자유주의가 이전과는 질적으로 구별되는 하나의 단계라고 생각할 수 있다면, 그것은 어쩌면 금융자본 분파와 산업자본 분파의 세력 역전 같은 문제를 훨씬 넘어서 근본적으로 노동자의 일상까지도 자본이 통제해버리는 상태를 향해 치닫는 경향 때문이리라.

급진주의로 둘째가라면 서러울 이딸리아의 맑스주의자 안또니오 네그리(Antonio Negri)의 분석[5]이 이미 세계가 평평해졌다는 뉴욕 타임즈의 칼럼니스트 토마스 프리드먼(Thomas Fridman)의 낙관적인 주장[6]과 정치적으로는 정반대편에 서 있으면서도 현상에 관해서는 많은 분석을 공유하고 있다는 것은 시사하는 바가 크다. 예를 들어 프리드먼이 지적하는 냉전체제의 붕괴로 인한 체제전환국들의 등장, 인터넷의 확산, 이동전화의 보급, 이른바 가상기업(virtual corporation)의 등장 등은 수많은 이들이 반복하여 지적해온 현상들이다. 그의 책 마지막 부분이 '좋은 상상력과 나쁜 상상력'이라는 제목하에 9·11과 11·9(베를린장벽이 무너진 1989년 11월 9일을 의미한다)의 대비로 끝나고 있는 점은 매우 시사적이다. 오사마 빈 라덴(Osama bin Raden)만이 '나쁜 상상력'인 것이 아니라, 정보의 수평적 흐름을 통한 가치창출이라는 외관 속에서 실질적인 정보격차 및 불평등, 모든 것을 이윤추구의 동기로만 몰아가는 비즈니스 모델의 문제점을 찾아 극복하려는 시도들은 언제든지 프리드먼이 정의하는

'나쁜 상상력'이 될 소지를 안고 있다. 그러나 역으로 이는 제국 속에서 살아가는 '다중'(multitude)들의 자율적인 공간의 확장을 통한 전복을 꿈 꾸는 네그리의 상상력을 가능케 하는 것일 수도 있다.

카지노자본주의: 위험에 대한 태도의 사회적 형성

이복형제이자 친구인 두 고등학생은 각각 게임중독과 정크푸드(junk food) 중독에 빠져 있다. 둘은 마침내 자신들의 습관을 고치기 위해 내기 를 한다. 각자 게임과 정크푸드에 다시 손을 대면 머리에 빨간 물을 들이 고 학교에 가기로! 금단현상과의 사투는 시작되고, 이를 지켜보던 두 부 모도 내기를 한다. 두 아이 중 누가 내기에서 승리할 것인지를 둘러싸고! 우연히 본 청소년용 코믹드라마의 내용이다. 드라마 속 부모들은 두 아 이 중 누가 나쁜 습관을 벗어나느냐보다 단지 내기에서 승리하는 데 관 심이 있을 뿐이다. 부모들의 내기는 아이들의 내기로부터 생겨난 일종의 파생상품이다. 만약 부모들이 내기를 건 사실을 두 아이들이 알고서 다 시 부모들 중에 누가 이길 것인지를 놓고 새로운 내기를 한다면? 파생상 품의 파생상품이 되는 셈이다! 현재의 세계자본주의를 카지노자본주의 라고 부르는 사람들도 있는데, 이렇듯 파생상품에 파생상품이 꼬리를 물 고 그로 말미암은 불안정성의 정도가 세계 전체에 걸쳐 확대되는 상황을 생각해보면 지나친 표현만도 아닐 것이다.

금융화의 정의가 정확하게 무엇인지를 둘러싸고는 여전히 논란이 지 속되고 있지만, 이른바 신자유주의적 세계화의 중요한 특징이 금융화에 있다는 것만은 분명하다. 때로는 엄밀한 개념정의와 통계적 근거에 의해 뒷받침되어야 하는 경제학자의 논문보다는 현실 속에서 생활인이 느끼는 직관이 더 그럴 듯한 경우도 많은데, 어쩌면 금융화의 경우도 그중 하나일 것 같다.

노벨경제학상을 타보자는 허황보다는, 평생 가능하면 주식투자를 한 번도 안하는 경제학자가 되어보자는 것이 내가 경제학자로서 가지고 있는 소박한 꿈 중의 하나이다. 사실 무슨 정치적 야망을 달성하기 위해 흠잡힐 짓을 피하기 위해서도 아니고, 촌음을 아껴가며 열심히 공부하지는 못할망정 연구실에 앉아 모니터로 주가를 살피면서 헛된 시간을 보내지는 말자는 소박한 이유에서였다. 아니 더 심층적인 이유를 따져보자면 그저 단순하게 위험한 짓을 싫어하기 때문이었는지도 모르겠다. 그러던 내가 어느날 우연히 쌈짓돈을 모아서 들어두었던 정기예금을 갱신하러 갔다가 창구 직원의 권유에 얼떨결에 펀드에 가입하고 만 것은 불과 얼마 전의 일이었다. 개인적으로 아는 어떤 경제학자가 이른바 사회적 타협과 관련된 정책토론회에서 '모든 개인이 펀드수익률에만 관심이 있는 상황에서 사회적 연대가 어떻게 가능하겠느냐'라는 정곡을 찌르는 발언을 들은 것도 그즈음이었는데, 나는 내심 가슴 한켠이 움찔할 수밖에 없었다.

금융화를 그저 엄밀한 증명의 부담 없이 감으로만 얘기하라면, 바로 누구나 펀드수익률에 관심을 가지면서 펀드에 투자하는 상황 정도로만 규정해도 족할 것이리라. 한국증시를 들었다 놨다 하면서 널뛰기 장세를 만들어내는 미국의 써브프라임 사태라는 것도 바로 점점 더 많은 미국인들이 집을 살 때 모기지론을 이용하게 되고 그것은 대출의 증권화와 맞물려 있다는 점을 실감하는 것만으로도 충분할 것이다.

미시경제학 교과서에서는 경제주체들의 위험(risk)에 대한 태도를 위험기피, 위험애호, 위험중립이라는 세가지로 분류한다. '공정한 도박'을 기꺼이 받아들이는 사람은 위험애호자이고 거부하는 사람은 위험기피 자이다. 공정한 도박이란 도박의 기대금액이 참가금액과 일치하는 도박이다. 예를 들면 1000원을 주고 사는 복권의 당첨확률이 정확하게 50퍼센트이고 그때의 당첨금은 2000원이라면, 이 복권을 사는 행위가 다름아닌 공정한 도박이다. 복권의 기대금액은 정확하게 2000원×0.5＝1000원이기 때문이다. 위험을 좋아하는 사람은 당첨되어 2000원의 당첨금을 받는 상황을 더 중시하는 낙관적인 사람이다. 위험을 싫어하는 사람은 꽝이 되어 복권값 1000원조차 날려버리는 나쁜 상황을 더 중요하게 생각한다.

자동차보험 회사가 돈을 버는 이유는 1년에 접촉사고 한번 내지 않으면서 꼬박꼬박 보험료를 내는 성실한 운전자가 있기 때문이고, 카지노가 돈을 버는 이유는 패물과 타고 온 자동차까지 전당포에 맡기면서 도박을 하는 불나방 같은 도박꾼들이 있기 때문이다. 물론 위험에 대한 태도는 고정불변의 것은 아니다. '점당 100원'짜리 고스톱을 호탕하게 칠 수 있는 사람이라고 해서 '점당 1만원'짜리 고스톱도 호기롭게 칠 수 있는 것은 결코 아니다. 내일 지구가 멸망한다는 사실을 알게 되면, 스피노자(B. Spinoza)는 사과나무를 심을지 몰라도 대부분의 사람들은 절망적인 기분에 젖어 위험애호자가 될 가능성이 크다. 심리학의 도움을 받은 최근의 행동경제학 연구에서는 이러한 면들이 다양한 실험 등을 통해 상세히 연구되었고, 그 결과 2002년에는 심리학자인 다니엘 카네먼(Daniel Kahneman)이 노벨경제학상을 타는 신기한 일조차 생겼다.[7]

비록 최신의 행동경제학이나 실험경제학만큼 정밀한 수준의 분석을 한 적은 없지만, 맑스경제학의 기본적인 인식은 두말할 나위도 없이 경제주체들의 위험에 대한 태도가 사회적으로 형성된다고 보는 것이다. 물론 그 사회적 형성의 시간프레임이 갖는 기본단위는 맑스가 생산양식이라 불렀던 것이다. 카지노자본주의라 불릴 정도로 주식과 파생금융상품, 또 그 파생의 파생상품에 이르기까지 수많은 금융자산에 대한 세계적 규모에서의 투기와 그에 따라 필연적으로 발생하는 불안정성을 특징으로 하는 금융세계화는 나를 포함한 많은 경제주체들의 위험에 대한 태도 자체를 변하게 만들었다. 신자유주의가 하나의 새로운 단계이건 국면이건 또는 소단계이건 간에 분명한 변별점은 바로 여기에 있다.

-11장-

국가는 **부르주아지**의 **집행위원회**인가 **최후**의 **보루**인가

필화사건과 학교 그리고 국가 | 공공성 대 시장화: 고교 평준화정책 | 신자유주의 비판과 한국경제: '사다리 걷어차기' | '서구 좌파'의 딜레마: 박정희체제와 국가의 역할

시장은 공익을 우선하지는 않는다. 그래서 사람들은 국가가 무엇인가 공익적 역할을 해주리라 기대한다. 그러나 국가는 결정적인 순간에는 항상 그 계급적 성격을 드러낸다. 그러므로 국가와 공공성의 논리는 구별되어야 한다.

...

필화사건과 학교 그리고 국가

고등학생 시절 학교신문을 만들었다. 한번에 열두면 정도의 짧은 분량으로 1년에 고작 네차례씩 발행하는 계간지였기 때문에, 신문이라는 이름이 어색할 정도의 수준이기는 했다. 그렇지만 대학입시에 휘둘리는 한국의 고등학교 실정을 감안할 때 그나마 다른 학교에서는 찾아보기 힘든 것이었다. 그래도 그것이 명색이 언론으로 간주되어야 한다는 것을 경험할 수 있었던 사건이 딱 두번 있었다. 한번은 1980년에 신군부가 등장하면서 계엄령하에서 미리 제작된 신문의 샘플―우리는 그것을 '오케이 놓는다'라고 말했다―을 보내 검열필 도장을 받아야 인쇄에 들어갈 수 있었던 일이었다. 그리고 다른 한번은 바로 필화사건이었다.

필화사건은 지령 백 몇십호, 그러니까 햇수로 치면 발간 30주년쯤 되는 것을 기념하여 졸업생, 재학생, 교사 등으로부터 축하메씨지를 받는 특별지면 때문에 일어났다. 원고청탁이나 정리 등은 주로 1학년 기자들이 맡고, 나는 후배들이 전달해주는 기사를 검토하여 최종적으로 인쇄소에 넘기는 역할을 하는 2학년 편집부장이었다. 주말에 인쇄소에 들러 최종마무리를 확인하고 등교한 어느 월요일 아침이었다. 조회 이후 예전처럼 각 학급에 신문이 배부될 것을 기다리던 내게 신문 대신 교무실의 호출명령이 떨어졌고, 나는 영문도 모른 채 교무실 한쪽 구석으로 끌려가 따귀부터 맞았다. 그 자리에는 원고청탁과 수집을 담당했던 1학년 후배 한명도 끌려와 있었다. 문제의 발단은 혈기왕성하던 어느 선생님께 청탁한 축하메씨지에서 비롯되었다. 사회학과에 재학중 시위주도로 징계를 당하고 사범대학으로 전과했다는 소문이 돌던 그분의 원고지 2~3매 분량의 메씨지는 지금 기준으로 보아도 상당히 충격적인 것이었다. '학교 사회학에서는 교사를 지배계급으로, 학생을 피지배계급으로 본다. 학교 신문은 피지배계급이 자신의 의사를 표현할 수 있는 통로가 되어야 한다. 지금처럼 교장이나 교목의 훈시용으로 이용되는 「○○뉴스」는 그러므로 개선되어야 마땅하다' 등.

이 기사를 최종적으로 읽고 '오케이를 놓은' 것은 다름아닌 나 자신이었는데, 내가 왜 그런 반체제적(?) 내용의 기사를 자르지 않았는지는 정확하게 기억나지 않는다. 그렇다고 그 선생님의 글에 동의할 만큼 급진적인 학생이었기 때문은 분명히 아니었던 것 같다. 어쩌면 진부한 훈계조의 글이라 생각하고 그냥 지나쳤을 가능성도 있다. 어쨌든 월요일 아침 출근길에 신문을 받아본 교장선생님이 기사를 읽고 격노하셨고, 전교생이 운동장에 서서 조회에 참석하고 있는 한시간여 사이에 신문배포 중단, 해당교사 호출 및 시말서 작성, 기사책임자 색출 등의 비상조치가 신속하게 이루어졌다. 배포중단된 신문은 해당 면만 오려내서 다른 선생님의 '정상적인' 축하메씨지로 급하게 채워졌다. 신문반 10여명은 인쇄소에서 몇천부에 해당하는 신문의 제본을 손으로 뜯어내고 새로 인쇄한 면으로 갈아 끼우는 노동집약적인 작업에 밤새 시달려야 했다.

공교롭게도 그 선생님의 대학 후배가 된 나는 몇년 뒤 대학캠퍼스에서 지도교수를 만나러 왔다는 그분과 우연히 마주쳤다. 군사정권의 폭압이 하늘을 찌르던 시절, 그분은 나를 보자마자 "절대로 데모하지 마라. 너만 다친다"라고 충고하셨다. 오랜 세월이 흘러 그분이 모교의 교감선생님이 되고 같은 재단의 중학교 교장까지 지내다 은퇴하셨다는 말을 들었지만, 학교사회학에 대한 그분의 신념이 어떻게 변했는지는 확인할 수 없었다.

대학생이 되고 나서 그분이 말한 학교사회학이 빠울로 프레이리 (Paulo Freire)의 『페다고지』 등의 영향을 받은 것이 아닐까 짐작해보기는 했다. 그렇지만, 세월이 지나고 나면 모든 것이 아름답게 추억되는 탓인지, 음습한 교무실 옆 한컨에서 따귀를 맞던 기억도 일종의 낭만으로 여겨지기도 한다. 그뿐 아니라, 지극히 폭력적이던 한국의 남자고등학교 문화를 잘 알지만 과연 지배자와 피지배자의 쟁투(爭鬪)로까지 보아야 했는지는 확신이 서지 않는다.

필화사건을 얘기하는 것은 맑스가 자본주의사회의 국가를 보는 관점을 생각해보기 위함이다. 맑스는 엥겔스와 함께 쓴 『공산당선언』(1848)에서 국가를 '부르주아지의 집행위원회'라고 표현했다. 정치적 선동을 목적으로 하는 격문이라는 『공산당선언』의 성격을 고려한다면, 한 톤 (tone) 정도 낮추어서 받아들여야 할지도 모른다. 더구나 『공산당선언』은 그 무시무시한 제목에도 불구하고, 아동노동의 금지나 대중교육 — 이를테면 초등학교 — 의 무상실시처럼 지금의 기준에서 보면 웬만큼 발전한 자본주의국가에서는 이미 실현된 요구사항을 내걸 정도로 열악하던 시절에 쓰인 문서이기도 하다. 그렇지만 맑스가 국가를 보는 기본적인 관점이 자본가계급의 지배기구라는 점은 훨씬 더 학술적인 저작에서나 또는 훨씬 더 성숙한 맑스의 후기 저작에서도 그대로 관철되고 있는 듯하다.

물론 신은 인간사의 모든 영역에서 매순간 개입하는 것이 아니라 결정적인 순간에만 개입하는 것으로 여겨지듯, 자본주의국가가 일상의 모든 영역에서 자본가계급의 이익을 대변한다고 볼 수는 없다. 사회를 크게 보면 자본가계급과 노동자계급의 두 계급으로 나눌 수 있지만, 좀더 구체적인 분석 수준에서는 자본가계급조차도 때로는 협력하고 때로는 심각하게 갈등하는 여러 분파로 나뉜다. 예를 들면 대기업과 중소기업, 국적자본과 외국자본, 산업자본과 금융자본 등이 그것이다. 심지어는 같은 대기업 중에서도 재벌과 비재벌 사이에 알력이 생기기도 한다. 그래서 맑스는 국가가 특정 개별 자본의 이익을 대변하는 것이 아니라, 개별 자본이 경쟁 때문에 하지 못하는 일을 함으로써 자본 일반을 위해 기여한다고 덧붙인다. 이른바 '총자본'으로서의 국가의 역할인 것이다. 이미 지적한 것처럼, 노동시간 단축과 노동법 제정을 통한 근로조건의 개선 등도 노동을 최대한 착취하는 것이 눈앞의 목표인 개별 자본으로서는 결코 수행할 수 없는 일을 국가가 총자본으로서 대신하는 것이다. 만약 모든 개별 자본이 노동착취에만 전념하다보면, 장기적으로 노동력의 정상적인 재생산이 불가능해짐으로써 오히려 자본 전체에 해가 되는 일종의 죄수의 딜레마를 해결해주는 역할을 하는 셈이다.

민주적인 절차를 통해 선출·견제되는 현대 민주주의국가의 정부도 그러한가라는 반문은 적절한 것이다. 하지만, 선거를 통해 구성되는 정부는 결국은 직업정치인들에 의해 교체될 뿐이고, 알뛰쎄르식으로 표현하면 그들의 대부분은 최종 심급에서는 지배계급의 어느 분파를 대변할 따름이라는 반론 또한 타당성을 갖는 것이 사실이다.

2007~08년 한국, 이른바 중도좌파적 정권에서 보수우파로의 정권교체기의 일이다. 새로운 집권세력 앞에서 기존 정책을 송두리째 부정당하던 어느 공무원이 아마도 책임회피를 위해 했다는 '관료에게는 영혼이 없다'는 말이 화제가 되었다. 국가의 일상적 정책수립과 집행을 담당하는 것은 거대한 관료조직이지만, 과연 관료는 그 공무원의 말처럼 무색무취하고 영혼이 없는 존재일까? 특히 한국처럼 '고시'라는 독특한 고급관료 충원씨스템을 지닌 사회에서는 관료조직 그 자체가 하나의 커다란 이익집단이 된다. 따라서, 또다른 공무원이 언젠가 말했다는 '정권은 바뀌어도 관료는 영원하다'라는 말이 진리에 더 가까울지도 모른다.

요컨대 관료와 직업정치인으로 구성된 국가는 때로는 특정 자본분파, 심지어 자본일반의 이익에서 벗어나거나 대립하기조차 한다. 이를 '국가의 상대적 자율성'이라 부를 수 있다. 그러나, 전반적인 맥락에서는 체제 자체의 유지와 재생산에 기여하는 방향으로 국가의 힘은 작용하는 것이다. 다소 역설적이지만, 군사정권 시절 민주화운동가들을 사찰하고 고문하던 정보기관이 '새로운 시대'에도 여전히 인적 구성을 거의 바꾸지 않은 채, 심지어 보수세력에는 '친북적'이라 비판받는 정책의 집행자로 기능하는 현실은 이를 여실히 보여주는 예이다.

그러나 이 모든 것에도 불구하고, 적어도 공적인 담론의 영역에서 국가는 공익을 추구하는 중립적인 존재로 받아들여진다. 바로 여기에 자본주의국가가 지닌 계급적 성격과 공공성 사이의 모순, 그 불안정한 공존관계의 비밀이 놓여 있다.

공공성 대 시장화 : 고교평준화정책

몇년 전에 나는 어떤 학술지 논쟁란에 실릴 원고청탁을 받았다. 주제는 고교평준화 찬반논쟁이었다. 한국인은 누구나 어느 정도씩은 교육전문가라는 말이 있을 정도로 교육문제, 그중에서도 대학입시문제가 중요한 사회적 이슈라는 것은 주지의 사실이다. 대학생이 된 뒤로 20여년 이상 대학 근처에서 계속 머물러왔으므로 나름대로 교육철학(?)이 없는 것은 아니었다. 그러나 논쟁적 이슈에 그것도 학술지에 글을 쓴다는 것은 부담이 되어 사양하다가 청탁 이유를 물어보니 재미있는 대답이 돌아왔다. 교육학자들과는 달리 거의 모든 경제학자들은 고교평준화에 반대하는 것이 현실인데, 누군가가 찬성할 것으로 예상되는 희귀한 경제학자들의 명단을 추천해주었고 그중에 내가 끼어 있다는 것이었다. 사실 나는 고교평준화에 반드시 찬성한다고 볼 수도 없는 입장이었지만, 어쨌든 우여곡절 끝에 교육문제에 조예가 깊은 동료와 함께 '경제학자들은 왜 고교평준화에 반대하는가?'라는 글을 쓰게 되었다.

대부분의 경제학자들이 세상을 보는 방식은 고도의 분석이기보다 수요-공급의 논리 정도라는 것은 이미 말한 바 있다. 아마도 거의 모든 경제학자들이 고교평준화에 반대한 이유는 고교교육을 교육써비스의 공급이 이루어지는 시장문제로 환원해서 생각하기 때문일 것이다. 예를 들어 수많은 조기유학생들이 미국으로 가는 이유는 미국학교에서 제공해주는 교육써비스—아마도 교육이 영어로 이루어진다는 것도 큰 이유일 것이다—에 대한 수요가 크다는 것을 의미하는 것이다. 그렇다면 국내의 고등학교에서 그런 교육을 제공해주어야 마땅하다는 주장이다. 많은 학생들이 사교육 시장에 엄청난 돈을 지출하고 있다는 것도 사교육이 제공해주는 써비스에 대한 수요가 있다는 의미이므로, 예컨대 자율형 사립고를 많이 만들어서 그러한 수요를 충족시켜주어야 한다는 것이다. 미시경제학에서 가장 중요한 기준은 소비자의 선택가능성이다. 따라서 교육써비스의 소비자인 학생—아마도 한국에서는 학부모일 가능성이 크지만—이 마음대로 자신이 가고 싶은 학교를 선택하지 못하도록 만드는 평준화제도는 소비자의 선택집합을 제약한다. 선택집합의 제약은 결국 자원배분의 왜곡을 초래하고 따라서 학생 개인은 물론 사회 전체적으로도 바람직하지 않다는 것이다.

그렇지만 교육이 갖는 공공적 특성을 감안하면, 시장논리에만 교육문제를 맡겨두는 것이 적절하지 못하다는 것도 분명하다. 무엇보다도 부모의 경제적 능력 때문에 일찍부터 양질의 교육기회를 박탈당하고 경제적 빈곤과 사회적 차별이 재생산되는 경우를 어떻게 완화할 것인가라는 문제가 제기되기 때문이다. 모든 학생을 무차별하게 교육하는 것은 '사회주의적 발상'이라든지 고교평준화는 전교조나 좌파정권의 탓이라고 주장하는 보수언론의 기사를 읽다보면, 그와 같은 의미에서라면 과거의 군사정권시절이 가장 사회주의적이었다는 엉뚱한 결론에 이르게 된다는 점에서 실소를 금할 길이 없다.

고교평준화를 실시한 것은 박정희 군사정권이었고 사교육 자체를 불법화라는 초법적 발상으로 다스린 것도 전두환 군사정권이었다. 국가가 강력한 물리력을 가지고 시장에 개입했다는 점에서 그것은 한국경제의 성장과정과 완벽하게 닮아 있다. 조기유학은 물론 해외여행조차 자유롭지 않던 일종의 폐쇄경제하에서 취해진 정책들은, 일부 초등학생은 여름방학 숙제로 루브르(Louvre) 박물관 입장권을 제출하는 오늘날의 완벽한 세계화시대에 적용될 수 없는 정책이기도 하다. 권력자의 자녀들을 쉽게 상급학교에 진학시키기 위해서라는 루머도 끊임없이 존재하지만, 어쨌든 특정 계급이나 분파의 이익을 위해서가 아니라 공공의 목표를 위한 정책이었다는 점은 인정할 수 있다. 구체적인 수준에서는 수없이 바뀐 입시제도이지만 적어도 결과적으로는 '영혼이 없는' 관료조직의 이익에 부합하는 방향으로 움직여왔다는 점 또한 부인하기 어려울 것이다.

고교평준화를 둘러싼 논쟁은 이미 거대한 이데올로기 전쟁이다. 평준화에 찬성 또는 반대할지를 특정 경제학자의 평소 성향만으로 예단할 수 있다는 점에서 그러하다. 그런데 한국사회에서 이 이데올로기 전쟁의 전선은 경제학자들의 단선적인 생각과는 달리 기묘하게 짜여 있다. 학교현장에 대한 교육관료와 국가의 개입에 몸서리치는 이들 중의 상당수가 평준화 편에 서서 교육부, 즉 국가의 공익적 역할을 주문한다. 항상 자율을 강조하면서 책임은 회피하려는 교육관료들은 오랫동안 적어도 고교평준화 문제에 관한 한 찬성 측에 있었다. 학교가 사유재산임을 강조하면서 때로는 학교폐쇄도 불사하겠다고 외치는 사학재단들은 학생모집이나 재정지원 등에서는 국가의 도움을 받아왔다.

결국 고교평준화논쟁은 국가의 계급성과 공공성, 좀더 쉽게 말하면 시장논리와 공공적 통제 사이의 기묘한 대결구도의 산물인 것이다. 국가 또는 정부는 자신의 이익 또는 어떤 특정 집단의 이익을 대변하는 쓸모 없고 방해만 되는 것으로 인식되다가, 어느 순간에는 시장논리에 모든 것을 내맡길 때 포기될 수밖에 없는 공공성을 현실적으로 담당해줄 최후의 보루로 인식되기도 한다. 아마도 국가가 평준화로 상징되는 공공성에 대한 강박관념으로부터 자유로워질 때, 이같은 기묘한 구도는 해소되고 제 모습을 드러낼 것이다. 그때의 제 모습이란 결국 맑스가 말한 국가기

구 또는 앞서 선생님이 말했던 '학교사회학'의 모습에 좀더 가까운 것일
지도 모른다.

신자유주의 비판과 한국경제: '사다리 걷어차기'

　자유무역이 양 당사국에 모두 이익이 된다는 것은 사실 거의 모든 경
제학자들이 공통적으로 가지고 있는 '전통적 지혜'(conventional
wisdom) 중 하나다. 무슨 근거에서인지는 모르겠지만, 어떤 학술지에
실린 논문의 저자가 말하길, 현존하는 경제학자의 97퍼센트가 자유무역
을 옹호한다고 쓴 걸 본 적이 있을 정도이다. 대학의 경제학과 3학년 정
도가 배우는 국제경제학 또는 국제무역론 교과서는 항상 이 '전통적 지
혜'를 가르치는 것으로 시작된다. 기본은 스웨덴 경제학자 두 사람의 이
름을 딴 헥셔-올린 정리(Hecksher-Ohlin theorem)인데, 근원으로 거슬
러 올라가면 고전학파 경제학자 데이비드 리카도의 비교우위론이 있다.
리카도는 헥셔-올린 등의 현대 주류경제학이론과 달리 노동가치론을
사용했다는 차이는 있다. 그렇지만, 그는 각 나라가 상대적으로 잘 만들
수 있는 재화만 특화해서 만든 다음, 다른 나라와 바꿔 쓰면, 즉 무역을
하면 모든 나라들에 이익이 된다는 비교우위론을 역설했다.
　리카도는 자신의 주장을 논증하기 위해 『정치경제학 및 과세의 원리』
에서 영국과 뽀르뚜갈이 옷과 포도주라는 두가지 상품을 생산하는 유명
한 예를 든다. 이는 아직도 한국의 고등학교 경제교과서에까지 실려 있
는데, 내가 고등학생 시절에도 시험에 자주 출제되는 까다로운 문제 중
의 하나였다. 대체로 당시의 시험문제란 것이 숫자를 바꾸거나 하는 수

고를 생략하는 경우가 대부분이므로, 나는 꾀를 내 '뽀르뚜갈(포르투갈)'은 '포'자로 시작하니 포도주 생산에 특화하고, 영국은 옷의 생산에 특화하는 것이 정답이다라는 식의 기발한 암기법을 생각해냈다. 그런데 그 유명한 예에서 흥미로운 것은 포도주도 옷도 영국보다는 뽀르뚜갈이 더 잘 만든다는 것, 즉 영국보다 적은 노동시간으로도 똑같은 제품을 만들어낸다고 가정한다는 점이다. 잘 알다시피, 리카도가 살았던 시대에 영국은 세계 최초로 산업혁명에 성공한 제국이었고, 뽀르뚜갈은 이미 유럽의 변방에 자리한 상대적으로 낙후된 나라였다. 그렇다면 뽀르뚜갈의 포도주가 명품이라는 사실은 그렇다 치더라도, 공산품인 옷까지 뽀르뚜갈이 잘 만든다고 가정하는 것은 이상해서 리카도가 자유무역의 정당성을 입증하기 위해 의도적으로 기만적인 예를 사용했다는 음모설(?)까지 대두됐다. 이것이 단순한 가십거리만은 아니어서 경제학설사 분야의 유력한 교과서인 네기시 타까시(根岸隆)의 『경제학의 역사』에서도 이 문제를 다루고 있을 정도이다.*

어쨌든 경제학자의 97퍼센트가 비교우위론을 옳다고 생각하지만, 그것이 현실에 적용될 때 풀어야 할 과제는 여전히 남아 있다.

먼저 실제 경제정책에서 어떤 나라의 선택이 완전한 자유무역이냐 아니면 완전한 폐쇄경제냐 중 하나를 선택하는 '전부 아니면 전무'(all or nothing) 게임은 아니라는 점이다. 항상 국가간의 이해관계가 상충되고 정치적·군사적 힘이 대등하지 않은 상태에서, 현실적으로는 자유무역

---

* 네기시는 이 문제를 소개한 다음, 리카도의 예를 한계생산력설에 입각해서 해석하면 이러한 가정에도 일리가 있다고 설명한다. 그렇지만 리카도가 한계생산력설을 사용했을 리는 만무하기 때문에 여전히 음모설의 여지는 남아 있는 셈이다.

또는 개방의 적절한 수준을 선택하는 것이 문제이기 때문이다. 쉽게 말하자면, 100퍼센트 개방의 상태가 0퍼센트 개방의 상태보다 낫다고 해서, 70퍼센트 개방의 상태가 60퍼센트 개방의 상태보다 반드시 낫다는 보장은 없다. 예를 들면 한미자유무역협정 체결을 둘러싼 논쟁에서 옹호 측의 경제학자들은 종종 반대 측의 경제학자들에게 '그렇다면 너는 비교우위론이 틀렸다고 생각하느냐?' 같은 신앙고백을 강요하곤 한다. 그러나 현실은 신앙고백만으로 해결되기 어렵다는 데 문제가 있다.

다음으로 모든 경제정책이 그러하듯이, 자유무역은 국민경제 안의 어떤 부문이나 계층에는 이익을, 다른 부문이나 계층에는 손해를 가져다준다. 그런데 자유무역이 모든 당사국에 이익이 된다고 말할 때, 논리적 근거는 얻는 이익의 크기가 손해를 보는 부문의 손실을 보상하고도 남는다는 데 있다. 그렇다면 역시 현실적으로 제기되는 문제는 어떻게 손실을 보상할 것인지의 문제이다. 대체로 손해를 보는 쪽은 이른바 사양산업이거나 상대적으로 경쟁력이 떨어지는 취약부문이나 계층이다.

맑스경제학자인 안와르 샤이크는 주류경제학은 왜 국민경제 내부의 시장경쟁에서는 승자가 이익을 얻고 패자는 손해를 본다고 설명하면서, 국가간의 경쟁은 다른 잣대로 설명하느냐는 문제제기를 한다. 샤이크의 문제제기가 엄밀하게 학술적으로 논증될 수 있는지는 좀더 생각해보아야 할 것이다. 그렇지만 우리가 흔히 무역의 이익이나 경제성장 같은 이슈를 생각할 때, 마치 축구 국가대표팀이 월드컵에서 입상을 하느냐 마느냐 같은 식으로 생각하는 경향이 있는 것도 사실이다. 모든 한국 사람들에게 한국대표팀이 승리하는 것은 어쨌든 지는 것보다야 훨씬 기분 좋은 일이다. 그렇지만 한국의 특정 산업이나 기업이 무역을 통해 이익을 얻는 것이 반드시 국민경제 전체의 이익으로 돌아오는지는 좀더 생각해보아야 한다.

예를 들면 남미의 경우와 달리, 한국경제는 성장과정에서 강력한 수출드라이브정책의 결과 특정 대기업 및 산업이 먼저 발전한 다음, 그 성과가 국민경제 전체에 궁극적으로는 파급되는 구조를 어느정도 가지고 있었던 것이 사실이다. 그러나 이러한 개발연대의 흘러내림효과(trickle-down effect)의 구조가 아직도 가능한 것인지, 가능하다면 어떤 조건하에서 지속가능한지에 관한 진지한 검토가 필요한 시점이다.

수식이나 계량분석이 들어가 있지 않은 글은 고급 학술논문으로 간주하지 않는 주류경제학자들 중에는 그의 연구를 과소평가하는 이들도 있지만, 영국 케임브리지대학의 장하준(張夏準) 교수는 뛰어난 학문적 업적과 대중적 호소력을 겸비한 출중한 경제학자이다. 그가 한국에서 유명해진 것은 개발도상국들에 자유무역을 강조하는 선진국들의 과거를 파헤친 『사다리 걷어차기』나 그 대중적 버전인 『나쁜 사마리아인들』 또는 노무현 대통령이 읽었다는 『쾌도난마 한국경제』 등 때문이다.

장하준은 크게 보면 제도경제학적 전통에 서 있는 비주류경제학자라고 볼 수 있는데, 한국사회의 맥락에서 그의 위치가 독특한 것은 그가 좌파 및 우파 모두 공유하는 지점을 갖는다는 사실이다. 뒤집어서 말하면, 좌우파 모두와 대립되는 지점을 갖는다는 뜻이기도 하다. 예를 들어 그는 굳이 좌파가 아니더라도 다소나마 개혁적 성향을 가진 한국인 경제학자라면 마다할 것이 분명한, 재벌계 연구기관인 한국경제연구원에서 나오는 책에 글을 쓰는 일도 한다.[1]

반면에 노벨경제학상 수상자이면서 현재의 일방적 세계화에 종종 비판적 견해를 제시하는 조지프 스티글리츠[2]보다도 훨씬 강한 톤으로 자유무역, 예컨대 한미자유무역협정 체결에 반대한다. 특히 최근에는 삼성

260

그룹 같은 재벌에 경영권을 보장해주는 대신에 고용이나 투자의 확대를 얻어내자는 사회적 대타협을 주장하기도 한다. 이것은 사실상 재벌의 가장 중요한 기득권을 보장해주자는 뜻이기 때문에, 대체로 재벌에 비판적인 진보적 지식진영의 정서와는 맞지 않는다. 그러므로 1990년대 이후 잘 알려진 참여연대의 소액주주운동을 둘러싸고는 재벌 편에 서는 듯한 입장이기도 했다. 한편, IMF위기 이후 다국적 투기자본에 의한 국내 금융의 장악을 비판하거나 그래도 국적자본이 낫다고 주장할 때는 마치 1970년대 박현채의 민족경제론의 계승자처럼 보이기도 한다.

그런데 나중에 책으로 출판된 장하준의 케임브리지대학 박사학위논문[3]은 한국의 경제성장과정을 신제도주의적 입장에서 개괄적인 평가를 시도한 연구이다. 나는 이 책을 매우 특이한 동기에서 읽었다. 같은 대학 원어민 강사로 근무하던 미국인 동료와 이 책을 읽고 쎄미나를 한 것이다. 나의 목적은 그로부터 영어를 배우려는 것이었고, 그의 목적은 내게 필요한 경제관련 영어를 효율적으로 가르침과 동시에 한국경제에 대한 자신의 지적 욕구를 충족하는 것이었다. 사실 나는 한국경제 그 자체를 전문적인 연구분야로 삼고 있지 않기 때문에, 이를테면 대학원시절 한국경제를 전공하던 동료들이라면 누구나 읽던 앨리스 앰스덴(Alice Amsden)의 『아시아의 다음 거인: 남한과 후기 산업화』(1989) 같은 책조차도 읽지 않은 상태였다. 아마도 그전까지 한국경제 성장과정에 대한 개괄적 평가서로 내가 읽은 책 중에 비교적 학술적인 것은 『한국의 경제』[4] 정도였고, 유신시절 금서인 사실에서 알 수 있듯이 이 책은 매우 부정적인 평가를 담은 책이었다.

장하준의 박사학위논문은 여러가지 전문적인 논의를 담고 있다. 요컨대 한국의 경제성장 과정이 매우 성공적이었던 이유는 국가가 산업정책을 통해 적절하게 경제에 개입한 덕분이라는 주장이다. 경제를 시장에만 맡겨둘 때 필연적으로 발생할 수밖에 없는 조정비용 또는 거래비용을 줄이는 데 산업정책은 아주 효과적인 역할을 수행했다는 것이다.

이는 한국의 경제성장 과정에 대한 주류경제학적인 견해와는 분명히 다른 것이다. 미시경제학 교과서의 기초지식만으로 판단해도, 개발연대의 한국처럼 국가가 특정한 산업을 선별하고 더구나 그 담당자—주로 재벌기업—까지 선정해서 집중적으로 지원하는 방식은 시장논리에 어긋나므로 여러가지 차원에서의 비효율과 자원배분의 왜곡을 낳는다고 주장할 것이다. 그러나 어쨌든 한국경제는 성장을 이루어냈다는 데 문제가 있다. 주류경제학의 기본명제를 부정하지 않으려면 국가가 엄청나게 개입한 듯한 외관에도 불구하고, 사실은 시장이 잘 형성되어 효율적으로 기능했을 것이며 각종 자료를 통해 그러한 추론을 뒷받침하는 연구가 이어져야 할 것이다. 실제로 세계은행 등의 경제학자들이 수행한 작업이 그러했다.

그러므로 MIT대학의 여성경제학자 앨리스 앰스덴의 작업은 한국의 경제성장 과정을 시장의 인쎈티브만으로 설명하는 것은 적절하지 않다고 주장한다는 점에서, 기존의 주류적 견해와는 일단 선을 긋는 것이었다. 여담이지만 주류경제학자들이 시장의 인쎈티브에 얼마나 집착하는가는 한국에서도 베스트쎌러가 된 『괴짜경제학』을 읽어보면 쉽게 알 수 있다. 예를 들어 이러한 입장에서는 문화적 요인이나 제도적 요인을 통한 설명은 '설명불가능'의 동의어로 받아들여지거나 '사회학적 설명' 정도로 치부되는데, 사회학자들에게는 실례이지만, 이때의 사회학은 미발전된 학문의 상징처럼 사용된다.

하여튼 바로 앰스덴 밑에서 공부하던 후배로부터 '이곳에서는 한국경제의 성장과정을 설명할 때, 우리가 알고 있는 사실을 반대로만 얘기하면 된다'는 농담을 전해들은 것도 그즈음이었다. 사연인즉, 대개 나같은 386세대들이 가지고 있던 고정관념, 예컨대 한국의 독재정권, 부패한 관료, 불평등한 소득분배, 철저하지 못한 농지개혁 등의 이미지와는 정반대로 '렌트'(rent)를 심하게 추구하지 않은 덜 부패한 정권이나 관료, 상대적으로 평등한 소득분배, 철저한 농지개혁 등이 한국경제성장의 요인으로 간주된다는 것이었다. 그리고 보면 장하준의 박사학위논문을 읽으면서, 정확한 표현은 기억나지 않지만, 상대적으로 청렴하고 똑똑한 관료 같은 표현에 본능적인 거부감을 느낀 것도 그 때문일 것이었다. 이러한 측면에서 보면 장하준은 물론 앰스덴 같은 이들도 몇해 전 보수 역사학계의 대반격처럼 포장된 『해방전후사의 재인식』과 같은 편에 서 있는 것처럼 보이기조차 한다.

'서구 좌파'의 딜레마: 박정희체제와 국가의 역할

사실 앰스덴을 맑스경제학적 색채를 강하게 띤, 잉여가치율의 국제간 비교에 관한 논문[5]의 저자로만 기억하던 나로서는 이러한 사실이 다소 당혹스러운 것이었다. 그런데 따지고 보면, 이러한 문제는 서구의 '좌파' 경제학자들 — 적절한 명칭이라 생각되지 않지만 편의상 사용하기로 하면 — 에게 어느 정도는 공통되는 현상이기도 하다.

이 현상의 첫번째 이유는 세계사적 차원에서는 한국경제의 성장이 분명히 예외적인 현상이고, 특히 외국의 학자들에게는 그만큼 인상적이었다는 점을 지적할 수 있다. 나는 2005년 여름에 케임브리지대학의 퀸즈

칼리지(Queens College)에서 제3세계의 소장경제학자들을 대상으로 열린 발전경제학 워크숍에 참석한 적이 있다. 발전도상국 국적자를 참가자 격으로 하고 있어서 20여명의 참가자는 일본을 제외한 아시아, 아프리카, 라틴아메리카 그리고 동유럽이나 러시아 등의 이른바 체제전환국에서 온 경제학자들이었다. 워크숍의 실질적인 조직자가 장하준 교수이기도 했겠지만, 적어도 한국경제에 관한 쎄미나를 이끈 경제학자들은 대체로 공통된 인식틀을 가지고 있었다. 물론 최근에 급속하게 성장하는 중국, 브라질, 인도 등에 대한 관심도 컸지만, 제3세계 참가자들 대부분은 한국의 경제성장에 일종의 경외심을 가진 듯했다.

많은 한국인들은 군사정권, 심지어는 민주화 이후의 정권도 종종 부패했다는 인식을 갖곤 한다. 그러나, 예컨대 일인당 국민소득은 몇십달러 수준인데 독재자 일가족이 가진 부는 빌 게이츠(Bill Gates) 수준인 나라 입장에서 보면 경제개발기 한국의 부패는 그야말로 '새발의 피'인 셈이다. 한국도 '사법살인'[6] 등의 정치적으로 암울한 시기를 거쳤고 다시금 한국민주주의의 위기를 말하는 정치학자들도 꽤 있다. 그렇지만, 대낮에 야당지도자가 납치당하고 암살당하는 나라에 비하면 지나친 걱정으로 보일지도 모를 일이다.

더 중요한 문제는 한국의 경제발전 경험을 '시장 대 국가(또는 정부)'라는 틀에서 바라볼 때 생겨난다. 맑스경제학자들은 물론이거니와 좌파 케인지언 등의 입장에서는 경제활동을 자유시장에만 맡겨두는 것은 용납하기 어렵다. 사실 정치적인 입장에서는 상당한 간격이 가로놓인 맑스와 케인즈 사이의 연대가 성립하는 것도 이 지점이다. 흔히 포스트-케인지언이라고도 불리는 경제학자들이 예컨대 노동가치론이나 잉여가치 분석 등은 받아들이지 않지만, 맑스의 경제이론에는 호의적 태도를 보이는 경우가 많은 것도 이 때문이다. 특히 일방적인 신자유주의적 세계화에 브레이크를 걸 힘은 결국 국민국가뿐인 현실을 감안할 때, 그들의 사고체계 속에서 종종 국가는 시장이 아닌 그 무엇, 좀더 구체적으로는 시장논리를 제어하는 공공의 논리로 치환되곤 한다. 현실적 실현가능성 문제에도 불구하고, 고삐 풀린 금융세계화에 대한 대안으로 자본통제(capital control)가 즐겨 제시되는 것도 이러한 맥락에서다.[7]

이러한 연구에서 나오는 반사적인 경향은 특히 외환위기 이전의 한국경제 모델, 연장하면 박정희 모델에 대한 긍정적인 평가이다. 즉, 시장에만 의존하지 않는, 장하준식으로 표현하면 자유시장 메커니즘이 낳는 거래비용을 정부의 개입으로 적절하게 통제하는 한국 모델, 넓게는 일본까지 포함하는 동아시아 모델에 대한 긍정적인 평가가 그것이다.[8] 이러한 대안 또한 얼핏 보면 '박정희 없는 박정희 모델'이라 불릴 수 있는 것으로, 동아시아 모델의 장점을 적절하게 살리면서 미국형 자본주의에서 벗어날 것을 강조한다.

물론 이 대안 모델에 대한 비판은 구체적 수준에서 이루어져야 하고, 그저 군사정권에 대한 암울한 기억에만 의존하는 선입견으로 재단해서는 안될 일이다. 그러나 '시장 대 국가'라는 구도를 벗어나 '자본의 논리 대 공공성의 논리'로 바꿔놓고 생각해보면, 국가 또는 정부개입이 바로 공공성을 보장해주는 것은 아님을 쉽게 알 수 있다. 좀더 맑스주의적인 언어로 표현하자면, 국가는 무색무취한 중립적 실체가 아니라 그 자체가 계급적 기반을 갖는 것이기 때문이다. 국가사회주의적인 전망이 사라진 현 시점에서 서구 좌파가 갖는 딜레마는 충분히 이해된다. 시장에 대립되는 개념이 국가라 이해한다면, 강력한 국가개입에 의해 경제성장을 이룩했으며 현실사회주의국가들과는 달리 20세기를 살아남은 한국 같은 나라의 사례는 매우 값진 것이다.

그러나 '귤이 회수를 건너면 탱자가 된다'는 말은 여기에서도 성립한다. 국가의 계급성에 대한 명확한 인식이 전제되지 않은 상태에서 국가의 좋은 면만 입맛에 맞게 취할 능력은 그 누구에게도 없다. 재벌의 경우도 마찬가지다. 재벌의 경영권을 보장해주면서 반대급부를 내놓으라고 강제할 수 있는 힘이 전제되지 않으면, 재벌은 사회적 대타협에 응할 아무런 이유가 없기 때문이다. '자본에는 국적이 없고 노동자에겐 조국이 없다'는 오래된 맑스주의의 가르침은 100퍼센트 옳은 것은 아닐지 모르지만, 그렇다고 전부 기각되어야 하는 것도 아니다. 그러므로 박정희체제의 공과에 대한 평가와는 어느정도 별개로, '시장 대 국가'라는 단순화된 구도는 수정되어야 할 것이다.

전형논쟁은 가치와 가격 사이의 양적 관계를 둘러싼 수학적 논쟁이다. 수학적 테크닉은 경제 모델의 논리적 정합성을 확보하기 위한 도구이다. 그러나 종종 오해되던 것과는 달리, 전형문제가 맑스경제학의 사활을 결정짓는 것은 아니다.

전형논쟁의 대장정

누군가가 교생실습 한번 없이 학생을 가르치게 되는 유일한 직업이 대학교수라는 말을 듣고 크게 공감한 적이 있다. 쌔뮤얼슨이 노량진 고시학원의 명강사보다 경제원론을 더 잘 가르칠 것이라는 보장은 없다. 아는 것만큼 가르칠 수 있는 것도 아니고, 역으로 가르치는 만큼 아는 것도 아니기 때문이다. 누군가를 가르치는 것은 어려운 일이지만 한편으로는 즐거운 일이다. 그런데 곰곰 생각해보면 그 즐거움 속에는 여러 사람들의 주목을 받으면서 아는 척할 수 있다는 불순한 의도가 숨겨져 있다는 점도 부인하기 어렵다. 적어도 내 경우에는 그랬다. 내가 그렇게 잘난 척할 수 있는 기회를 얻은 것은 모교에서 학과 조교로 일하던 시절, 급한 일로 결강을 하게 된 어떤 교수의 부탁으로 학부 3학년 학생들에게 경제학사라는 과목의 한시간 강의를 대신하면서였다. 그때 나는 아직 학위논문 주제도 정하지 못한 채 수업듣기에 바쁜 박사과정 학생의 신분이기도 하였다. 대개 경제학사라는 과목은 시대순으로 유명한 경제학자들의 이론을 요약해서 가르치는 것이 일반적이다. 그날 내가 강의해야 할 주제는 맑스의 경제이론이었고 그중에서도 전형논쟁이라는 주제였다. 몇십 명 되는 수강학생들은 대부분 평소에 형동생하며 친하게 지내던 후배들이었다. 그러나, 교단 위에 선 나는 너무 긴장하여 그들의 얼굴 한번 제대로 쳐다보지 못한 채 준비한 내용을 한시간 동안 속사포처럼 쏟아내기에 바빴다. 바로 그 전형논쟁이 내 학위논문의 중요한 파트로 자리잡은 것은 그날로부터 제법 시간이 지나고 나서였다.

전형논쟁은 정확하게 말해 가치가 어떻게 생산가격으로 바뀌는가, 즉 전형(transform)되는가에 관한 논쟁이다. 사실 오늘날의 현대경제학은 대단히 세분화되어 있기 때문에, 순수이론경제학적인 주제를 가지고 국제적인 규모의 논쟁이 일어난다는 것은 거의 불가능한 구조이다. 그렇게 볼 때, 전형논쟁은 어쩌면 1960년대의 자본논쟁(케임브리지 대 케임브리지 논쟁)과 더불어 다양한 출신성분과 입장을 지닌 경제학자들이 대거 참여한 최후의 논쟁일지도 모른다.

맑스가 『자본론』 제1권만을 생전에 간행하고, 계획한 후속권을 죽을 때까지 완성하지 못했다는 사실에서 이미 전형논쟁의 씨앗은 뿌려져 있었다. 『자본론』 제1권이 출간되었을 때, 당시의 경제학자들 중에는 맑스의 논리에 근본적인 의문을 제기한 이들이 있었다. 맑스는 『자본론』 제1권에서 상품의 가격이 생산에 필요한 추상적 인간노동의 양, 즉 가치에 의해 결정된다고 설명한 다음 줄곧 가치와 가격이 같다고 가정하면서 논리를 전개한다. 그러나 우리가 현실에서 경험하는 가격은 시장에서 수요 공급의 논리에 의해 결정되므로, 가치와 가격은 양적으로 같은 것으로

270

보이지 않는다. 더구나 당시의 고전학파 경제학자들은 균형상태에서는 모든 산업의 이윤율이 같아지는 경향이 있다고 생각했다. 그런데, 이윤율은 노동비용이건 비노동비용이건 상관없이 전체 생산비용을 기준으로 계산되기 때문에 가치와 가격은 같아질 수도 없는 것이었다. 이러한 문제제기에 대해 맑스의 유고를 가지고 이후『자본론』제2권 및 제3권을 직접 편집·출간한 엥겔스는 '『자본론』제3권을 읽으면 의문이 다 풀릴 것이니 걱정하지 마라'는 식의 태도로 대응했다. 그러나 불행하게도『자본론』제3권의 출간은 논쟁에 마침표를 찍은 것이 아니라 오히려 불을 붙이게 된다.

맑스의 주장은 이런 것이었다. 자본주의경제에서 산업부문들 사이에 이윤율이 같아지는 경향은 분명히 있다. 만약 어떤 자본가가 빵공장을 경영하면서 연 5퍼센트의 이윤율을 얻고 있는데, 책상공장을 경영하면 연 10퍼센트 정도의 이윤율을 얻는다는 사실을 깨닫게 되었다고 하자. 이 자본가는 시간이 지나면서 점점 돈을 더 많이 벌 수 있는 책상공장을 하고 싶어질 것이고, 궁극적으로는 실행에 옮길 것이다. 물론 빵공장을 그만두고 책상공장을 하는 것을 방해하는 특별한 요인이 없다면 말이다. 새로 사업을 시작하기 위해 시장조사를 하고 있는 또다른 잠재적인 자본가를 생각해본다면 이는 더욱 분명해진다. 같은 조건이라면 누구나 10퍼센트의 이윤을 얻을 것으로 전망되는 책상공장을 시작하려 할 것이기 때문이다. 물론 수익성이 다소 떨어지더라도 나는 빵을 좋아하니까라든지, 대대로 빵 만드는 일을 가업으로 해왔기 때문이라든지 등의 이유로 빵공장을 경영하는 사람도 있을 수는 있다. 그러나 아무리 빵을 좋아하더라도 장기적으로는 돈이 안되는 빵공장을 경영하려는 자본가는 없어지게 될 것이다. 바로 그것이 자본의 논리이기 때문이다. 한국의 대학가에 서점은 없고 술집과 옷가게만 있다는 식의 개탄은 할 수 있으나 그렇다고 자기 밑천, 다시 말해 자본을 버릴 각오를 하고 서점경영에 나설 독지가를 기대하는 것은 불가능한 것처럼.

어쨌든 현실 속 시장에서는 산업부문간의 경쟁이 존재하고, 결국 장기적으로 각 부문들은 이윤율이 같아지는 경향을 보일 것이다. 그러나 아이러니하게도 맑스의 이런 산업부문간 '이윤율 수렴 경향'의 주장을 따라가다보면 정작 상품의 가격은 더이상 투하노동량에 비례하는 것이 아니라 투하자본량, 즉 애초에 들인 밑천의 크기에 비례하게 되어버린다. 이때의 가격을 맑스는 생산가격이라 부르는데 이 가격은 논리적으로 투하노동량, 즉 가치에 비례해서 산출된 가격과는 다른 크기가 될 것이다. 가치에 비례하는 가격과 현실에서의 생산가격이 달라지는 가장 중요한 이유는 산업마다 밑천을 구성하는 두가지 요소, 즉 불변자본과 가변자본의 비율이 다르기 때문이다. 이 두 요소의 양적인 비율을 자본구성이라고 부른다는 것은 이미 7장에서 말한 바 있다. 즉, 노동가치론에 따르면 상품의 가치는 그것을 생산하는 데 들어간 노동량에 의해 결정된다. 그렇지만, 실제 자본의 논리는 노동이건 아니건 가리지 않고 투자한 자본량 전체에 대해 똑같은 비율로 수익을 올릴 것을 요구하기 때문에, 가치와 생산가격은 달라진다는 문제가 생기는 것이다.

이 문제는 위대한 고전학파 경제학자 리카도를 평생 동안 괴롭혔으며, 마침내 그가 죽기 직전 논적이자 친구였던 맬서스에게 보낸 편지에서 결국에는 노동가치설을 따르면서 가치와 생산가격이 달라지는 문제를 해결하는 데 자신이 실패했음을 인정하도록 만들었던 문제이기도 하다. 경제학설사 책에 포함된 리카도에 관한 장에 어김없이 등장하는 이른바 '불변의 가치척도'(invariable measure of value) 문제가 그것이다.

맑스는 바로 이 리카도의 문제를 이어받아 새롭게 해결하고자 했던 것이다.

맑스의 해결책은 어찌 보면 매우 단순한 것이었다. 즉, 빵이나 책상 같은 개별 상품의 가치와 가격은 같거나 비례한다고 말할 수 없지만, 상품 전체로 보면 가치와 생산가격은 같아질 뿐만 아니라, 이윤과 잉여가치도 같아진다는 것이었다.

설명을 위해서는 어쩔 수 없이 숫자를 이용해야 한다. 빵과 밀가루 두 가지 종류의 상품만 만드는 경제를 생각해보자.

먼저 빵의 가치는 $20C+80V+80S=180$이라는 식으로 표현된다고 하자. 여기에서 $20C$는 일반적인 수학의 관례와는 달리 불변자본이 20만큼 있다는 뜻이다. 즉, 180이라는 가치크기를 갖는 빵이 생산되었는데, 그 중에서 20만큼은 밀가루의 가치가 이전된 부분이고 80만큼은 빵공장 노동자의 노동력가치에 해당하는 부분이며, $80S$는 노동자가 생산한 잉여가치, 즉 일반적인 용어로는 이윤에 해당하는 것이다. 다음 밀가루의 가치는 $80C+20V+20S=120$이라고 하자. 각 항의 의미는 빵공장의 경우와 같다.

그런데 위의 식들만 가지고 이윤율을 계산해보면, 빵공장의 경우는 들인 자본이 $100(=20C+80V)$이고 이윤은 $80(=80S)$이므로 80퍼센트나 되는 반면, 밀가루공장의 경우는 20퍼센트밖에 안된다는 것을 알 수 있다. 시간이 지나면 밀가루를 만들려는 자본가보다 빵을 만들려는 자본가가 많아질 것이고, 앞에서 말한 조정과정을 거쳐 최종적으로 성립하는 균형이윤율은 80퍼센트와 20퍼센트의 평균값인 50퍼센트가 될 것이다. 따라서 빵의 생산가격은 들인 자본 100에다가 평균이윤 50을 더한 150이 될 것이고, 밀가루의 경우도 마찬가지가 된다.

$$\text{밀가루공장: } 80C+20V+20S=120$$

$$\text{이윤율} = \frac{20S}{80C+20V} \times 100 = 20(\%)$$

$$\text{빵공장: } 20C+80V+80S=180$$

$$\text{이윤율} = \frac{80S}{20C+80V} \times 100 = 80(\%)$$

$$\therefore \text{균형이윤율} = \frac{80S+20S}{20C+80V+80C+20V} \times 100 = 50(\%)$$

* 균형이윤율(%)=총잉여가치/총자본×100

사실 복잡하게 얘기할 필요도 없이, 지금까지의 산술적 조작은 두 공장에서 얻은 이윤(잉여가치) 80과 20을 각각 들인 자본량에 비례하여 공평하게 나눠가지도록 만든 것뿐이다. 맑스가 이 과정을 '자본가들의 공산주의'라고 표현한 것도 그 때문이다. 그렇다면, 원래 생산된 잉여가치의 합계와 자본 사이에 공평하게 분배되고 난 뒤의 이윤의 합계가 같다는 것은 당연한 결과이고, 전체 가치와 생산가격이 같은 것도 당연하다. 이 당연해 보이는 두가지 결과 때문에 비록 밀가루나 빵의 가치와 생산가격은 제각각이지만, 경제 전체적으로는 여전히 가치가 생산가격을 규제한다고 맑스는 주장할 수 있었던 것이다.

그런데 1907년 독일 베를린대학의 경제학자 라디슬라우스 폰 보르뜨끼비쯔(Ladislaus von Bortkiewicz)는 맑스가 『자본론』 제3권에서 제시한 가치의 생산가격으로의 전형이 논리적으로 오류임을 입증하는 글을 발표했다. 보르뜨끼비쯔가 주장한 내용은 여러가지가 있는데, 결정적인 부분만 쉽게 설명해보자.

위의 숫자 예에 등장하는 불변자본이나 가변자본은 대부분 각 자본가가 돈을 주고 시장에서 구입하는 것들이다. 예컨대 빵을 만드는 자본가는 시장에 가서 돈을 주고 빵의 원료인 밀가루를 사야 한다. 그런데 위에서 설명한 논리대로라면 밀가루의 가치와 생산가격은 당연히 다를 것이고, 그렇다면 빵 만드는 자본가가 구입한 밀가루가 불변자본부분으로 들어갈 때의 가치는 20이 아닌 다른 크기일 것이다. 물론 불변자본 중에는 밀가루만 있는 것이 아니라 다른 여러가지의 상품이 있을 것이다. 또한 노동자가 임금을 받아서 구입하는 상품(여기에서는 빵)도 마찬가지로 가치와 가격이 다를 것이기 때문에, 가변자본 부분에서도 똑같은 문제가 생길 것이다.

이제 이러한 점을 고려하여, 생산가격을 새로 구해보자. 예컨대 빵의 경우 맑스가 한 것처럼 20C+80V에다가 그냥 50퍼센트의 이윤을 더해주는 것만으로는 정확하지 않다. 대신 20C와 80V가 생산가격으로는 얼마인지를 알아내서 새로 계산해주어야 하는 것이다. 밀가루의 경우도 마찬가지다. 상품이 두가지 종류밖에 없다는 가정을 그대로 유지하기로 하자. 결국 우리가 구해야 할 것은 불변자본 부분의 가치와 가격의 양적인 비율, 가변자본 부분의 가치와 가격의 양적인 비율 그리고 그것들에 기초하여 새로 계산되어야 할 이윤율 등 세가지 미지수의 값이다. 중학교 수학시간에 배우는 것처럼, 세가지 미지수의 크기를 구하려면 세개의 방정식이 있어야 한다.

그렇다면, 맑스의 예에는 식이 몇개가 있을까? 일단 빵과 밀가루의 생산가격 결정식이 하나씩, 따라서 두개가 있다. 이것으로 끝이라면 우리는 답을 구할 수는 있지만 답이 무한히 많은 상태, 즉 '부정'이 된다. 가령 미지수가 x, y 두개인데 식이 $x+y=2$ 하나뿐이라면, 그것을 만족하는 x와 y의 값은 무수히 많은 것과 같다. 답이 무수히 많다는 것은 현실적으로는 아무것도 설명할 수 없다는 것과 마찬가지다. 따라서 딱 하나의 식이 더 필요하다.

밀가루 가격의 가치에 대한 비율을 x, 빵 가격의 가치에 대한 비율을 y라 하자. 이를테면 밀가루의 가치는 120이지만, 시장에서 팔릴 때는 120×x의 가격을 갖는 것이다. 이제 이윤율을 r이라 표시하면, 생산가격은 다음과 같은 두개의 식에 의해 결정된다.

$$(80x+20y)(1+r)=120x$$

$$(20x+80y)(1+r)=180y$$

여기에서 식은 둘인데 미지수는 x, y, r의 셋이므로, 방정식이 하나 더 있어야 해를 구할 수 있는 것이다.

그런데 맑스는 총가치와 총가격이 같다는 식과 총잉여가치와 총이윤이 같다는 식, 두개를 제시했다. 결국 미지수는 셋뿐인데 식은 네개나 주어진 상황이 되어버린 셈이다. 수학시간에 말하는 '불능' 상태, 즉 답이 하나도 없는 상태인 것이다. 당연히 이 연립방정식을 만족하는 해는 일반적으로는 존재하지 않는다. 이것의 함의는? 개별 상품의 가치와 생산가격이 다를 뿐 아니라 경제 전체로도 가치와 생산가격 사이에는 체계적인 관계를 상정할 수 없다는 것이다.

사실 맑스 자신도 이 문제를 알고 있었다. 엥겔스가 편집한 『자본론』 제3권에서도 분명히 불변자본과 가변자본 부분이 가치로만 계산되면 오류가 생긴다는 점을 지적하면서, 당장은 이 문제를 다룰 여유가 없다고 쓰고 있기 때문이다. 그럼에도 불구하고 이미 맑스 자신이 죽은 상황에서 수학적으로 분명하게 제시된 이러한 결과는 실로 충격적인 것이었다. 당초 맑스경제학 진영이 이 문제를 적당히 얼버무리려 한 혐의도 없지는 않았다. 반맑스경제학 진영에서는 이 문제야말로 맑스가치론, 나아가 맑스경제학의 기초를 송두리째 부정하는 중요한 결점이라고 공격하기에 이르렀다.

이렇게 해서 거의 반세기에 걸친 전형논쟁의 엄청난 대장정이 시작된다.

20세기 초반의 논쟁 이후에도 미국의 맑스경제학자인 폴 스위지가 쓴 『자본주의 발전이론』(1942)이라는 책에서 전형문제를 언급한 것을 계기로 다시 국제적인 논쟁이 일어났다. 그중 상당수의 논문은 비주류경제학적인 주제로서는 매우 드물게 『이코노메트리카』(Econometrica) 등의 주류경제학 학술지에 게재되곤 했다. 이때의 논쟁을 한마디로 요약하면, '방정식 하나를 추가시키려는 노력'[1]이라 할 수 있을 것이다. 물론 이 표현은 맑스경제학 진영의 입장을 묘사한 것이다. 식이 두개나 더 있으면 해결불가능한 문제가 발생하기 때문에, 그중의 하나는 버리고 다른 하나만 유지하면서 맑스의 원래 생각을 지켜보려는 노력이었던 셈이다. 즉 '방정식 하나를 추가시키려는 노력'은 동시에 '방정식 하나를 버리려는 노력'이기도 했다. 그러나 맑스경제학자들 그리고 비맑스경제학자들에게는 원래 맑스가 제시한 두가지 식 중에서 하나라도 포기하는 것은 곧 실패로 받아들여졌다. 한편에서 경제 전체의 가치 합계와 생산가격 합계가 같다는 식을 포기한다면 상품의 가치가 가격을 결정한다는 노동가치론의 기본명제를 포기하는 것이었다. 다른 한편에서 총잉여가치와 총이윤이 같다는 식을 포기하는 것은 자본주의경제에서 이윤의 원천이 잉여노동의 착취에 있다는 맑스 잉여가치론의 핵심을 버리는 것이었다. 그러므로 이 논쟁의 틀 자체는 이미 맑스경제학의 패배 내지는 불가피하게 일정정도 후퇴를 논의의 결론으로 담고 있던 일종의 누아르영화였다.

물론 이 논쟁과정을 거치면서 중요한 경제학적 성취도 이루어졌다고 말할 수 있다. 맑스의 분석을 보르뜨끼비쯔처럼 생산부문간 투입–산출의 연립방정식체계로 이론화는 작업을 모리시마 미찌오나 바실리 레온찌예프(Wassily Leontief)가 이어받아 산업연관분석이라는 새로운 영역을 만들어낸 것이 대표적인 예다. 비록 현대 주류경제학에서 다소 소외된 분야가 되고 말았지만, 세계 대부분의 나라에서 주기적으로 산업연관표를 작성하여 거시경제의 흐름을 파악하게 된 것은 분명히 이러한 문제에 대한 이론적 탐구와 관련있다.[2]

이데올로기 투쟁: 폴 쌔뮤얼슨과 그의 적들

　내가 청운의 꿈을 안고 경제학과에 입학하던 시절, 적어도 자본주의 세계에서 경제학원론 교과서의 시장을 석권하고 있던 것은 노벨경제학상 수상자인 폴 쌔뮤얼슨의 『경제학』이었다. 서울특별시 전화번호부만 한 엄청난 분량의 원서를 들고 다닌다는 것은 드디어 대학생이 되었다는 상징이자 경제학이라는 사회과학의 여왕을 공부하는 학도임을 증명하는 상징이기도 했다. 대학생이 되었다고 갑자기 영어원서를 읽을 수 있는 능력이 생기는 것은 아니므로, 나를 비롯한 대부분의 학생들은 그저 캠퍼스를 거닐 때 사용하는 소품으로만 『경제학』을 이용할 따름이었다. 이미 한국에서도 지나치게 많다 싶을 정도로 다양한 저자의 다양한 경제원론 교과서가 나와 있었고 그 내용은 대부분 쌔뮤얼슨의 책과 대동소이했기 때문에, 굳이 『경제학』을 정독하지 않더라도 아무런 문제가 없었다. 그러나 한가지 중요한 차이는 한글로 된 거의 모든 경제원론 책에서는 다루지 않는 맑스경제학, 그중에서도 노동가치론에 관한 주제가 쌔뮤얼슨의 책에서는 별도의 장을 할애하여 다루어지고 있다는 점이었다. 물론 이 주제는 이후 『경제학』이 윌리엄 노드하우스(William Nordhaus)와의 공저로 판본이 바뀌어 출간되면서 사라지게 된다.

쌔뮤얼슨이 어떤 의미에서는 경제학의 모든 영역에 손을 댄 최후의 제너럴리스트라는 점을 인정하더라도, 주류경제학의 원론 교과서에서 맑스의 가치론을 다루는 것은 확실히 특이했음에 틀림없다. 그런데 여기에는 사실 1960년대 후반 미국과 유럽을 휘감았던 급진화의 물결이 시대적 배경으로 작용하고 있었다. 프랑스를 비롯한 유럽의 68세대들이나 미국의 반전운동 등과 맞물려 젊은이들은 좀더 근본적인 자본주의체제 비판에 관심을 갖게 되었다. 마오 쩌뚱(毛澤東)이나 체 게바라(Ché Guevara), 맑스 등이 일종의 시대적 유행으로 자리잡으면서 경제학의 급진화 경향도 함께 일어났다. 예를 들어 미국의 급진정치경제학회(Union for Radical Political Economists)가 탄생한 것도 이즈음의 일이었다. 자본논쟁 등을 통해 신고전파 경제학에 근본적인 비판이 제기되고 마오의 제복을 즐겨 입던 케임브리지의 여류경제학자 조안 로빈슨이 '경제학 제2의 위기'를 말하게 되는 것도, 한국에서는 20여년 정도 뒤에 더욱 극적인 형태로 표출되는 '맑스 르네쌍스'가 등장한 것도 이때였다.

쌔뮤얼슨이 맑스의 가치론, 그중에서도 전형문제를 본격적으로 비판하는 논문을 발표한 것은 바로 이즈음의 일이었다. 그의 연구가 미국 과학재단의 연구비 지원을 받아 이루어진 것을 두고 일종의 음모론을 제기하는 이들도 있다. 어쨌든 그의 작업은 이를테면 급진화하는 젊은 경제학자들을 대상으로 주류경제학의 구루(guru)가 본격적으로 반박하면서 '한수 가르치는' 의미를 가지고 있었던 셈이다.

그래서일까? 쌔뮤얼슨의 비판은 매우 근본적이었을 뿐 아니라, 간결하면서도 무미건조한 문체를 생명으로 생각하는 현대 주류경제학의 논문답지 않게 신랄한 문체를 보여주었다. 그의 논의는 간단히 말해 전형 그 자체가 무의미한 과정이라는 것이었다. 가치 결정식이란 모든 이윤, 즉 잉여가치가 노동에서 나온다는 가정하에 성립하는 식이고, 생산가격 결정식은 이윤이 노동뿐 아니라 투하자본 전체에 비례하여 성립하는 식일 뿐, 두 체계 사이의 논리적 연관성을 찾으려는 노력은 무망하다는 것이다. 그는 냉소적으로 이른바 '지우개정리'(eraser theorem)라 불리는 것을 말했다. '종이 한편에 가치체계를 썼다가 지우고 나서 이번에는 생산가격체계를 써보라. 자 어때!(Voila!) 전형이 끝났지?'[3] 이것은 위에서 소개한 첫번째의 국제적 전형논쟁에서 집중적으로 이루어졌던 '방정식 하나를 추가하려는 노력' 그 자체가 쓸모없는 짓이라는 주장이기도 했다. 가치는 가치대로 생산가격은 생산가격대로 별도의 논리에 의해 따로따로 결정되는 것이라면, 그 무슨 조건을 들고 와서 둘 사이의 연관을 찾으려 해도 무의미하다는 주장이기 때문이다.

오히려 주류경제학자인 윌리엄 보몰(William Baumol)이 '맑스의 진의'(What Marx really meant)가 무엇인지에 대해 변호할 정도로 신랄한 쌔뮤얼슨의 비판은, 그러나 이미 오래전에 예견된 것이었다. 사실 발라의 일반균형이론의 골자는 경제내에 존재하는 모든 상품의 가격은 서로 영향을 주고받으면서 동시에 결정된다는 것이었다. 수학적으로 표현하자면, 경제내에 존재하는 n개의 상품가격은 각각의 시장에서의 수요와 공급이 같아야 한다는 균형식 n개에 의해 일종의 연립방정식체계의 해로서 구해진다는 것이다. 즉, 예의 '모든 것은 다른 모든 것에 의존한다'라는 명제에 다름아니다. 이러한 관점에서 보면, 맑스의 전형문제처럼 가치에 관한 연립방정식과 생산가격에 관한 연립방정식을 결합하려는 시도는 '필요없는 우회'에 지나지 않게 된다.

실제로 주류 미시경제학의 발전과정을 보더라도 쌔뮤얼슨류의 비판은 쉽게 예견할 수 있는 것이다. 1870년대 발라 등이 주창한 한계혁명이 이루어지면서 경제학은 고전학파의 시대를 지나 신고전학파의 시대로 넘어간다. 한계혁명이라는 말에서도 알 수 있듯이, 이 시기의 가장 핵심적인 변화는 한계개념, 수학적으로 말하면 미적분학이 경제학에 도입되기 시작했다는 것이다. 그러나, 가치론이라는 관점에서 보면 노동가치론을 버리고 효용가치론으로 넘어가는 과정이기도 했다. 즉, 상품의 가치 또는 교환가치는 그 생산에 투하된 노동량이 아니라, 그것을 소비하는 사람이 느끼는 만족의 정도에 의해 결정된다는 것이다. 신고전학파 초기의 경제학자들은 여전히 가격을 결정하는 본질적 요인이 따로 있다는 인식틀 자체를 버리지는 않았다. 한계혁명의 이론가들의 머릿속에는 한계효용이라 불리건 희소성이라 불리건 간에 무엇인가 주관적인 만족도가 가격을 결정하는 요인이라는 생각이 자리잡고 있었다. 발라조차 『순수 정치경제학 요론』에서 교환가치가 희소성의 원인이 아니라, 반대로 희소성이 교환가치의 원인이라는 것은 분명하다고 말할 정도였다.

그러나 '모든 가격은 다른 모든 가격에 의존한다'라는 발라의 일반균형이론은 사실 효용이건 무엇이건 간에 별도의 가치 개념을 상정할 필요가 없는 이론이었다. 쌔뮤얼슨 자신이 초창기에 한 작업 중의 하나인 이른바 현시선호이론도 효용이라는 것을 상정할 필요 없이, 시장에서 관찰되는 소비자들의 행동으로부터 출발하여 기존의 미시경제이론을 문제없이 구축할 수 있다는 점을 보인 것이었다. 아직까지도 중고등학교의 경제교과서나 심지어는 대학의 미시경제학 교과서에서 효용이 가격의 원인인 것처럼 설명되는 경우가 많지만, 이 역시 학자들의 연구와 교과서 사이에 존재하는 일종의 시차라 할 수 있다. 이미 주류경제학에서는 가치라는 개념 자체를 버린 것으로 해석해야 옳다. 그러므로 쌔뮤얼슨이 맑스의 전형문제를 연구한다면 나올 수 있는 그 나름의 일관된 결론은 '지우개정리' 같은 것에 다름아니었던 셈이다.

어쨌든 쌔뮤얼슨의 주장은 전형논쟁의 새로운 라운드를 상징하는 것이었다. 이언 스티드먼의 저작 『스라파 이후의 맑스』(*Marx after Sraffa*, 1977)는 쌔뮤얼슨보다 훨씬 쉬운 논의를 통해 쌔뮤얼슨류의 비판을 완성한 것이었다. 특히 스티드먼은 쌔뮤얼슨과 달리 신고전학파 경제학에 비판적인 비주류경제학자로서 말하자면 맑스경제학과 '같은 편'에 속할 가능성이 큰 인물이었다. 그가 이용한 분석도구 또한 기본적으로 맑스의 우군으로 인식되었던 삐에로 스라파(Piero Sraffa)의 분석을 이용한 것이었다는 점에서 더욱 충격적인 것이었다. 평생을 케임브리지 대학도서관에서 보냈던 이딸리아 출신의 경제학자 스라파는 100여면 남짓한 분량의 간결한 수식으로만 작성된 『상품에 의한 상품생산』(*Production of Commodities by Means of Commodities*)을 1960년에 출간한다. 그가 같은 나라의 유명한 맑스주의자 안또니오 그람시(Antonio Gramsci)의 후원자였다는 에피쏘드도 있다.[4] 그래서일까? 스라파의 책이 출간되었을 때 케임브리지의 전설적인 맑스주의경제학자 모리스 돕(Maurice Dobb)은 일종의 흥분과 함께 그것이 맑스경제학의 해묵은 난제를 해결해줄 수 있을 것이라는 기대를 나타낸 바 있었다.

맑스주의자가 아닌 일본 출신의 경제학자 모리시마가 1973년 케임브리지대학 출판부에서 『맑스의 경제학』(*Marx's Economics*)을 발간했을 때에도 비슷한 일이 일어났다. 예컨대 일본에서는 모리시마가 노벨경제학상을 탈 것이라고 진지하게 기대한 이들도 있었다고 한다. 노벨상은 차치하더라도 선형대수를 이용한 수학적 모델화가 맑스경제학의 새로운 전기를 마련해줄 것이라고 받아들여졌다.

그러나 레온찌예프에서 스라파로 이어지는 선형생산 모델의 구축은 오히려 최종적으로는 맑스가치론에 결정적인 타격을 가하는 역설적인 역할을 수행하게 된다. 모리시마도 200면에 이르는 엄밀한 수학적 분석을 시도한 책의 마지막 장에서 맑스의 노동가치론을 폐기할 것을 주장한다. 이것은 독자들로 하여금 그렇다면 도대체 왜 그 엄밀한 분석들을 수행했는가라는 의문을 갖게 만드는 다소 허탈한 결론이기도 했다. 스티드먼에서 절정에 이르게 되는 이러한 타격은 결국 전형문제의 성공적인 해결여부와 상관없이 노동가치 개념은 가격의 결정과정을 설명하는 데 불필요한 군더더기에 지나지 않는다는 주장이었다.

잘 알려져 있지 않지만, 이미 1930년대에 일본 쿄오또(京都)대학의 경제학자인 시바따 케이(柴田敬)는 발라의 일반균형이론에 입각하여 노동가치 개념 자체가 가격결정의 원인이라는 식의 해석은 유지될 수 없다는 주장을 했다. 시바따는 정확하게 쌔뮤얼슨이나 스티드먼의 비판을 몇십년이나 앞서서 제기한 셈이다. 그의 논문은 폴란드 출신의 저명한 맑스경제학자인 오스카 랑게(Oscar Lange)의 눈에 띄었다. 랑게는 1935년에 발표한 「맑스경제학과 현대의 경제이론」이라는 논문에서 시바따의 논문을 언급한다. 시바따로부터 영감을 얻은 랑게의 논의는 '사회주의 계산논쟁' 등과 맞물리면서, 발라적인 자원의 효율배분은 자본주의뿐 아니라 시장사회주의 모델에서도 — 어쩌면 더 쉽게 — 가능하다는 명제로 발전한다. 이른바 랑게-러너-테일러(Lange-Lerner-Taylor)정리*가 그 것이다.

시바따는 2차대전 이전에는 공산주의자로 오인되다가 미군점령하에서는 파시스트로 몰려 쿄오또대학에서 쫓겨나는 특이한 경력을 지닌 인물이기도 하다. 그러나 시바따는 자신의 해석이 경제학에서 가치론이 필요없다는 뜻은 아니라는 유보조항을 달았다. 가치론은 철학적인 논의를 통해 추구되어야 하는 경제학의 기초이론이며, 연립방정식 체계의 해석을 통해 필요성을 입증하거나 부정할 수 있는 이론은 아니라는 것이 그의 주장이었다. 시바따는 다소간의 국가주의적 경제정책론과 발라적 일반균형이론의 기묘한 결합을 추구한 특이한 인물이었다.

반면에 그의 이론적 성과의 일정부분을 흡수하고 발전시킨 오끼시오 노부오는 레온찌예프-스라파-모리시마 스타일의 엄밀한 수학적 분석을 유지하면서도 맑스의 노동가치론을 고수했다. 실제로 서구에서는 모리시마의 연구가 널리 알려져 있지만, 모리시마 자신도 『맑스의 경제학』 서문에서 밝힌 바와 같이, 그 분석의 대부분은 이미 1950년대말에서 1960년대초에 걸쳐 오끼시오가 수행한 내용과 대동소이한 것이었다. 오끼시오는 일본어로 작업했기 때문에 서구에 제대로 알려지지 않았을 뿐이다. 모리시마는 또한 그 책에서 쌔뮤얼슨에 관해, 그가 자신과 대동소이한 수학적 분석도구를 사용하면서도 결론은 달라진다는 점을 언급하면서 경제학과 수학은 일대일대응 관계가 아니라고 주장한다.

그러나 큰 맥락에서 보면 모리시마와 쌔뮤얼슨은 노동가치론을 버릴 것을 주장한다는 점에서 같은 편에 서 있었고, 오끼시오는 그 반대편에 서 있었다. 모리시마와 오끼시오가 맑스의 전형문제를 다루기 위해 이용한 논의들은 예컨대 페론-프로베니우스정리나 마르꼬프 프로쎄스

* 14장을 참조하라.

(Markov Process) 등과 같은 선형대수학의 기본적인 정리들이었다. 그러나 그들의 결론은 달랐다. 이것은 전형문제나 맑스의 가치론을 둘러싼 논쟁이 적어도 일정 부분은 수리적 증명에 의해 맞고 틀리고를 논하는 차원의 문제를 넘어서, 이데올로기적 투쟁의 측면을 포함하고 있음을 반증해주는 것이기도 하다.[5]

패러다임 전환인가 잊힌 문제인가

크게 두차례에 걸친 국제적인 논쟁과정에서 맹활약한 것은 오히려 반맑스진영의 경제학자들이었다. 이후 주류경제학에서 전형문제를 비롯한 맑스의 가치론에 대한 관심은 급격하게 소멸된다.[6] 전형논쟁은 과거처럼 맹렬한 형태는 아니지만 미국에서 간행되는 『급진정치경제학리뷰』(Review of Radical Political Economics)나 영국의 『자본과 계급』(Capital and Class) 및 『케임브리지 경제학저널』(Cambridge Journal of Economics) 등의 학술지를 중심으로 꾸준히 진행되어왔다. 그러나 과거의 논쟁들과 다른 점은 그것이 철저하게 맑스경제학자들 내부에서만 이루어지고 있다는 점이다.

전형적인 주류경제학적 설명에 따르면, 이러한 현상은 맑스의 가치론 자체가 무의미하거나 매우 특수한 경우에만 성립하는 불완전한 이론임이 입증되었기 때문이다. 예를 들어 마크 블로우그(M. Blaug)는, 노동가치론은 어떤 이유 — 대표적인 원인은 규모수익불변이라는 경제학적 현상이다 — 로 인해 공급곡선이 수평선의 모양을 갖는 경우에만 성립하는 특수이론이라고 설명한다.[7] 공급곡선이 수평선이라면 수요곡선이 어떤 위치에 있더라도 가격은 항상 공급곡선에 의해서만 결정되기 때문이다. 즉 노동가치론은 수요측면을 무시하고 공급측 요인인 투하노동량에 의해서만 가격을 설명하므로 불완전한 이론이라는 것이다. 이와 같은 주류적인 입장에서는 경제학의 역사를, 초기의 불완전하고 특수한 이론에서 출발하여 수많은 경제학자들의 노력을 통해 점점 더 완전하고 일반적인 이론을 향해 차근차근 발전해나가는 과정으로 묘사한다. 그러나 사회과학 또는 좀더 넓은 의미의 과학이 이같은 점진적 방식으로 발전하는 것인지를 입증하기 위해서는 더 많은 논의가 필요하다. 적어도 경제학의 영역에서 이러한 주류적 설명이 불변의 진리는 아니다.

앞서 언급한 바 있는 자본논쟁(케임브리지 대 케임브리지 논쟁)의 예를 들어보자. 순수이론적인 차원에서 로빈슨 등의 영국 케임브리지 경제학자들이 승리했다는 일반적인 평가에도 불구하고, 논쟁에서 패배한 주류 신고전학파 경제학은 실질적인 타격을 입지 않았다. 오히려, 미국의 케임브리지가 상징하는 세계 경제학계의 학문적 권력은 더욱 공고해졌고, 마셜과 케인즈의 화려한 전통을 지닌 영국 케임브리지는 그 학문적 후광을 급속하게 잃어갔다. 이것은 경제학의 이론논쟁이 순수한 객관적 논리의 싸움이라기보다는 현실의 힘관계를 반영하는 이데올로기적 투쟁의 성격을 지닌다는 것을 명백히 증명해주는 예다.

집계적 생산함수, 쉽게 말해 경제내의 모든 자본재를 가상적으로 집계하여 총자본량을 상정하고 그것과 총산출량 사이의 함수관계를 전제하는 이론이 틀린 것이 입증되었음에도 불구하고, 교과서에서는 물론이거니와 1990년대 이후의 성장이론에서도 여전히 그러한 함수가 존재한다는 가정하에 논의가 전개되고 있다. 흔히 이를 합리화하기 위해 이용되는 방법 중의 하나는 마치 그런 것이 존재하는 것처럼 — 이른바 'as if'의 가정 — 생각하자는 주장이다. 설사 그런 것이 이론적으로는 존재하지 않는다 하더라도, 존재한다고 가정하고 논의를 전개해서 현실을 유용하게 설명할 수 있다면 그만이라는 주장이다. 극단적으로 말한다면, 이는 마치 신이 존재하는 것처럼 가정하고 현실의 변화를 신의 섭리로 설명해서 유용하다면 그만이라는 주장이라고도 할 수 있다. 태풍 때문에 생기는 기상의 변화를 신이 분노했기 때문이라 해석하고, 역시 기상 변화로 인해 잠잠해진 바다를 제물로 바친 처녀 덕분에 신이 화를 풀어서라고 해석하는 것에 비유한다면 지나친 것일까? 어떤 의미에서 경제학은 일종의 '숨은 신'을 두고 있는 것이고, 그 숨은 신의 위력은 현실의 세력관계에 의해 뒷받침된다고도 말할 수 있는 것이다.

비록 전형논쟁은 주류경제학의 외곽으로 밀려났지만, 1980년대 이후 프랑스의 제라르 뒤메닐이나 미국의 던컨 폴리 등은 기존의 지형과는 다른 지형에서 이를 논의하기 시작했다. 이들의 주장을 간단히 요약하면, 경제 전체의 부가가치 생산액과 총노동시간 사이에는 일정한 관계가 있다는 것을 받아들이고, 그 관계에 의해 맑스경제학적 변수들을 실제로 측정하기도 하고 상호관계를 설명할 수도 있다는 것이다. 예를 들어 2007년 한국경제 전체의 부가가치 총액이 1000억원이라 하고 총노동시간은 1000만 시간이라 하자. 이로부터 노동 한시간이 평균적으로 1만원의 부가가치를 만들어낸다는 관계를 찾아낼 수 있다. 그렇다면 예컨대 노동력의 가치는 역산하여 찾아낼 수 있다. 만약 일당 3만원의 임금을 받는 노동력이 있다면, 그 노동력의 하루 가치는 평균적인 노동으로 환산하여 3시간에 해당한다는 것이다.

흔히 '신해석'(New Interpretation)이라 불리는 이들의 주장에 따르면, 전형문제는 더이상 미지수와 방정식의 개수를 맞춤으로써 유일한 해를 구하는 작업이 아니다. 1980년대 초반 '신해석'이 처음 등장하던 무렵, 프랑스의 경제학자 알랭 리삐에츠는, 맑스경제학의 논의로는 드물게 순수이론 분야를 취급하는 주류경제학의 일급 학술지인 『경제이론저널』(*Journal of Economic Theory*)에 '신해석'의 개요를 요약한 논문을 발표했다. 여기에서 리삐에츠는 '새로운 해법'(new solution)이라는 용어를 사용하면서, '신해석'이 기존의 전형문제에 대해 새로운 답을 구한 것이라는 뉘앙스를 풍겼다. 그러나 이후의 논의과정에서 '신해석'은 기존의 틀 속에서 새로 답을 구한 것이라기보다는 발상 자체를 전환한 것으로 보아야 한다는 점이 분명해지면서, '신해석'이라는 용어가 정착되었다. 여담이지만, '신해석'의 제창자 중의 하나인 뒤메닐은 1980년에 이미 프랑스어로 책을 발간하여 '신해석'을 다루었는데, 리삐에츠가 이를 영어로 학술지에 발표함으로써 자신의 아이디어인 것처럼 포장했다고 기분 나빠했다고 한다. 리삐에츠는 나중에 녹색당 대통령 후보로 출마하기도 하고, 맑스주의를 버리고 생태주의자가 된다.[8] 왠지 모르겠지만 한국에서는 리삐에츠가 뒤메닐보다 먼저 널리 소개되었고, 그의 책들이 여러권 번역되기도 했다.

'신해석'을 굳이 기존 논쟁의 틀 속에서 이해하자면, 총생산물의 가치합계와 생산가격 합계가 같다는 식 대신에, 순생산물의 가치합계와 그 가격합계, 즉 부가가치가 같다는 조건을 선택한 셈이다. 단순한 모델에서는 부가가치는 임금과 이윤의 합계와 같기 때문에, 이 조건을 풀어 써보면 다음과 같다.

부가가치＝임금＋이윤＝순생산물의 총가치＝노동력가치＋잉여가치

여기에서 이윤과 잉여가치가 같다면 나머지 항인 임금과 노동력가치가 같아야 하는데, '신해석'에서처럼 노동력가치를 임금으로부터 역산해서 구할 수 있다고 가정한다면 이 둘은 자동으로 같아진다. 그러므로, 전통적인 두가지 조건은 여기에서는 사실상 하나로 줄어버리게 된다. 그러므로 '신해석'은 자신의 가정에 입각하여 '방정식 하나를 버린' 셈이다.[9]

'신해석'은 물론 여러가지 문제를 지니고 있다. 당장 떠오르는 반론은 부가가치 총액과 총노동시간 사이의 양적 비율은 사후적인 비율일 뿐, 그 어떤 인과관계도 설명해주지 못한다는 것이다. 노동가치론이 설정하는 인과관계의 방향은 당연히 노동에서 출발해서 부가가치로 가는 것이다. 총노동시간이 1000만 시간이기 때문에 부가가치가 1000억원이 되는 것이지, 반대로 부가가치가 1000억원이라서 총노동시간이 1000만 시간이라거나, 또는 두 변수가 서로 아무런 관련 없이 그냥 따로따로 주어져 있다고 보지는 않는 것이다.

또 하나의 기술적인 문제는 4장에서 다루었던 숙련노동과 비숙련노동을 어떻게 구별할 것인지다. 즉, 경제 전체의 총노동시간을 그저 스톱워치를 들고 측정하면 1000만 시간이라 하더라도, 그 안에는 숙련노동자가 작업한 시간이 있고 비숙련노동자가 작업한 시간도 있다. 만약 숙련노동자가 500만 시간이고 비숙련노동이 500만 시간이라면, 이 둘을 그냥 더할 것이 아니라 숙련노동 한시간을 몇시간의 비숙련노동으로 환산할 것인가부터 정해야 한다. 만약 숙련노동 한시간이 비숙련노동으로 두시간에 해당한다면, 총노동시간은 사실상 1500만 시간에 상당하는 것이다. 이러한 문제를 피할 수 있는 한가지 방법은 각 산업별로 숙련노동과 비숙련노동이 분포되어 있는 비율이 매우 비슷하다고 가정하는 것이지만, 이러한 가정이 올바른 것인지 확인하는 것은 추상적인 이론 수준에서는 어렵다.

    그밖에도 몇가지 검토되어야 할 문제가 있는 것이 사실이지만, 주류 미시경제학의 발전과정에 견주어서 생각해보면 '신해석'은 기존의 맑스 가치론 논의를 한단계 발전시킨 것이라 할 수 있다. '신해석'은 이를테면 시장에서 관찰할 수 있는 소비자의 행동으로부터 출발하더라도, 그 배후에 마치 잘 정의된 여러가지 수학적 특성을 충족하는 효용함수가 있다는 가정에서 출발한 것과 본질적으로 같은 결과를 얻어낼 수 있다는 쌔뮤얼슨의 현시선호이론과 유사한 단계에 비로소 도달한 셈이다. 물론 주류경제학의 가격이론의 완성은 일반균형이론이므로 궁극적으로는 효용이 가격의 실체라는 주장은 폐기되는 방향으로 발전하게 된다. 그렇지만, 여전히 경제주체가 자신의 효용을 극대화하려고 노력한다는 명제 그 자체는 주류경제이론의 가장 깊은 기초를 이루고 있다. 주류경제학의 효용극대화 논리처럼 맑스경제학이 가치개념을 통해 밝히고자 한 것은, 자본주의경제의 근저에는 노동을 통한 가치의 창출과 그 착취를 둘러싼 계급적 대립관계가 놓여 있다는 점이다. 그러므로 어떠한 의미에서 '신해석'이 대두되면서 전형문제를 둘러싼 패러다임이 변화하기 시작한 셈이다.

경제학에서 수학의 사용

    현대경제학은 경제학인지 수학인지 구분이 안될 정도로 많은 양의, 그것도 높은 수준의 수학을 사용한다. 이른바 일급 저널에 실리는 논문들의 대부분은 수십여 수식과 정리, 증명, 따름정리, 증명하는 식의 편제를 취하고 있다. 전형문제나 가치론은 맑스경제학에서는 상대적으로 수학을 많이 사용하지만, 기껏해야 대학 2, 3학년 수준의 선형대수나 약간의 미적분학 정도이기 때문에 주류경제학의 그것에 비하면 수학이라고 부르기도 어려울 정도다.[10]

당연한 결과로 대부분의 경제학과에서는 경제수학이나 수리경제학이 중요한 도구과목으로서의 위치를 차지하고 있다. 내가 경제수학이라는 과목을 수강하게 된 것은 대학교 2학년 때의 일인데, 도대체 경제학이 내 적성에 맞는 전공인지를 심각하게 고민할 정도로 그 내용을 이해하기 위해 많이 고생해야 했다. 더욱 나빴던 것은 당시 대학가에서는 수리경제학은 보수적인 학문이고 비판적 경제학은 가능한 한 수학을 멀리해야 한다는 분위기가 지배적이었다는 데 있었다. 어느날인가 이러한 분위기를 잘 알고 있던 경제수학 담당교수는 우리를 앉혀놓고 왜 수학 공부를 해야만 하는지를 장시간에 걸쳐 강조했다. 기억에 남는 얘기 중의 하나는 맑스의 경제이론조차도 마르꼬프 프로쎄스라는 엄밀한 수학적 논리에 기초한다는 점이 모리시마라는 수리경제학자에 의해 구명되었다는 것이었다. 교수가 설득하는 데 실패한 많은 학생들 중의 하나였던 나는, 바로 그 모리시마가 그즈음 내가 다니던 대학에 와서 '경제학에 있어서 수학의 사용(또는 오용)'이라는 제목의 쎄미나 발표를 한다는 사실조차도 알지 못했다.

여담이지만 모리시마가 말하는 마르꼬프 프로쎄스라는 것은 앞에서 말한 가치의 생산가격으로의 전형을 설명하기 위해 동원된 분석도구였고, 결론은 맑스가 비록 『자본론』 제3권에서는 차후의 과제로 미루었지만 그의 방법에 따라 전형을 수행하면 하나의 완결된 해를 찾아낼 수 있다는 내용이었다. 물론 이 경우에도 총가치와 총가격이 같다는 명제와 총잉여가치와 총이윤이 같다는 명제가 동시에 충족되지는 않는다.

수학적 도구의 사용에 관한 부정적인 태도는 맑스경제학이나 제도경제학 등의 비주류적 경제학이나 인접 사회과학에서 강하게 나타나는 것이 보통이다. 이러한 태도에 일리가 전혀 없는 것은 아닌데, 고급수학을 사용해서 논의를 하는 순간 대중은 물론이거니와 상당수의 지적 수준을 갖춘 독자들도 그 내용을 이해하기 어렵게 되고 경제학자들 사이의 밀담처럼 되어버리곤 하기 때문이다. 마치 과거 한국의 전통사회에서 일반대중은 잘 이해하지 못하는 한자를 이용해서 글을 짓고 사회를 논하는 것이 대중의 참여를 소외시키고 지배계급의 기득권을 보호하는 역할을 하던 것과 유사한 측면이 있는 것도 사실이다. 예를 들어 현대경제학에서 그처럼 수학이 중요한 역할을 차지하고 있음에도 같은 경제학과 내부에서도 졸업하고 회사에 취직을 하거나 공무원시험을 준비하는 학생들은 수학공부를 별로 하지 않지만, 특히 미국유학을 가서 경제학 박사과정을 밟으려는 학생들은 때로는 수학과 학생들보다도 더 많이 수학을 공부하는 일종의 양극화현상도 생겨나고 있다.

물론 이 반대의 극단은 수학적 논리로 표현되지 않는 모든 주장을 비과학적인 것으로 치부하는 경향이다. 특히 현대경제학이 과학의 기준으로 반증가능성이라는 칼 포퍼(Karl Popper)의 방법론을 받아들이면서, 많은 주류경제학자들 사이에서는 수학적 모델로 설명이 불가능하거나 통계학적 수단으로 실증할 수 없는 주장들은 반증불가능한 주장이므로 과학의 성립요건을 충족하지 못한다고 보는 경향이 생겨났다.

존 로머(John Roemer)는 어디에선가 '직관은 하나의 가이드 역할을 할 뿐이다. 서로 다른 두개의 직관은 충돌할 수 있다. 어떤 직관이 옳은지를 결정하는 기준이 필요하다. 그것이 수학적 테크닉의 사용이다'라는 주장을 한 적이 있다. 그러나 어쩌면 이것조차도 너무 강한 얘기일 것이다. 전형논쟁의 예에서 보듯이, 똑같은 수학적 도구를 사용하면서도 가치개념의 필요성에 대한 철학적 판단은 얼마든지 달라질 수 있기 때문이다. 오히려 수학적 테크닉은 주어진 직관을 논리정합적으로 구성하는 데 꼭 필요한 도구일 것이다.

1장에서 말한 것처럼 어떤 경제학자의 직관은 하늘에서 떨어지는 것이 아니라, 그 경제학자가 어떤 '입구'를 통해 경제현상을 바라보는지에 크게 의존한다. 이렇게 만들어진 직관은 수학적 모델을 구성함으로써 그 논리적 정합성이 있는지 아닌지 시험을 거치게 된다. 하지만 논리적 정합성이 직관의 타당성을 입증해주는 것은 아니다. 마지막으로 그 수학적 모델로부터 경제현상에 대한 실천적인 함의가 도출된다. 말하자면 세단계가 있는 것이다. 수학적 도구가 한편으로는 반드시 필요하면서도 다른 한편으로는 만병통치약이 될 수 없는 이유가 여기에 있다. 1차 전형논쟁 과정에서 '방정식 하나를 추가시키려는 노력'은 둘째 단계에 해당하는 것이었지만, 반맑스진영에서는 그것을 첫 단계와 셋째 단계로까지 연결시킴으로써 맑스가치론 전체를 공격했다. 맑스진영도 어느 정도는 이러한 인식을 갖고 있었다. 전형논쟁이 맑스경제학의 사활을 건 전쟁터라는 암묵적인 생각이 지배한 것도 그 때문이다. 그러므로 '신해석'의 새로운 점은 바로 이 둘째 단계와 앞뒤의 단계들을 구분하기 시작했다는 데 있다.

13장

네트워크
경제에서의 착취

황우석 박사와 젊은 과학자들 | 동사로서의 '지식인' |
태양 아래 새로운 것은 없다: 지적재산권의 정치경제
학 | '협업지성'의 생산력은 어디로 가는가

디지털경제의 등장은 지적재산권, 협업지성 등의 다양한 문제를 새롭게 부각시킨다. 그러나 사회적 네트워크의 힘을 자본의 힘으로 바꾸는 과정이라는 착취의 본질에는 변화가 없다. 따라서 중요한 문제는 협업지성이 가져오는 생산력의 증대를 어떻게 사회적으로 통제할 것인가에 있다.

...

황우석 박사와 젊은 과학자들

　이른바 줄기세포 배양을 둘러산 황우석 교수의 '지적 사기' 사건은 여
러가지 면에서 한국사회의 구도를 축약적으로 보여주는 것이었다. 사건의
자세한 전개과정은 직접 최일선에서 취재한 프로듀서가 쓴 한권의 책[1]
이상으로 달리 요약할 필요는 없을 것이다. 내가 주목하는 것은 학문적
연구성과의 제출과 그 검증과정과 관련된 문제이다. 일반인은 물론 나름
대로 고급의 정보력과 분석력을 갖춘 시사평론가, 정치인들조차 마지막
순간까지 황우석 교수의 성과를 믿어 의심치 않은 것은 해당 연구자의
언론플레이라든지 '국익'에 대한 집착 등의 여러가지 요인으로 인한 착
시효과 때문이었겠지만, 『싸이언스』(Science)라는 국제적 학술지가 주
는 후광효과가 작용한 탓도 컸을 것이다. 예를 들면 내가 근무하는 대학
에서는 교수가 이른바 'CNS'라 불리는 『쎌』(Cell), 『네이쳐』(Nature), 『싸

이언스』 등의 3대 학술지에 논문을 실으면 1000만원의 연구장려금을 준다. 이공계 동료 이야기들을 들어 판단하건대, 그 금액은 게재의 난이도나 국내 다른 대학들의 장려금에 비해서도 매우 낮은 편이다. 심지어 최근 국내의 어느 사립대학에서는 이들 학술지에 제1저자로 논문을 실으면 5억원을 준다는 획기적인 계획도 발표한 바 있다. 믿기지 않겠지만, 실수령액이 아닌 명목상의 금액만으로 따지더라도 이는 일반적인 국립대학의 전임강사가 받는 초임연봉의 10배를 훌쩍 넘는다.

분야가 서로 다르기 때문에 직접적으로 비교하기는 어렵지만, 예컨대 주류경제학에서 CNS급에 해당하는 몇개의 학술지만 추려본다 할지라도 한국의 경제학자들 중에 한편이라도 논문을 실은 사람의 숫자는 손으로 헤아릴 정도이다. 물론 나는 비주류경제학자이기 때문에 그런 저널들에 투고할 생각도 해보지 않는다. 그렇지만, 내 논문을 실을 수 있는 비주류경제학 저널의 경우에도 엄정한 심사절차와 많게는 서너차례에 걸친 심사위원의 수정요구를 거치다보면, 논문을 처음 보내고 나서 게재승인을 거쳐 실제로 출간되기까지는 이삼년이 훌쩍 소요되는 것이 보통이다. 대부분의 학술지들은 심사위원과 투고자가 서로의 신원을 확인할 수 없도록 한 상태에서 심사를 거치는 더블 블라인드(double blind) 씨스템을 취한다. 물론 제 아무리 일급 학술저널이라 한들 결국은 사람이 하는 일이기 때문에, 해당 분야에서 명성을 갖춘 이른바 '빅 가이'(big guy)의 정치적 영향력은 무시할 수 없다. 황우석사건에 조역으로 등장하는 미국인 섀튼(G. P. Schatten)교수의 역할이 바로 그런 것이다.

한국의 학계는 국제 학계에 비해 학문적 수준이나 학자 풀(pool)에서 상대적으로 낙후된 실정이기는 하다. 그렇지만, 국내 학술지의 경우에도 이를테면 한국 수준에서의 빅 가이가 투고한 논문을 심사하게 되면, 어쩔 수 없이 한수 접고 말랑말랑하게 심사하게 되는 것도 인지상정이기는 하다. 그러나 제대로 된 학문의 발전이 학자공동체의 양심적인 협력을 통해서만 비로소 가능한 것이라는 데는 이론의 여지가 없다. 실제로 심사위원과 투고자가 더블 블라인드 상태에서 의견을 교환하는 과정은 한편으로는 논문 자체의 개선과정이기도 하지만, 다른 한편으로는 당사자 사이의 설득과 타협을 수반하는 정치적 과정이기도 하다. 아마도 사회과학의 경우 자연과학보다 후자의 측면이 더 강할지도 모르겠다. 그러다보면 때로는 어디까지가 필자 자신의 의견이고 어디부터 심사자의 조언이 반영된 것인지를 명확하게 구분하기 어려워지는 경우도 많다.

흔히 서구학계의 표절 기준이 한국학계의 그것보다 훨씬 엄격하다는 점이 지적되곤 한다. 그러나 심사자의 조언이나 심지어는 문장표현 등이 최종적으로 인쇄되는 논문에 들어가는 경우는 심심찮게 있다. 그러므로 만약 심사자들이 자신의 아이디어를 조금이라도 건네주기를 꺼려한다면, 이와 같은 심사과정의 의미는 현저하게 퇴색될 가능성이 크다. 아예 처음부터 공동연구를 전제하는 연구자들 사이의 협력은 더더욱 그러할 것이다. 역시 황우석사건에서 드러난 대형병원과의 공동연구 과정에서 불거진 상호기만과 위조 등의 추문은 그 좋은 반례인 셈이다. 어쨌든 이와 같은 이른바 '피어 리뷰'(peer review, 동료 평가)의 과정은 학문 그 자체의 발전에 대단히 중요한 역할을 해온 관행이었다. 간혹 피어 리뷰를 거치지 않은 채 보도된 획기적인 정리의 수학적 증명이나 경천동지(驚天動地)할 물리학 원리의 발견 등은 해프닝으로 끝나버린 예가 많다.

그렇다고 소수의 전문가집단에 의한 심사과정 및 편집권의 장악이 완벽한 선별기능을 할 수 있는 것은 아니다. '포스트모더니즘' 비판이라는 의도를 갖고 시작되었다는 점에서 맥락은 다소 다르지만, 미국의 과학자인 앨런 쏘칼(Alan Sokal)이 처음부터 엉터리로 장난친 논문을 그럴듯한 학술지에 게재한 다음 스스로 사기임을 폭로함으로써 상대를 조롱한 '지적 사기'사건은 좋은 예일 것이다.[2] 잘 알려진 것처럼, 황우석사건에서도 이른바 포토샵에 의한 사진위조 의혹에서부터 정치적으로 편향된 시각을 지닌 과학담당 기자들의 보도에 대한 전문적인 반론에 이르기까지 '지적 사기'의 전말을 파헤치는 데는 젊은 과학자그룹의 인터넷 공동체(BRIC)가 결정적인 역할을 했다. 이들 중에 정치적 의도를 지닌 사람이 전혀 없다는 보장이야 할 수 없겠지만, 상당수의 회원들은 순전히 지적 호기심을 충족하려는 욕구에서 5억원은커녕 몇만원의 금전적 보상도 따르지 않는 일을 때로는 밤잠을 설쳐가며 해냈던 것이다.

그들 중 상당수는 물론 잠재적 연구역량이야 갖추고 있겠지만, 적어도 겉으로 드러난 연구실적으로는 『싸이언스』의 심사위원이나 에디터들에 견줄 만큼은 아니었을 것이다. 실제로 황우석 논쟁이 정점에 이른 시점에서 나는 수시로 BRIC게시판에 접속해 글들을 읽어보곤 했다. 황 교수 편에 서서 젊은 과학자들을 비판하는 이들의 반응 중의 하나는 최고 수준의 국제적 학술지에 논문을 실은 저명한 학자의 연구를 업적도 별로 없을 젊은이들이 뭘 알고 함부로 조작 운운 하느냐는 등의 적대적인 것이었다. 외국의 학자들은 자신의 이력서에 유명한 국제학술지의 논문심사를 했다는 경력을 반드시 올리고, 실제로 그러한 경력은 그 사람의 학문적인 능력의 지표로 받아들여진다. 결국 익명게시판을 통한 다수의 검증이 일급 수준이지만 소수인 전문가들보다 예리했던 셈이고, 결과적으로는 과학발전에 큰 기여를 한 것이다. 여기에서 관찰되는 것이 바로 위키피디아(Wikipedia) 원리였다.

동사로서의 '지식인'

모든 사람이 자유롭게 참가하여 추가편집의 과정을 거쳐 인터넷상에 백과사전을 만든다는 것이 위키피디아의 기본발상이다. 사실 단순반복적인 작업의 경우, 혼자서 일정시간 지속하게 되면 오류가 발생할 가능성이 매우 높고, 여러 사람이 함께 작업함으로써 그러한 오류를 극복할 수 있다. 예컨대 내가 가지고 있는 머피의 법칙 중의 하나는, 대여섯번 교열을 보고 넘긴 원고가 실린 인쇄물을 받아든 순간 1분 안에 두세 군데의 교열오류를 반드시 발견한다는 것이다. 여러명이 교차검증함으로써 이러한 오류를 크게 줄일 수 있다는 것은 경험상 분명하다. 문제는 단순히 맞춤법을 체크하는 수준을 넘어 좀더 고도의 지식과 숙련을 요구하는 일에서도 이런 일이 가능한가라는 것이다. 더욱이 그것을 고쳐주는 사람, 다시 말해 지식이나 정보를 제공해주는 사람에게 별다른 금전적 이익이 돌아가지 않는 경우, 과연 누가 기꺼이 그런 일을 할 것인지라는 이른바 인센티브의 문제가 존재한다.

그렇지만 적어도 지금까지 위키피디아는 놀라운 성공을 거두었다. 위키피디아의 잠재력에 주목한 돈 탭스코트(Don Tapscott)는 발빠르게 위키피디아에 경제학(이코노믹스)을 합성한 위키노믹스(Wikinomics)[3]라는 이름의 신조어를 만들어냈다. 영어권에 위키피디어가 있다면 한국에는 네이버(Naver)가 있다! 네이버가 야후(Yahoo)나 구글(Google)의 도전을 물리치고 꿋꿋하게 시장점유율 1위를 지키는 검색엔진이 된 데에는 바로 금전적 보상이 없이도 누구나 자유롭게 정보를 제공하고 제공받는다는 위키노믹스의 원리가 작용했던 것이다. 그래서 선전문구만큼이나 이제 '지식인(IN)'은 명사가 아니라 동사가 되었다. 물론 인터넷의 속성상 선정적인 표제어 중심의 기사편집을 통해 여론을 일정한 방향으로 몰아간다든지 하는 부작용이 없는 것은 아니다. 그러나 위키피디아나 지식IN은 특히 젊은 세대에 있어 이미 지식창출과 전달의 새로운 수단이 되었다.

요즘 대학생들은 인터넷 의존도가 엄청나게 높은 편이다. 수업시간에 과제물을 내주면 '아무리 찾아봐도 인터넷에 안 나오던데요'라고 대답한다는 원로교수들의 한탄도 일리는 있다. 때로는 내가 쓴 학술논문을 돈을 받고 거래되는 리포트 싸이트에서 발견하고 황당해한 적도 있었다. 그렇지만 바꿀 수 없다면 능동적으로 받아들이는 것이 상책인 경우도 있다. 리포트를 쓰기 위해 도서관으로 달려가 백과사전부터 뒤지던 시절은 지나간 것이다. 인터넷 세대에게 적합한 능력은 사방에 널려 있는 정보들을 적절히 취사선택하여 텍스트로 만들어내는 능력일 수도 있다. 어차피 그것이 하이퍼텍스트(hypertext)의 원래 정신이 아니겠는가? 독창적인 사고를 생명으로 하는 학자가 될 것이 아니라면, 대부분의 생활인에게 필요한 능력은 하이퍼텍스트를 구성하는 능력일지도 모른다. 기성세대에게는 무의미하기 짝이 없는 수많은 블로그들의 상호인용을 통한 커뮤니케이션은 그래서 혁명적인 의미를 갖는 것이다.

위키피디아 원리의 긍정적인 측면에 크게 기대를 걸고 있는 이들은 예컨대 카피레프트(copyleft)의 개념을 제창하고 프리쏘프트웨어(free software) 운동을 벌이는 리처드 스톨만(Richard Stallman) 같은 이들이다.[4] 이미 일부에서는 현실화하고 있지만, 학문적 성과의 창출 및 확산과 정도 전문가들에 의해 배타적으로 통제되는 학술저널이라는 전통적인 형태에서 벗어나, 위키피디아(또는 지식IN)의 원리가 가미된 형태로 바

뛰어갈지도 모른다.

태양 아래 새로운 것은 없다: 지적재산권의 정치경제학

야구경기 관람을 매우 즐기는 나는 아무런 전문적인 근거 없이 그저 어린 시절의 감동과 인상에 기초하여 한국야구 역사상 최고의 투수는 최동원(崔東原) 선수였다고 믿는다. 선발투수 예고 같은 개념이 전혀 없던 시절, 오직 최동원 선수의 등판가능성만 믿고 사흘 연속 잠실야구장에 입장한 적도 있었다. 최동원 선수의 투구폼은 다리를 높이 쳐들고 발로 땅을 걷어차는 듯한 매우 특이한 것이었는데, 그 다이내믹한 폼 때문에 적어도 내게는 설사 연타석 홈런을 맞고 패전투수가 되는 날에도 마치 그가 승리투수인 것처럼 생각되었다. 그런데, 만약 21세기에 새로 나타난 뛰어난 투수가 최동원 선수의 예의 박력있는 폼을 그대로 이어받았다면? 나는 당연히 어린 시절의 추억에 젖어 즐거워할 것이다. 그런데 그런 폼을 흉내내는 댓가로 공을 던질 때마다 이제는 야구선수도 아닌 최동원에게, 심지어는 최 선수가 소속했던 야구팀에 로열티를 지불해야 한다면? 그래서 그 신인선수는 로열티를 내지 않기 위해 최선수의 폼을 이용하되 마지막 순간의 발차기 동작만 약간 변형한다면?

사실 이런 농담은 어떤 의미에서는 지적재산권 개념의 현재 상태를 꽤 그럴듯하게 반영해주고 있다. '태양 아래 새로운 것은 없다'는 경구와 '태양 아래 인간이 만든 것은 다 지적재산권의 대상이다'라는 입장이 맞서는 현실에서 지적재산권은 종종 개발도상국의 경제발전을 가로막거나 심지어는 그들의 지식을 약탈하는 역할도 한다.[5]

물론 잘 알다시피 지적재산권의 목적은 밤을 새워가며 발명이나 연구에 전념하는 이들에게 인쎈티브를 제공하기 위한 것이다. 지적재산권을 옹호하는 입장에서는 거꾸로 금전적 인쎈티브가 없다면 누가 공익만을 위해 연구하겠는가라는 물음을 던진다. 경제학에서 널리 인용되는 '공유지의 비극'(tragedy of commons)은 바로 그 『싸이언스』(!)에 실린 논문에서 제기되었다. 모든 사람이 공유하는 땅은 아무도 돌보지 않은 채 착취하려 하므로 결국에는 황폐해진다는 것이다.

그런데 위키피디아의 원리는 '공유지의 비극'에 정면으로 맞서는 논리를 제공한다. 인터넷이라는 것 자체가 중앙집권적인 설계자 없이도 참가자들의 자발적인 상호협력을 통해 '광장'으로서 발전해왔던 것이다.[6] 특히 지식이나 정보를 하나의 재화로 보는 경우, 그것은 경제학에서 말하는 공공재의 성격을 강하게 띤다. 추가로 만드는 데 비용도 들지 않을 뿐더러 지식을 나누어 쓴다고 해서 줄어드는 것도 아니기 때문이다. 주류경제학에서도 완전경쟁을 통해 가장 효율적인 상태를 달성할 수 있음을 주장하는 이른바 '후생경제학의 제1정리'의 전제조건은 시장실패를 가져올 수 있는 요인, 대표적으로 공공재가 없어야 한다는 것이다. 그러므로 미시경제학 교과서도 사실은 지식이나 정보의 경우 시장만으로는 안된다는 철학을 담고 있다. 결국 우리는 '공유지의 비극'으로 끝날 것인가, 아니면 '인터넷 광장의 원리'가 이를 극복할 것인가라는 기로에 서 있는 셈이다.

그러나 광장의 원리를 선호하는 입장에서 사태는 그다지 낙관적인 것으로만 생각되지는 않는다. 예를 들어 학술저널의 경우도 몇개의 외국출판사가 독점적으로 발행하면서 막대한 수익을 챙기고 연구성과에 대한 광범한 독자들의 접근을 가로막는 경향이 심화되고 있다. 심지어는 진보적인 학문성향을 갖는 학술지조차도 그런 경우가 있다. 한국의 언론들이 예의 『싸이언스』가 지킬 것을 요구하는 엠바고(embargo) 약속을 깨고 미리 한국학자들의 연구성과를 보도했다가 곤란을 겪은 사건이 있었다. 기자들의 무분별한 취재경쟁이 국제학계에서 한국의 신뢰를 떨어뜨린다는 냉혹한 자아비판도 이루어졌다. 그렇지만, 시각을 조금 바꿔 생각해보면, 논문을 표절하는 것도 아니고 출간을 앞둔 논문의 내용을 언론에서 하루이틀 먼저 보도하는 것이 그렇게 큰 문제는 아닐 수도 있다. 문제는 다름아닌 과학지식의 독점과 그것의 상업화를 통한 이익 추구라는 논리가 깔려 있다는 것이다.

사실 거의 연필과 종이 몇장이면 충분히 연구할 수 있는—또는 그렇다고 간주되는—인문사회과학의 순수이론분야와는 달리, 이공계통의 연구에는 막대한 연구비와 연구인력 및 실험장비가 소요된다. 한마디로 연구의 '물주(物主)'가 누구인지는 이러한 경우에는 단순히 연구 결과물의 저널 게재만이 아니라 연구의 방향 그 자체까지도 자본의 논리에 의해 좌우될 수 있다. 황우석 사례에서 보듯이, 이미 현대의 과학연구는 독창성을 갖춘 괴짜 천재가 지하창고를 개조한 실험실에서 번쩍이는 아이디어로 결과물을 생산하는 동화 속 이미지를 벗은 지 오래이다. 마지막까지 줄기세포의 최면에 걸렸던 많은 이들이 집착한 것도 그것으로 수조원을 벌 수 있다는 '국익'이었음을 상기하자. 그러므로 거대 제약회사가 아프리카인의 에이즈 치료약 개발보다는 뉴욕 여피족의 다이어트약 개발에 더 많은 돈을 쏟아붓는다는 농담은 이미 농담이 아닐 수 있다.

문과계통의 학문분야 중에서 비교적 돈이 많이 드는 경제학—이것도 인문학은 연필과 종이만 있으면 할 수 있다고 생각하는 경제학자 특유의 편견일지도 모르겠다—에서도 이러한 현상은 예외가 아니다. 2차대전 무렵 그리고 그 이후 미국경제학의 전성기에 많은 유명한 경제학자들의 연구가 미국의 국방프로젝트의 일환으로 이루어졌거나 연구비지원을 받은 사실이 이를 증명한다.[7] 노벨경제학상 수상자인 와실리 레온찌예프의 가장 중요한 업적은 투입-산출분석을 개발한 것이다. 투입-산출분석의 틀이 되는 산업연관표를 만들기 위해서는 국민경제를 구성하는 모든 산업의 생산에 관한 데이터와 현장조사 등이 요구되므로 막대한 자금이 필요하다. 예를 들어 한국의 산업연관표 작성은 중앙은행인 한국은행이 담당하는 대표적인 조사업무인 것이다.

레온찌예프는 1940년대에 미국의 국방연구 프로젝트의 지원을 받아 자신의 연구를 수행할 수 있었다. 투입-산출분석에 국방연구비가 지원된 논리는 명쾌한 것이었다. 적국인 독일의 투입-산출구조를 정확하게 파악한 다음, 독일경제에 가장 치명적인 타격을 입힐 수 있는 산업시설을 찾아내어 파괴하는 것이었다. 외견상 순수이론적인 연구가 사실은 돈줄의 논리에 의해 뒷받침된다는 점을 보여주는 좋은 예일 것이다. 레온찌예프는 90세가 넘어 행한 인터뷰에서 자신이 가지고 있던 많은 아이디어들이 돈이 없어서 사장되었다고 말하면서, 이제 자신은 노벨상 수상자이지만 아무도 연구비를 지원해주려 하지 않는다고 불평했다. 젊은 시절의 레온찌예프는 볼셰비끼정권과의 갈등 때문에 독일을 거쳐 미국으로 망명한 인물이었다. 그가 망명하지 않고 소련정부의 전폭적인 지원하에서 미국경제의 타격지점을 연구하는 모습을 가정해보는 것은 외부관찰자의 시점에서는 무척 흥미로운 술자리 이야깃거리 정도는 될 것이다.

'협업지성'의 생산력은 어디로 가는가

내게 있어 물리학이란 그저 복잡한 수학공식을 쓴 칠판 앞에서 순박해 보이는 눈을 껌뻑거리고 있는 아인슈타인의 빛바랜 사진의 기억 정도에 지나지 않았다. 헝가리 출신 물리학자 바바라시(A. L. Babarasi)의 『링크』는 그런 선입견을 단숨에 날려버릴 수 있게 해준 책이다. 그는 좁은 의미의 물리학을 넘어 다양한 분야에 응용될 수 있는 네크워크 이론에 관한 흥미로운 얘기를 알기 쉽게 풀어준다. 『링크』는 유명한 '여섯 다리 건너'(six degrees of separation)에 관한 이야기로부터 시작한다. 즉 이 세상의 모든 사람들은 서로 여섯 다리만 건너면 서로 안다는 얘기다. 예컨대 조지 W. 부시가 내 친구와 서로 아는 사이라면, 나와 부시는 중간에 놓인 한 사람을 매개로 서로 아는 사이가 된다.

부시의 예가 다소 비현실적이라면, 앞에서 얘기하던 학문공동체의 문제를 생각해보자. 즉 어떤 학문분과 안에서 학자들 사이에 네트워크가 어떻게 형성되는가라는 문제이다.

이를 찾아보는 한가지 방법으로는 누가 누구의 글을 긍정적 또는 부정적으로 인용했는지를 조사하는 방법이 있다. 사실 요즘은 학술저널의 웹싸이트에 가보면, 해당 논문이 인용한 논문과 인용당한 논문들을 나무 모양의 그림으로 일목요연하게 보여주는 써비스가 제공되는 곳도 있을 정도이다.

또다른 방법으로는 어떤 학자가 누구누구와 공동연구를 한 적이 있는지를 살펴볼 수도 있다. 즉 책이나 논문의 공저 관계를 조사해보는 것이다. 예를 들어 내 지인 중에는 지금은 불의의 사고로 유명을 달리했지만,

MIT대학에서 경영학 박사학위를 받고 미국의 어느 대학에서 조교수를 지냈던 경영학자가 있다. 그의 전공분야는 나와는 멀리 떨어져 있으므로, 나와 학문적으로 연결될 가능성은 거의 없었다. 그렇지만 우연한 기회에 우리 둘은 특정 이슈에 관해 비슷한 생각을 가진다는 점을 발견했고, 그래서 얼떨결에 논문도 한편 같이 쓰게 되었다. 그는 몇편의 논문을 자신의 지도교수인 MIT 경영대학원 교수와 함께 썼다. 학문분류상으로는 명백히 경영학 또는 주류경제학에 속할 뿐 아니라 나를 알 리도 없는 그 교수와 맑스경제학을 전공하는 내가 한 다리 건너 연결된 것이다. 이런 식으로 네트워크를 찾아나가면 혹시 여섯 다리 건너기도 전에 MIT대학에서 수십년 활동한 폴 쌔뮤얼슨과 내가 연결될지도 모른다!

이제는 꽤 알려진 이른바 메트칼프(Metcalfe)의 법칙에 따르면, 네트워크의 마디(노드node) 수를 n이라 하면, 네트워크 전체는 n의 제곱에 해당하는 위력을 갖는다. 사실 한국사회에서 종종 사회적 병폐로 지적되는 학연이나 지연 등도 따지고 보면, 그 안에 속한 사람 입장에서는 매우 유용한 네트워크인 셈이다.

그런데, 만약 네크워크 전체로 인해 발생하는 이익을 어느 개인이나 일부 그룹이 독점적으로 전유한다면? 예를 들면 포털 싸이트의 정보를 누구의 소유로 보느냐라는 문제가 제기될 수 있다. '지식IN'에 수많은 사람들이 몰려가서 정보를 찾거나 정보를 제공하는 것은 이미 그곳에 많은 정보가 축적되어 있기 때문이다. 내 강의를 듣는 많은 학생들이 거의 예외없이 싸이월드 블로그를 가지고 밤새워가며 '싸이질'을 하는 것도 같은 이유에서이다. 그렇다면, 네이버나 싸이월드가 막대한 광고수입을 올리거나 주가상승으로 얻는 이익 중의 상당부분은 그곳에서 정보를 만들고 교환한 수많은 이들의 기여 덕분이라고도 할 수 있다. 이것은 마치 목 좋은 곳의 까페에서 장사가 잘되는 것과 비슷하기 때문에, 경제학에서는 렌트(지대)라는 개념을 이용해 분석할 수도 있을 것이다.[8]

이진경은 이러한 현상을 '기계적 잉여가치'라는 독특한 개념으로 분석한 바 있다.[9] 노동가치론에서 주장하듯 사람만이 (잉여)가치를 창조하고 기계는 주어진 가치를 이전하는 역할만 하는 것이 아니라, 사람이 신체의 일부분으로 확장된 기계에 접속하는 순간부터 이미 잉여가치의 창출과정은 시작된다는 것이다. 예를 들어, 인터넷 쇼핑몰에서 상품을 구입한 소비자는 배송을 위한 정보입력 업무를 자신이 직접 수행한다. 전통적으로는 해당 기업의 노동자가 하던 일의 일부를 소비자가 대신하는 것이다. 그런데, 기계적 잉여가치 등의 선정적인(?) 용어를 다소 순화하면, 이것은 '소비자가 직접 생산에 참여한다'는 이른바 프로슈머(prosumer) 효과에다 '모든 미디어는 인간의 확장'이라는 마셜 맥루한(Marshall Mcluhan)의 고전적인 명제를 결합시킨 것이다.[10]

그렇지만 이는 5장에서 설명한 맑스의 착취 개념 속에 통합될 수도 있을 것이다. 즉, 맑스에게 착취란 사회적 생산력의 증대효과가 온전히 자본의 생산력효과로 나타나는 현상, 따라서 사회적 생산력의 성과를 자본이 전유하는 현상이다. 맑스는 이미 자본론의 초고격인 『그룬트리쎄』 (Grundriße, 한국어판은 『정치경제학비판 요강』으로 번역됐다)에서부터 착취를 사회적 네크워크가 자본의 힘으로 전환되는 과정으로 설명했다. 그러므로 『위키노믹스』의 지은이가 열광해 마지않는 '협업지성'(collaborative minds)은 어떤 의미에서는 새로운 현상이 아닐 수도 있다. 진정한 문제는 그것의 생산력증대 효과를 어떻게 사회적으로 통제할 것인가라는 점이다.

-14장-
새로운 **사회**인가
'**자본주의** 대 **자본주의**'
인가

경제체제제론: 극적인 변화 | 자본주의 대 자본주의: 숲 때문에 나무를 보지 못한다? | 사회주의의 실패와 정보의 문제 | 착취가 0인 사회를 위하여?

착취가 전혀 존재하지 않는 '새로운 사회'를 한번에 수립하려는 시도는 실패했다. 그렇다고 자본주의의 틀에 영원히 머물러야 한다는 것은 아니다. 경제민주주의의 실현이라는 차원에서 접근한다면, 현실을 점진적으로 개선하려는 노력은 사회주의라는 꿈과 모순되지 않을 것이다.

...

경제체제론: 극적인 변화

　대학의 경제학과 전공과정에서 흔히 4학년 1학기나 2학기쯤에 개설되는 과목으로 '경제체제론'이라는 교과목이 있다. 경제학과의 커리큘럼이란 몇몇 나라를 제외하면 전세계적으로 표준화되어 있는데, 주로 '미시경제학'과 '거시경제학' 그리고 도구과목인 '계량경제학' — 경제학이라기보다는 통계학에 가깝다 — 이 핵심적인 과목이다. 그밖의 나머지는 사실상 주변부적인 과목으로 취급되기 때문에 한국 대학의 경제학과에서는 그것을 자신의 진짜 연구분야로 삼는 담당교수가 없는 경우도 있다. '주변부적'이라는 관형사에는 여러가지 의미가 함축되어 있는데, 현실적으로 학생 입장에서 생각해보면 그다지 어렵지 않은 과목이라는 점, 좀더 직설적으로 말하면 수학을 많이 사용하지 않는다는 얘기와도 통한다. 4학년 교과목이라는 것에는 대체로 취업준비로 바쁘면서 학점 따기에는 노회해진 학생들과 그에 적당히 타협하는 교수들 사이의 상승작용으로 말미암아, 설렁설렁 강의하고 시험치고 끝낸다는 현실적인 의미가 숨어 있음도 부인하기 어렵다.

어쨌든 경제체제론이라고 하면 시장경제만 가르치고 배울 수는 없기 때문에, 적어도 1990년대 초중반까지는 — 설사 사회주의체제에 대한 일방적 비판과 시장경제의 옹호를 전제한 것이라 하더라도 — 자본주의체제와 사회주의체제를 비교하는 성격의 교과목이었다. 그러나, 1990년대에 들어서서 소련이나 동유럽 등의 현실사회주의가 붕괴하고 어떤 긍정적인 의미에서도 사회주의라 부르기에 곤란한 몇몇 예외적인 나라들만 자신을 사회주의라 주장하면서, 경제체제론이라는 과목의 성격도 급격하게 변화했다. 다소 자극적이고 성급하다는 점을 제외하면, 1989년에 출간된 프랜씨스 푸쿠야마(Francis Fukuyama)의 『역사의 종말』은 미국을 중심으로 하는 자본주의 진영의 역사적 사회주의체제의 붕괴에 대한 반응을 상징하는 책이었다. 예전에는 '이행'이라고 하면, 맑스주의자들은 즉각 자본주의체제에서 사회주의체제로의 이행을 머릿속에 떠올렸고, 최소한 자본주의 이전의 사회, 예컨대 봉건사회에서 자본주의사회로의 이행을 의미하는 것으로 받아들여졌다. 예를 들어 당대 최고의 맑스경제학자인 모리스 돕이나 폴 스위지 등이 참가하여 국제적 규모로 이루어진 자본주의 이행논쟁 같은 것이 그러하다.[1]

그러나 이제 사회주의가 붕괴하고 남은 자리에 얼마나 빨리 효과적으로 시장경제를 이식하느냐, 바꾸어 말하면 사회주의로부터 자본주의로의 '역이행'을 어떻게 촉진시킬 것인가가 중요한 화두가 되었다. 이런 나라들을 가리키는 체제전환국이라는 말도 널리 쓰이게 되었다. 하바드대학의 제프리 싹스(Jeffery Sachs) 같은 시쳇말로 날리는 주류경제학자들이 시장경제 건설의 사명을 띠고 러시아로 달려간 것도 그즈음의 일이었다. 소련체제의 정치적 성격에 대한 서구사회의 비판은 이미 소련이 동유럽의 '사회주의 형제국가'에 탱크를 몰고 들어간 시절부터 있어왔다. 더 소급하면 러시아혁명이 일어난 직후부터 맑스주의자들 사이에서조차 그것은 맑스주의를 '배반한 혁명'이라고 주장하는 이들도 있었다. 어쨌든 저 너머에 사회주의라는 국가가 존재한다는 사실, 그리고 적어도 초기에는 상당한 경제적 성과도 거두었다는 사실 등으로 말미암아, 맑스 경제학의 자본주의체제 비판에 현실적인 힘이 실린 측면이 분명히 있었다. 그러므로 역사적 사회주의체제의 붕괴에 따라 반대급부로 현실에서 사회주의 실현전망의 상실이라는 절망을 떠안은 맑스주의자들은 암중모색의 시간을 보낼 수밖에 없게 되었다.

물론 '역이행'은 생각처럼 쉬운 과정이 아니었다. 맑스는 『자본론』 제1권의 말미에서 '원시적 축적'(primitive accumulation)이라는 개념으로 자본주의 탄생기에 직접생산자인 농민들이 폭력적으로 수탈당한 역사를 설명한 바 있다. 이와 비슷한 과정이 무대를 바꾸어 재현되었다. 소련의 국가보안위원회(KGB) 출신이 이름만 바꾼 채 정치권력, 무엇보다도 금권을 움켜지는 과정이 현실화하면서 순조로운 '역이행'은 이루어지지 않았다.

이와는 약간 다른 맥락에서 같은 자본주의 나라들 사이에서도 경제의 운영원리나 사회문화 등에서 중요한 차이가 있다는 점이 분명해졌다. 자본주의 대 사회주의의 체제간 경쟁이 아니라 자본주의의 여러 유형들 사이의 체제내 경쟁, 이른바 '자본주의 대 자본주의'라는 맥락이 강조되었다.[2] 애초에 이러한 관심은 1970~80년대 이후 일본이나 당시 서독 등의 패전국가가 기적적인 경제성장을 통해 미국경제에 위협으로 등장한 현실적인 면도 있었다. 토요따자동차로 상징되는 '일본적 생산방식' 등에 관심이 고조된 것도 이와 관련이 있다.[3] 맑스주의를 포기한 진보적 경제학자들도 철저한 시장논리에 입각한 미국형 자본주의에 맞서 독일이나 프랑스, 스웨덴 등의 사회적 타협을 강조하는 또다른 자본주의적 모델을 대치하면서 '인간의 얼굴을 한 자본주의'의 추구를 주장하기도 했다. 특히, 한국에서는 1997~98년 외환위기 이후 급속한 미국형 자본주의화 과정에 대항하는 맥락에서 원용되기도 했다.[4]

자본주의 대 자본주의: 숲 때문에 나무를 보지 못한다?

내가 태어나서 처음으로 외국, 그나마도 가장 가까운 일본에 가본 것은 서른살이 넘어서였다. 어지간한 특권층이 아니면 해외여행도 쉽게 할 수 없던 시절에 유소년기를 보낸 전형적인 386세대였다고나 할까? 어쨌든 다니던 연구소에서 1년치 연월차 휴가를 미리 신청하는 편법까지 써가면서 난생처음 미국에 간 것은 두번째의 외국길이었다. 미국 동부의 어느 주립대학, 발표나 토론도 아니고 그저 '구경'하러 떠난 국제컨퍼런스였다. 그곳에는 연구자의 인적 풀(pool)이 적은 한국에서는 상상도 하기 어려운 많은 사람들이 모여들었다. 그런데 그중에서도 어느날 오전 발표는 청중이 너무 많아 일부는 카페트 바닥에 주저앉기도 할 정도였는데, 주제는 일본의 자본주의에 관한 것이었다. 사실 청중의 상당수는 그 대학에 다니는 대학원생들이었기 때문에, 딱히 해당 분야의 전문가라고 할 수는 없는 이들이었다.

때는 1990년대 중반이어서 이미 일본경제가 버블붕괴 이후 이른바

'잃어버린 10년'이라 불리는 장기불황에 들어가 있는 시점이었다. 그렇지만, 여전히 일본경제에 대한 미국 학생들의 관심은 높았다. 조금만 궁금한 것이 있어도 참지 않고 질문하는 미국 학생들인지라, 발표는 점점 일본사회입문 비슷한 초보적인 내용으로 변질되고 있었다. 그런데, 일본은 특정 대학(토오꾜오대학) 출신이 고급관료의 대부분을 이루며, 동창관계로 맺어진 중앙은행, 관료, 정치가 등의 비공식적인 연줄이 중요하다는 등, 일본인 발표자가 드는 몇몇 예들에 귀를 기울이다보니, 문득 주어만 바꾸면 '한국사회입문'으로 제목을 바꾸어도 무방하겠다는 생각이 들었다. 당시 내가 가본 유이(唯二)한 나라인 일본과 미국에서 받은 막연한 인상은 길거리에 지나다니는 사람들의 피부색만 제외하면 일본보다는 미국이 오히려 한국에 가깝다는 것이었다. 그래서인지 의외로 흥미롭게 발표를 들을 수 있었다. 발표가 끝나고 나는 멀리서 보면 아주 비슷하거나 심지어는 같아 보이는 것도, 미세한 수준에서 들여다보면 얼마든지 다를 수 있다는 생각을 하게 되었다.

물론 오랜 복지국가와 사회민주주의적 전통이 살아있는 유럽의 자본주의와 미국의 자본주의는 따지고 들어가보면 엄청나게 다른 점이 많을 것이다. 일본의 자본주의가 또 다를 것임은 미루어 짐작하기 어렵지 않다. 그런데 문제는 추상력의 차이 또는 추상 수준의 차이일 수 있다. 나무를 보는 데 열중하느라 숲을 보지 못하는 경우도 있지만, 숲의 전체적인 모습에만 눈을 빼앗긴 나머지 나무들의 차이를 보지 못할 수도 있다. 결국 우리가 어느 정도의 추상수준에서 얘기하느냐에 따라 같은 자본주의도 엄청나게 달라 보일 수 있다. 반대로 엄청나게 달라 보이는 자본주의의 유형들도 노동력의 상품화를 공통된 특징으로 한다는 점에서 결국에는 똑같은 '자본주의 생산양식'이 된다.

한때 한국에서도 나름대로 인기를 누렸던 프랑스의 철학자 루이 알뛰쎄르와 그의 제자 에띠엔느 발리바르(Etienne Balibar)는 생산양식과 사회구성체를 구분했다.[5] 즉 사회구성체라는 좀더 구체적인 현실에 가까운 수준에서는 자본주의라고 자본주의 생산양식만 있는 것이 아니라 여러가지 생산양식이 접합되어 있을 수도 있다. 예를 들면, 오늘날의 중국 사회는 — 중국정부의 공식적 입장을 제외하면 — 사회주의가 아니라 자본주의라는 것은 거의 기정사실로 받아들여진다. 심지어 몇년 전에 우연히 참석했던 쎄미나에서 한 중국 대학의 박사과정생은 지도교수와 함께 중국경제의 잉여가치율을 추계한 결과를 발표했다. 내 기억에 잉여가치율의 다른 이름인 착취율이라는 용어는 쓰지 않았던 것 같다. 어쨌든 중국은 사회주의라고 주장하면서 왜 자본주의경제에만 적용되는 잉여가치율이라는 용어를 쓰느냐는 청중의 질문에 그 학생은 제대로 답변하지 못해 다소 당황하는 눈치였다.

반대로 미국의 이른바 포스트모던 정치경제학을 주장하는 연구자들은 '미국은 과연 자본주의인가?'라는 엉뚱한 제목의 진지한 논문을 1990년대 중반에 발표하기도 했다. 우리가 흔히 자본주의의 전형이라 생각하는 미국에서조차도 비자본주의적 요소들을 얼마든지 발견할 수 있음을 시사해주는 제목이다.

결국 '자본주의 대 자본주의'라는 물음은 적어도 부분적으로는 추상 수준의 문제, 나아가 연구자의 추상력의 문제로 귀착될 가능성이 크다. 독일이나 프랑스, 영국의 좌파정당들이 이른바 '제3의 길'을 주장하면서 전통적인 사회민주주의적 길과 시장친화적 경로의 중간쯤 어딘가를 모색하는 현실에서는,[6] 기존의 두가지 길 사이엔 구체적인 수준의 차이만 있을 뿐 본질적인 차이는 사라지게 될 것이다.

물론 예컨대 빌 클린턴과 조지 W. 부시는 정치적·군사적인 면뿐 아니라 경제적 면에도 차이가 있으며, 심지어는 빌 클린턴의 지지세력 내부에서조차도 유의미한 차이가 있을 것이다.[7] 다만 여기에서 지적하고 싶은 것은 자본주의체제 자체에 대한 비판적 전망의 상실이라는 1990년대 이후 학문적 정세의 변화가 '자본주의 대 자본주의'라는 틀에 집착할 때 생겨난 문제라는 것이다. 1980년대에 일본계 자금의 지원을 받은 연구자들이 일본형 자본주의의 장점을 앞다투어 설명하다가, 1990년대 이후에는 똑같은 특징을 '연줄자본주의'니 하면서 '잃어버린 10년'의 원인으로 주장하는 현실은 이를 여실히 증명한다.

사회주의의 실패와 정보의 문제

요즘은 '신이 내린 직장'이라 불리는 공기업에 근무한 적이 있다. 마침 신입사원 중에 그때나 지금이나 '초일류 직장'으로 간주되는 재벌그룹의 계열사에서 옮겨온 이가 있었다. 그에게 새 직장에서 첫달을 지낸 소감을 물었더니, 싱끗 웃으며 '일하는 체하니 월급 주는 체하네요'라고 대답했다. 노동강도는 훨씬 낮고 급여는 훨씬 적다는 뜻의 농담이었다. 한바탕 웃고 나서 퍽 재치있는 친구라 생각했지만, 그것이 소련사회에서 노동자들 사이에 유행하던 말이라는 것은 한참 뒤에야 알았다. 신입사원의 경험담이 아니더라도 이러한 상황이 적어도 경제적 측면에서는 과거 사회주의의 몰락을 가져온 하나의 원인이라는 것은 분명하다. 시장경제를 옹호하는 경제학자들이 항상 강조하는 인쎈티브의 문제이기도 하다. 역으로 '밤새워 일하고 많은 월급을 받는' 모델을 생각한다면, 그것이 바로 효율성임금 모델일 것이다. 그렇다면, 20세기에 실재한 사회주의 노동과정에서는 이를테면 '역효율성임금 모델'이 성립하였던 셈이다.

그런데 이미 5장에서 다루었듯이, 효율성임금 모델은 이른바 정보소통의 문제를 다루는 정보경제학의 영역을 모태로 하는 이론이다. 스티글리츠가 잘 다루는 것처럼,[8] 사회주의의 실패는 추상적으로 말하면 정보소통의 부족에 있었다. 오스카 랑게 같은 일급 맑스경제학자가 참가한 20세기 전반부의 '사회주의 계산논쟁' 등은 한가지 사실을 분명히 밝혀냈다. 경제내에 존재하는 n개의 경쟁적인 시장에서 n개의 균형가격이 동시에 결정됨으로써 효율적인 자원배분을 달성하게 되는 발라적인 일반균형 모델은 이론적으로 시장경제에서나 시장사회주의에서나 똑같이 성립한다는 것이었다. 이를 이론적으로 증명한 것이 다름아닌 랑게-러너-테일러정리이다.

개인적으로는 대학원시험을 불과 몇달 앞두고 새로 출간된 미시경제학 교과서[9]를 급하게 구해서 읽다가 이 정리에 관해 알게 되었다. 순전히 그 교과서에서 전공시험문제가 출제될 것이라는 소문 때문에 읽은 것인데, 미시경제학의 결론이 뜬금없이 사회주의를 옹호하는 듯한 정리의 수학적 증명에 할당되어 있는 것에 어리둥절했던 기억이 새롭다. 물론 여기에서 말하는 시장사회주의는 소련처럼 중앙집권적인 계획에 훨씬 많이 의존하는 사회주의 모델과는 다른 것이다. 그런데, 랑게-러너-테일러정리가 성립하기 위해서는 각 경제주체의 선호가 정확하게 표출되어야 하고 이에 기초하여 결정된 균형가격에 따라 각자가 효용극대화를 추구한다는 가정이 필요하다. 이 조건만 충족된다면 생산수단을 사유재산으로 갖는 자본주의경제이건, 국가가 소유하는 사회주의경제이건 간에 효율적 자원배분이라는 결과에는 아무런 차이가 없어지는 것이다.

예를 들어 중앙계획당국에서 결정해야 할 가격의 숫자가 두세개뿐이라면 연립방정식을 풀어서 균형가격을 결정하는 것은 문제도 아니다. 그러나 가격이 1만개 정도라면 얘기는 달라진다. 경제가 간신히 먹고사는 수준을 넘어서서 성장할수록 결정되어야 할 가격의 숫자도 당연히 많아진다. 그만큼 필요한 재화가 다양해지기 때문이다. 컴퓨터의 발전속도를 훨씬 앞지르는 이러한 변수의 증가현상으로 말미암아 정보처리의 문제는 더욱 심각해진다. 더구나 상품에 대한 질적 정보가 추가되면 처리해야 할 정보의 양은 더욱 많아질 수밖에 없다. 가령 커피 1000잔을 만들라는 생산명령에서 처리해야 할 정보와 '맛있는 커피' 1000잔을 만들라는 생산명령에서 처리해야 할 정보의 양은 다를 뿐 아니라, '커피의 맛있음'을 정량화된 지표로 표현하기도 어렵다. 사실 소련 같은 계획경제를 실시하는 나라에서 정보처리의 문제는 매우 심각한 것이었다.

물론 최근의 컴퓨팅 속도의 발전은 상상을 초월하는 것이기 때문에 정보처리의 문제해결에 한가닥 희망의 빛이 비치는 것도 사실이기는 하다. 예를 들면, 한국은행에서 대개 5년마다 발표하는 산업연관표를 이용하여 각 산업별 투하노동량, 그러니까 정확하지는 않지만 맑스경제학에서 말하는 가치를 근사적으로 계산하는 작업을 할 수 있다. 이런 종류의 작업을 최초로 시도한 사람들 중의 하나가 1950년대의 일본인 경제학자 오끼시오였다. 그는 거의 수작업을 통해 열개 남짓 산업의 투하노동량 및 잉여가치율 등을 계산해냈다. 통계학개론 연습문제도 전자계산기 없이는 시도할 엄두조차 내지 못하던 나로서는 상상을 초월하는 '투하노동량'을 요구하는 작업이었을 것임에 틀림없다. 가령 투하노동량을 계산하려면 역행렬을 구해야 하는데, 산업이 세개만 존재해도 행렬의 차원은 3차원이 되고 3차원의 역행렬을 구하는 데는 상당한 인내심과 집중력을 발휘해야 한다. 참고로 현재 한국의 고등학교 수학책에서 역행렬은 2차원까지만 구하도록 되어 있다. 그런데 산업이 열개만 되도 10차원의 행렬로부터 역행렬을 구해야 하는 것이다.

나는 오끼시오와 비슷한 작업을 한국의 데이터를 가지고 최근에 수행한 적이 있다. 한국은행에서 씨디롬(CD-ROM)으로 제작한 산업연관표 자료를 그대로 불러온 다음, 엑셀을 이용하여 70여개 산업의 투입산출행렬의 역행렬을 순식간에 구할 수 있었다. 이로부터 컴퓨터를 이용하면 수많은 산업의 투하노동량을 계산해내고 그에 기초하여 사회주의적 가격을 찾아내는 것이 그다지 어렵지 않다는 주장도 제기되고 있다. 이른바 노동시간 계산모델이 그것이다.[10]

그렇지만 자본주의경제에서의 투하노동량을 사후적으로 계산해내는 것과 규범적인 지표로서의 노동시간을 미리 계산하여 실제 경제운영에 활용하는 것에는 커다란 차이가 있다. 사람들은 거래를 하기 전에는 자신의 선호를 거짓으로 표현하다가 거래가 시작되면 진짜 선호를 드러낼 수도 있다. 또는 자신의 정확한 선호 자체를 표현하는 방법을 잘 모를 수도 있다. 본인 자신도 양적 지표로 환원해서 나타낼 수 없는 암묵적 지식이 존재하기 때문이다. 언젠가 어느 문화쎈터에서 내 강의를 듣던 항공사노조 소속의 파일럿 한 분은 비행기 이착륙시에는 조종사의 '당기는 감'이 필요한데 그것은 말로 설명할 수 없다고 말하며 웃었다. 이를테면 그런 것이 암묵적 지식인 것이다.

물론 랑게-러너-테일러정리의 논리를 뒤집어서 생각하면 이러한 정보처리의 문제는 시장경제에서도 똑같이 존재할 것이다. 더욱이 효율성 임금 모델에서 강조하듯이 정보의 부재나 비대칭적인 분포 때문에 권력이 발생하기도 하지만, 반대로 권력의 비대칭적인 분포 때문에 정보의 부재나 비대칭이 생겨나기도 한다. 맑스가 착취론에서 주목하는 것은 바로 후자의 문제인 것이다. 그러므로, 내가 자본주의경제에서는 정보처리의 문제가 매끄럽게 해결된다거나 또는 대안적인 체제에서보다 잘 처리된다고 주장하는 것은 결코 아니다. 다만 우리가 사회주의이건 그 무엇이건 '새로운 사회'를 디자인하려면, 20세기의 역사적 사회주의의 담당자들이 생각했던 것보다는 훨씬 신중한 접근이 요구된다는 점을 지적하려는 것이다. 여기에는 자신의 이익을 추구하기 위해 공공의 이익인 것처럼 거짓으로 선호를 표출하지 않는 사회주의적 주체의 형성방법이라는 고전적인 문제까지도 포함된다. 그리고 무엇보다도 권력의 공평한 배분을 통해 정보소통의 토대를 만들어야 한다는 경제민주주의에 대한 요구를 담고 있는 것이다.

착취가 0인 사회를 위하여?

흔한 오해와는 달리, 맑스는 생산력의 혁명적인 발전이 자본주의에서 이루어진다고 긍정적으로 평가했다. 잘 알다시피, 자본주의 이전의 사회에서도 착취는 있었다. 노예제사회에서 노예는 글자 그대로 '말하는 짐승' 취급을 받았고, 죽지 않을 정도로 극심한 착취를 당했으며 심지어는 착취당하다가 죽었다. 그러므로 자본주의 이전 사회의 착취에서 자본주의적 착취로 진전된 것은 분명히 의미있는 '발전'이다. 예컨대 '일제 식민지 시대에 경제발전이 이루어졌다'는 객관적 명제와 '일본 때문에 경제가 발전했다'는 주관적 가치판단 사이의 경계를 넘나들면서 대중에게는 후자로 인식되는 식민지근대화론이 의외로 경제학자들 사이에서는 담담하게 받아들여지는 현실도 이를 반영한다.

나는 연구년으로 가 있던 미국의 대학에서 학부생들을 대상으로 하는 '맑스경제학'을 청강한 적이 있다. 마지막 강의에서 마침 현실화하고 있던 미국의 써브프라임 모기지 위기에 관해 얘기가 오가는 중이었다. 문득 한 학생이 교수에게 "당신은 맑스경제학자이니 위기가 오기를 기대하고 있는가?"라는 물음을 던졌다. 교수는 정확하게 내가 하고 싶은 대답을 했다. "그렇지 않다. 어쨌든 나도 이 사회에서 살아가야 하므로."

자본주의적 착취의 진전과 경제발전이 동전의 양면을 이룬다는 사실은 부인할 수 없는 진리이다. 그러나 그것이 진리인 것은 정확히 거기까지만이다. 20세기까지의 전통적인 맑스주의자들은 자본주의적 착취를 원샷(one shot)에 해소하는 방안을 추구했다. 조금 덜 착취당하는 것을 추구하려는 모든 노력은 개량주의나 경제주의라 비판받기도 했다. 생산수단을 국유화한 다음, 자본가가 사라지고 생산수단은 모든 인민의 것이라 선언하는 것만이 착취를 없앨 수 있다고 믿고 싶어했다. 칼 포퍼의 반증가능성 명제에 입각한 주류경제학자들 대다수는 20세기 역사적 사회주의의 실패가 맑스이론의 실패를 반증한 것으로 믿는다. 그러나 한번에 착취가 0인 사회를 건설하는 것으로 맑스경제학을 바라본다는 점에서, 이러한 생각은 전통적인 맑스주의자들의 생각을 뒤집어놓은 것, 이른바 거울이미지에 다름아니다. 그렇지만 대안적 체제에 걸맞은 주체의 형성이나 경제민주주의의 실현은 '전부 또는 전무'(all or nothing)의 문제로 접근해서는 안된다. 착취가 0인 사회를 위한 꿈이 착취를 개선하려는 현실의 노력을 가로막아서는 안된다. 사회주의라는 용어를 유지하거나 버리거나 간에, 인간에 의한 인간의 착취를 점진적으로 줄여나가는 노력은 유지되어야 한다.

324

| 에필로그 |

미네르바의 부엉이: 금융위기의 해석을 위한 개념들

2007년 하반기부터 본격화하기 시작한 미국의 써브프라임 모기지 (sub-prime mortgage) 사태가 금융공황으로까지 발전하는 데는 그리 긴 시간이 필요하지 않았다. 불과 1년 남짓한 사이에 구제금융과 규제도입 같은 국가의 개입이 불가피하다는 현실에 직면하게 되면서 시장에 절대적인 신뢰를 보내던 목소리는 힘을 잃기 시작했다. 평소 죽음을 전혀 생각지 않던 이들이 주변 누군가가 큰병에 걸리거나 하면 진지하게 죽음을 생각하게 되는 것처럼, 심각한 경제위기의 등장과 더불어 자본주의에 비판적 태도를 견지했던 맑스에 대한 관심도 되살아났다. 물론 대부분 일회적이고 선정적인 관심에 그치는 것이기는 하지만.

지금까지 풀어온 이야기들은 당면한 경제위기를 구체적 수준에서 직접 설명한 것은 아니었다. 그러나 다소 추상적인 수준이지만, 최근의 위기를 분석하기 위한 기본적인 개념들을 배치해볼 수는 있다. 마치 미네르바의 부엉이가 황혼이 깃든 뒤에야 날아오르듯 이미 발생한 위기를 사후적으로 해석하는 것에 그칠지라도 이러한 작업이 무의미한 것은 결코 아닐 것이다. 해석의 차이는 대책의 차이를 낳고 그것은 결국 현실이 움직여가는 방향을 바꾸어놓을 것이기 때문이다.

1980년대 이후 세계경제를 주도해온 신자유주의 이데올로기는 '만물의 상품화'라는 자본주의적 경향을 철저하게 밀어붙여온 것이었다. 모든 것이 '교환가치'의 관계 속으로 끌려 들어오면서 유의미한 커뮤니케이션방식은 상품관계로 일원화하는 경향이 진행되었던 것이다(2·3장). 물론 써브프라임 위기는 부동산가격의 급격한 상승과 연계되어 모든 것을 금융상품화하여 엄청나게 커진 세계 금융시장 판에서 거래하게 만든 금융세계화의 진전으로 말미암은 것이었다. 비우량 주택담보대출 상품은 위험성이 높은 대신에 당연히 수익률이 좋았다. 즉 고위험과 고수익의 짝이었지만, 사람들은 위험을 위험으로 여기지 않았다. 누구나 상황이 지금처럼 유지될 것이라고 믿고 움직일 때 버블은 버블로 보이지 않았기 때문이다(10장).

맑스경제학적 관점에서 더욱 근본적인 문제는 자본구성을 상승시키는 기술진보와 그에 따른 이윤율의 변동이었다(7장). 물론 이윤율을 저하시키는 요인이 일방적으로 작용하는 것은 아니다. 이윤율저하를 막는 다른 요인들과의 상호관계 속에서 이윤율의 변동이 발생한다(9장). 단순화하면 1970년대의 장기불황 과정에서 드러난 이윤율저하경향을 이후 금융화 및 정보화의 과정을 통해 극복하려는 시도가 이루어졌던 셈이다. 이러한 과정은 그러나 기본적으로는 비생산적 산업(및 노동)의 팽창에 기초한 것이었고, 물론 그 대표적인 예가 금융산업이었다(6장). 1997년도 노벨경제학상이 파생상품의 가격결정 공식을 만들어낸 이들에게 수여된 것은 어쩌면 이러한 변화를 극적으로 상징하는 사건이었을 것이다.

그런데 비생산적 노동은 잉여가치를 생산할 수 없기 때문에 결국 생산적 노동의 착취를 강화함으로써만 전체적인 잉여가치율, 나아가 이윤율이 유지될 수 있다. 그렇지만 저임금이나 장시간 노동을 통한 착취의 강화는 구매력의 감소로 이어진다는 딜레마가 존재한다. 신자유주의적 세계화에서 이 딜레마를 해결하는 것은 말하자면 끊임없이 축적의 '외부'를 만들어냄으로써였다. 이를테면 로자 룩셈부르크(Rosa Luxemburg)가 얘기한 비자본주의적 지역의 자본주의화는 저개발국 노동자들의 초과착취라는 형태로 나타났을 뿐 아니라, 단순히 지역적 공간의 문제가 아니라 같은 선진국 안에서도 정규직 노동과 비정규직 노동의 차별 등을 통해 이루어졌다. 이러한 차별에는 때로는 실질적 내용보다 이데올로기적 요인이 더 크게 작용했다(4장). 노동자들조차도 시장이데올로기에 젖어버린 상태에서는 노동자 사이의 연대보다는 소비자로서의 정체성에 집중하고 말게 된다(8장). 물론 이 모든 것에도 불구하고 비생산적 부문 전체를 유지하기 위하여 생산적 노동의 착취에 의존하는 것에는 근본적인 한계가 있을 수밖에 없다.

마침내 대형 투자은행의 파산이라는 최악의 사태에 직면하면서 이른바 '국가의 귀환'이 시작되었다. 정부개입의 비효율성과 부작용을 주장하던 경제학 교과서의 가르침과 그것을 증폭시켜 전파하던 이데올로그나 정치가들의 목소리는 현실의 불가피함 속에서 힘을 잃게 된 것이다. 좋건 싫건 공익을 지켜줄 것은 현실적으로 국가뿐이라는 생각이 확산되어 있다. 그렇지만 국가는 그저 중립적인 실체만은 아니고 그 자체가 계급적 성격을 갖고 있다(11장). 현실에서는 케인즈가 생각한 것처럼 청렴하고 똑똑한 엘리뜨가 국가를 운영하더라도, 그 엘리뜨의 출신은 국가운영의 방향을 결정짓는 데 결코 무시될 수 없는 요인이다. 때로 '영혼없는 관료'들은 권력을 장악한 정치엘리뜨들의 영향으로부터도 자유로울 수 없다.

이제 다시 위기의 원인과 해결을 둘러싼 해석들 사이의 투쟁이 일어나고 있다(1장). 마치 과거 많은 맑스주의자들이 공황을 세계혁명의 전조로 생각하며 바라마지 않았던 것과 비슷한 논리로, 시장주의자들은 위기가 어느정도 극복되고 경제가 안정을 되찾게 되는 것을 시장메커니즘의 복원과 승리로 생각하며 대망(待望)한다. 한때 버블을 통해 이득을 맛보았던 이들은 그 추억을 잊지 못한다. 지금의 위기는 일시적인 불균형일 뿐 장기적으로는 균형을 회복할 것이라 주장한다. 물론 자본주의가 금융공황으로 말미암아 즉각 종말을 고하게 되리라 믿는 이는 거의 없다. 그러나 어쩌면 신자유주의조차도 모습을 바꾸어가며 생명을 유지할지도 모른다. 새로운 버블이 만들어지면 그 속에서 이득을 얻는 이들이 있게 마련이고, 그들은 그 이득을 시장논리의 자연스러운 결과로 정당화하고자 노력할 것이기 때문이다.

다시, 경제학은 세상을 바꿀 수 있는가

고등학생 시절, 친한 친구의 형인 동문선배와 함께 독서토론회를 조직한 적이 있다. 아니, 조직당했다고 표현해야 옳을 것이다. 나와 친구를 포함한 세명의 고교생에게 대학생 선배가 읽으라고 던져준 책은 군사정권시절 한동안 금서목록에 올라 있던 한완상(韓完相)의 『민중과 지식인』이었다. 지식인이 무슨 역할을 해야만 한다는 책임감이 사회를 무겁게

짓누르던 시절이었다. 독서토론은 선배가 학내 시위주동자로 잡혀가는 바람에 시작도 못한 채 끝나버렸다. 그렇지만 '즉자적 민중'이니 '대자적 민중'이니 하는 생소한 용어는 미적분보다 훨씬 이해하기 어려운 것이었다. 그저 막연하게 기억에 남은 논지는 지식인이 민중 속으로 들어가 역사의 주인으로 거듭나야 한다는 것이었다. 한때 이런 이해는 대학가의 신입생환영회나 요즘은 모꼬지라 불리는 모임에서 당연하게 통용되는 상식이기도 했다. 또는 시쳇말로 약간 '오버'해서 즉자적 민중을 대자적 민중으로 '의식화'하는 것이 지식인의 책임이라고 받아들였을지도 모르겠다. 책 내용에 대한 내 기억조차 정확한 것이 아니라, 당시 여기저기서 주워들은 '상식'만 남아 있는 건지도 모르겠다.

그런데 지식인의 자리에 비판적 정치경제학, 좀더 일반적으로 비판적 사회과학을 집어넣어도 무방하다면, 프롤로그에서 제기한 경제학이 세상을 바꿀 수 있는가라는 문제로 돌아오게 된다. 경제학이 세상을 바꾸는 역할을 하려면 사회의 구성원인 인간부터 바뀌어야 한다고 주장할 수도 있다. 그러나 맑스의 말처럼, 인간은 역사를 만들지만 자신의 의지대로만 만드는 것은 아니다. 따라서 먼저 인간이 바뀌게끔 제도의 변화를 설계하고 만들어내야 할 것이다. 인간의 본성은 수천, 수만년의 시간프레임을 갖고 형성·변화해간다고 주장하는 진화생물학은 그것을 입증하고자 노력한다. 만약 인간의 본성이 그런 것이라면, 생물학적으로 사전에 결정된 경로대로 움직이는 것 말고는 사회과학이 할 수 있는 일은 없어질지도 모른다.

그러나 사회는 다양한 사람이 다양한 그룹으로 모여 자신들의 이익을 관철하려고 노력하는 공간이다. 이러한 대립의 과정을 거치면서 사회는 변화·발전하고 그에 따라 사람들 사이의 사회적 관계가 변화해간다는 것이 맑스가 제기한 역사발전관이었다. 그러므로 인간의 본성을 단번에 바꾸거나 사회의 모든 모순을 일거에 해결하는 프로그램의 제시가 비판적 정치경제학이 지향하는 것은 아니다. 인간중심주의라는 비판의 소지가 있음에도 불구하고, 인간 노동만이 가치를 창출한다는 철학적 명제로부터 맑스경제학이 출발하는 것도 그 때문이다. 분명한 것은 사회의 변화방향은 항상 열려 있는 과정이라는 점이다. 바로 그 열린 과정을 자신에게 유리한 것으로 만들기 위해 때로는 협력하고 때로는 대립하는 사람들의 관계를 해석하려는 시도가 비판적 정치경제학이다. 많은 사람들이 자주 인용하는 『일반이론』의 저자 케인즈는 다음과 같이 말했다.

경제학자들과 정치철학자들의 아이디어는 그것이 옳고 그름에 상관없이, 사람들이 생각하는 것보다 더 강력한 영향력을 지닌다. 사실 이 세상은 바로 이들에 의해 움직인다고 할 수 있다. 어떤 지적 영향력으로부터도 자유롭다고 생각하는 실용주의적 사람들조차 사실은 어느 죽은 경제학자의 정신적 노예일 가능성이 높다. 허공에서 음성을 듣곤 하는 미치광이 권력자들은 사실은 몇년 전에 어느 학자들이 써놓은 낙서장으로부터 그들의 광기를 흡수하고 있는 것이다.

맑스경제학의 이론이 20세기 역사적 사회주의의 실패 속에서 때로는 미치광이 권력자가 광기를 흡수하는 원천이 된 것도 사실이다. 그렇다면, 지금 시점에서 비판적 정치경제학에 요구되는 태도는 오히려 그것에 대한 과도한 정치적 기대를 냉철하게 통제하는 데 있을지도 모른다. 정치경제학이 완벽하게 정리된 지침으로 생각되던 시대는 지났다. 이는 그 시대가 가져온 수많은 시행착오들과 함께 역사 속으로 사라진 것이다.

330

카라따니 코오진의 비유를 빌려보자. 나는 매일 한두번씩 거울에 비친 내 모습을 보면서도 어느날 찍힌 사진에 나타난 눈에 띄게 나이 들어 보이는 모습에 놀라곤 한다. 카메라와 달리 거울에 비치는 우리의 모습은 완벽하게 객관적인 것은 아니고 다소 주관이 반영될 수밖에 없다. 경제학은, 아니 모든 사회과학은 마치 우리가 거울을 통해 자신의 주관이 반영된 얼굴을 비춰보는 것과 비슷할 것이다. 각각의 사회과학 이론은 각자의 거울을 가지고 파악한 '이론 속의 현실'을 통해 현실을 재구성하려는 시도들이라고 할 수 있다. 당연히 이러한 시도들은 서로 충돌하며 투쟁하게 된다. 최근 프랑스와 영국의 대학원생들의 집단적 이의제기로 본격화한 '탈자폐증적 경제학'(post-autistic economics)운동은 주류경제학이라는 거울을 통해서만 바라보는 이론적 현실에 대한 조직적인 저항이라 할 수 있다. 인접한 사회과학으로부터 자폐증에 빠진 주류경제학이 제국주의적 학문이라 비판받는 것은 매우 시사적이다. 경제학 안에서 자신의 거울만을 강조하며 타자의 거울을 인정하지 않는 자폐증적 태도는 경제학 밖에서는 주류경제학적 관점을 일방적으로 적용하는 제국주의적 태도와 동전의 양면을 이루고 있기 때문이다.

"모든 이론은 회색이고 영원한 것은 오직 저 푸른 생명의 나무이다." 이 구절은 괴테(J. W. Goethe)의 『파우스트』에 실린 것으로 러시아의 혁명가 레닌이 즐겨 사용했다고 한다. 프롤로그에서 나는 프로메테우스의 경제학이라는 비유를 들었다. 프로메테우스의 경제학은 항상 푸른 생명의 나무이므로 현실 속에서 검증되어나가야 한다. 프로메테우스가 인간에게 불을 준 것이 모든 문제의 끝이 아니라 시작인 것처럼, 비판적 정치경제학은 모든 문제를 해결하는 것이 아니라 새로운 출발점인 것이다. 경제학은 그 자체로 세상을 바꿀 수는 없지만, 세상을 바꾸기 위한 해석의 출발점은 제공할 수 있다.

프롤로그에서 나는 비판적 정치경제학을 공부한다는 것이 갖는 고유한 딜레마를 이야기했다. 그것은 무엇보다도 아웃싸이더가 된다는 것을 의미한다. 아웃싸이더가 되는 것은 일종의 치명적인 유혹이다. 주류적인 담론체계가 지닌 온갖 권위를 가볍게 비판하면서 '쿨하게' 돌아서는 포즈를 취할 수 있다는 점에서 그것은 유혹이다. 인터넷 블로그에서 보는 수많은 '쿨한' 글쓰기들, 기존 권위에 대한 가차없는 공격과 비판 따위는 이러한 유혹의 결과인 셈이다. 마치 악당을 쓰러뜨린 뒤 화약연기가 묻어나는 권총을 허리춤에 꽂으면서 고독한 모습으로 돌아서는 서부영화의 주인공이 되는 느낌이라고나 할까? 그러나 주류에서 체계적으로 배제당할 뿐만 아니라 막대한 물량으로 재생산되는 주류담론체계와 승산없어 보이는 싸움을 끊임없이 해나가야 한다는 점에서, 그것은 또한 치명적이다.

경제학 이론이 사람들의 생각을 바꾸고 이는 우리가 살아가는 사회구조에 영향을 미치고, 다시 그 구조가 이론에 영향을 준다는 사실, 이러한 사실을 인정하는 것으로부터 비판적 정치경제학은 출발한다. 경제현상을 해석하는 이론들이 당장 필요한 실천프로그램을 제시해주지 못한다고 하더라도, 모든 해석은 변혁을 전제로 하는 것이고 모든 변혁은 해석을 필요로 하는 것이다. 노동가치와 착취개념에서 출발하여 기술진보와 이윤율저하법칙 등으로 이어지는 정치경제학의 원론적 분석은 새로운 사회에 대한 당장의 실천프로그램을 제시해주지는 못한다. 그러나 경제민주주의의 실현을 향한 정치경제학의 노력을 우리가 지금 여기에서부터 끊임없이 그 목표에 가까워지려는 것으로 이해한다면, 이러한 분석은 허탈한 것만은 아니며 새로운 희망을 향한 출발점일 것이다.

프롤로그

1 한때는 미국 대통령 닉슨(Richard Nixon)조차 '우리는 모두 케인즈주의자다'라고 했을
  정도로 존 메이너드 케인즈(John Maynard Keynes)의 경제이론이 지닌 현실적 위력은
  대단한 것이었다. 그러나 현재 케인즈의 경제학은 주류경제학의 변방으로 밀려나고 말
  았다. 그레고리 맨큐(Gregory N. Mankiw)는 세계시장을 석권하고 있는 자신의 경제원
  론 교과서에 '케인즈라는 이름의 개를 기르고 있다'라는 익살맞은 저자소개를 붙여놓
  았었다. 사실 맨큐는 이른바 뉴 케인지언(New Keynesian)으로 분류되는, 케인즈에 적
  대적일 이유가 없는 경제학자다. 그렇지만, 맑스가 헤겔(G. Hegel)이 '죽은 개' 취급을
  받는다고 개탄하던 것과 겹쳐, 내게는 그 말이 케인즈경제학이 주류경제이론 내에서 차
  지하는 현 위치에 대한 상징처럼 들렸다.

2 '국기에 대한 맹세'는 1972년 당시의 문교부에 의해 전국적으로 확대 실시되었다. 이는
  박정희정권이 10월유신 같은 파시즘적 통제를 강화하기 시작한 것과 무관하지 않다.
  『한겨레 21』 2006년 1월 3일자 참조.

3 『자본론』은 원래 세권인데 일어판은 분책하여 다섯권이었다.

4 소련 시절에 맑스를 모델로 한 장편소설 갈리나 I. 세레브랴꼬바(Galina Iosifovna Serebryakova)의 『프로메테우스』가 출간됐었다.

1장

1 S. Resnick and R. Wolff, *Knowledge and Class*, The University of Chicago Press 1987.
2 미셸 푸꼬 『말과 사물』, 이광래 옮김, 민음사 1997.

2장

1 발레리 줄레조(Valérie Gelézeau) 『아파트 공화국: 프랑스 지리학자가 본 한국의 아파트』, 길혜연 옮김, 후마니타스 2007.
2 東一眞 『中國の不思議な資本主義』, 中央公論新社 2007.
3 宇仁宏幸 外 『入門社會經濟學: 資本主義を理解する』, ナカニシヤ出版 2004.
4 한국에서는 임원택의 『제2자본론』(일조각 1978)을 참조.
5 이진경 『자본을 넘어선 자본』, 그린비 2004.
6 신영복 『강의: 나의 동양고전독법』, 돌베개 2004.

3장

1 김수행 『자본론연구 I』, 한길사 1988.

4장

1 문경보 『너는 나의 하늘이야』, 생각의나무 2004.
2 Martin Hart-Landsberg, "Living Wage Movement: Challenges for a Reform Strategy," 2007년 5월 경상대학교 사회과학연구원 국제쎄미나 발표논문.

5장

1 C. E. 퍼거슨·J. P. 굴드 『미시경제이론』, 김무홍 역, 한국방송통신대학 출판부 1990.
2 정운영 「현기증 나는 '유식'과 구제불능의 '무식'」, 『출판저널』 1999년 7월호.

3 Giulio Palermo, "Misconceptions of Power: From Alchian and Demsetz to Bowles and Gintis," *Capital and Class* 92, 2007.

4 토마스 프리드먼(Tomas Friedman) 『세계는 평평하다』, 김상철·이윤섭·최정임 옮김, 창해 2006.

5 앤드류 찰튼(Andrew Charlton)·조지프 스티글리츠 『모두에게 공정한 무역』, 송철복 옮김, 지식의숲 2007.

6장

1 폴 바란 『독점자본: 미국의 경제와 사회질서』, 최희선 옮김, 한울 1984.

2 A. Shaikh and E. A. Tonak, *Measuring the Wealth of Nations*, Cambridge University Press 1994.

3 장 보드리야르 『기호의 정치경제학 비판』, 이규현 옮김, 문학과지성사 1998.

4 Aglietta, M. and A. Brender, *Les metamorphoses de la societe salariale*, Calmann-Levy 1984.

7장

1 대표적인 예로 장하준·정승일 『쾌도난마 한국경제』(부키 2005)를 참조.

2 스테판 마글린(Stephen Marglin) 「자본주의적 생산에서의 위계의 기능 및 기능」, 허석렬·고훈석 편역, 『현대자본주의와 노동과정』, 이성과현실사 1986.

3 Oliver Williamson, *The Economic Institutions of Capitalism*, Free Press 1985.

4 Duncan Foley, *Adam's Fallacy: A Guide to Economic Theology*, Harvard University Press 2006.

5 오끼시오 노부오 외 『정치경제학원론』, 배손근 옮김, 과학과사상 1990.

8장

1 김수행 『자본론연구 I』, 한길사 1988.

2 카라따니 코오진 『트랜스크리틱』, 송태욱 옮김, 한길사 2005.

3 알랭 리뻬에츠 『기적과 환상: 레규라시옹학파의 세계경제론』, 김종한 외 옮김, 한울 1991.

4 미셸 아글리에따 『자본주의 조절이론』, 성낙선 외 옮김, 한길사 1991.

5 로버트 브레너 『혼돈의 기원』, 백승은·전용복 옮김, 이후 2001.

9장

1 Soohaeng Kim, "Theories of Economic Crisis: A Critical Appraisal of Some Japanese and European Reformulations," Ph. D. Thesis, University of London 1982.

2 Okishio, N., "Technical Changes and the Rate of Profit," *Kobe University Economic Review* 7, 1961.

3 D. K. Foley, *Understanding Capital*, Harvard University Press 1986.

4 Okishio, N., "Competition and Production Prices," *Cambridge Journal of Economics* 25, 2000.

5 정운영 『노동가치이론 연구』, 까치 1993.

10장

1 모리시마 미찌오 『사상으로서의 근대경제학』, 이승무 옮김, 비봉출판사 1995.

2 서울 구로구는 5일 "과거 구로공단의 회색 이미지와 낙후되고 영세한 가리봉동의 지역 이미지를 근본적으로 탈바꿈하기 위해 가리봉동의 법정동 명칭변경을 추진한다"고 밝혔다. 한국일보 2007년 9월 5일자.

3 류동민 「집의 경제학」, 『대우자동차사보』, 2002년 2월호.

4 안병직·이영훈 『대한민국, 역사의 기로에 서다』, 기파랑 2007.

5 안또니오 네그리·마이클 하트 『제국』, 윤수종 옮김, 이학사 2001.

6 토마스 프리드먼 『세계는 평평하다』, 김상철·이윤섭·최정임 옮김, 창해 2006.

7 행동경제학의 상세한 내용은 토모노 노리오(友野典男) 『행동경제학』(이명희 옮김, 지형 2007)을 참조.

11장

1 매일경제 사업부·한국경제연구원 편 『한국재벌 미래는 있는가』, 매일경제신문사 2000.

2 조지프 스티글리츠 『세계화와 그 불만』, 송철복 옮김, 세종연구원 2002.

3 Chang, H. J., *The Political Economy of Industrial Policy*, Macmillan Press 1994.

4 스미야 미끼오(隅谷三喜男) 『한국의 경제』, 한울편집부 옮김, 한울 1983.

5 Amsden, A. "An International Comparison of the Rate of Surplus Value in Manufacturing Industry", *Cambridge Journal of Economics* 5, 1981.

6 천주교인권위원회 엮음 『사법살인: 1975년 4월의 학살』, 학민사 2001.

7 이강국 『다보스, 포르투 알레그레 그리고 서울: 세계화의 두 경제학』, 후마니타스 2005.

8 김수행 『자본주의 경제의 위기와 공황』, 서울대출판부 2006.

12장

1 강남훈 「전형문제에 대한 재검토」, 한신경제과학연구소 엮음 『가치이론』, 까치 1986.

2 젊은 시절 발라에게 팬레터를 쓸 정도도 일반균형이론에 매료된 보르뜨끼비쯔는 맑스 재생산표식을 일반균형의 틀 속에서 해석하여 전형문제를 제기했다. 그가 같은 러시아 출신인 레온찌예프의 베를린대학 박사학위논문 지도교수였다는 점은 레온찌예프의 지적 계보를 짐작케 해준다. 그런데, 레온찌예프 자신은 죽기 1년 전 어느 학술지 기획인터뷰에서 맑스의 재생산표식이 자신의 투입산출분석에 관한 아이디어에는 영향을 미치지 않았다고 말했다. 그러나 그는 누군가가 무엇에 의해 영향을 받았다고 말하는 것은 매우 어려운 일이라고 덧붙였다(P. A. Samuelson and William A. Barnett eds., *Inside the Economicsts' Mind: Conversation with Eminent Economists*, Blackwell Publishing 2007).

3 Samuelson, P. A., "Understanding the Marxian Notion of Exploitation: A Summary of the So-Called Transformation Problem Between Marxian Values and Competitive Prices," *Journal of Economic Literature* 9-2, 1971.

4 이딸리아 공산당의 주요 이론가인 그람시가 무쏠리니정권에 의해 감옥에 갇혔을 때, 스

라파는 그를 위해 밀라노의 서점에 무제한도의 구좌를 열어주었다고 한다.

5 모리시마나 오끼시오 등 국제적으로 이름을 날린 일본의 1세대 현대경제학자들은 대부분 1920~30년대생이고 수리경제학에 능하며 2차대전의 패전 무렵에 청년기를 보낸 공통점도 가지고 있다. 미군 점령하의 일본은 극심한 인플레이션과 물자부족, 실업, 노동쟁의 등에 시달렸다. 모리시마를 비롯한 일본경제학자들이 균형의 안정성 문제에 관심을 갖고 많은 연구를 한 것도 이러한 시대 배경 때문이라는 학설사적 분석도 있을 정도이다. 오끼시오는 1995년 한국의 『이론』지와 가진 서면대담에서 자신은 이 시기의 경험으로부터 사회가 생산력과 생산관계의 모순이라든가 계급투쟁 등에 의해 움직인다는 맑스적 사고를 받아들이게 되었다고 술회한 바 있다.

6 그러나, 1980년대까지만 해도 여전히 『미국경제학회지』 등의 이른바 일급 저널에서도 드물긴 하지만 맑스가치론에 입각한 연구논문을 찾아볼 수 있었다. 물론 전형논쟁 이후에는 순수이론적 연구보다는 소득분배나 이윤율 추계 등과 관련된 경험적 연구가 중심이기는 했지만.

7 M. Blaug, *Economic Theory in Retrospect*, Cambridge University Press 1985.

8 예를 들어 알랭 리뻬에츠 『녹색 희망: 아직도 생태주의자가 되길 주저하는 좌파 친구들에게』(박지현·허남혁 옮김, 이후 2002)를 참조.

9 내가 박사과정에서 노동가치론을 공부하던 무렵, '신해석'은 한국에서 중요하게 검토되는 최신 논의 중의 하나였다. 어느날 지도교수가 내게 수업시간에 교육용 자료로 사용할 수 있도록 '신해석'을 간단한 연립방정식으로 나타내보라는 주문을 했는데, 그것이 결국 내 학위논문의 중요한 주제 중의 하나가 되었다. 그런데, 엄밀하게 말하자면, '신해석'의 주장을 연립방정식으로 표현해보는 것은 교육용으로는 의미가 있지만, 뒤에서 말할 '패러다임의 전환'이라는 관점에서는 그다지 중요한 의미를 갖지 않는다고 할 수 있다.

10 모리시마나 오끼시오 등이 주로 사용한 수학적 기법은 선형대수학이었다. 그것은 기본적으로 선형생산이론, 즉 투입과 산출 사이의 관계를 일차식으로 표현하는 이론을 전제로 하는 것이었다. 주류 미시경제학에서 이용하는 집합론적 일반균형 모델을 이용하여 맑스경제학을 수리적으로 분석하기 시작한 것은 1980년대 초반의 존 로머(John

Roemer)였다. 그는 이른바 '분석적 맑스주의'(Analytical Marxism)의 대표자로 알려져 있다. 그러나 로머에 와서 수학적 기법은 주류경제학에 더욱 가까워졌지만, '맑스적' 성격은 더욱 엷어졌다. 그의 많은 논문들이 주류경제학 저널에 실린 것은 이러한 사정을 반영하는 것일지도 모른다.

13장

1 한학수 『여러분! 이 뉴스를 어떻게 전해 드려야 할까요?: 황우석 사태 취재파일』, 사회평론 2006.

2 앨런 쏘칼·장 브리크몽(J. Bricmant) 『지적 사기: 포스트모던 사상가들은 과학을 어떻게 남용했는가』, 이희재 옮김, 민음사 2000.

3 돈 탭스코트·앤서니 윌리엄스(A. Williams) 『위키노믹스』, 윤미나 옮김, 21세기북스 2007.

4 홍성태 『현실 정보사회의 이해』(문화과학사 2002)를 참조.

5 장하준 『국가의 역할』(이종태·황해선 옮김, 부키 2005)의 제5장 「경제발전에서 지적재산권의 역할」을 참조.

6 강남훈 「광장으로서의 인터넷: 인터넷과 신자유주의 이데올로기」, 『사회경제평론』 21호, 2003.

7 핵전쟁에 대비하여 미국 전역의 컴퓨터를 연결하려는 프로젝트에서 인터넷이 비롯되었다는 사실은 잘 알려져 있다. 이 밖에도 예를 들어, 『랜드 경제학저널』(Rand Journal of Economics)이라는 경제학 학술지를 간행하는 랜드연구소(Rand corporation)는 미국 공군과 항공기 제작회사에 의해 설립되었다. 물론 재단이건 연구소건 간에 조직이 일단 세워지고 나면 나름대로의 운동논리를 가지고 움직이기 때문에, 모든 개별 연구가 남김없이 그 조직의 창립의도나 물주의 요구에 따라 움직이는 것은 아니다. 그렇지만, 20세기에 들어와서 이루어진 수많은 획기적인 연구들이 군사적 목적에 의해 추동되었다는 것만은 분명한 사실이다.

8 강남훈 외 『정보재 가치논쟁』, 한신대학교 출판부 2007.

9 이진경 『자본을 넘어선 자본』, 그린비 2006.

10 마셜 맥루한 『미디어의 이해』, 김성기 · 이한우 옮김, 민음사 2002.

14장

1 모리스 돕 외 『자본주의 이행논쟁』, 김대환 옮김, 동녘 1997.

2 미셸 알베르(M. Albert) 『자본주의 대 자본주의』, 김이랑 옮김, 소화 1993.

3 제임스 워맥(J. Womack) 외 『생산방식의 혁명』, 현영석 옮김, 기아경제연구소 1991.

4 강신준 외 『미국식 자본주의와 사회민주적 대안』, 당대 2001; 이병천 외 『자본주의 대
   자본주의』, 아연출판부 2003.

5 루이 알뛰쎄르 『자본론을 읽는다』, 김진엽 옮김, 두레 1991.

6 앤서니 기든스(A. Giddens) 『제3의 길』, 한상진 옮김, 생각의나무 2001.

7 회고록류에서 흔히 나타날 사후적인 자기합리화 경향을 감안하더라도, 클린턴 정부 초
   기에 경제자문을 맡은 조지프 스티글리츠는 *The Roaring Nineties: A New History of
   the World's Most Prosperous Decade*(Norton 2004)라는 책에서 이를 잘 설명하고 있다.

8 조지프 스티글리츠 『시장으로 가는 길』, 강신욱 옮김, 한울 2003.

9 정기준 『미시경제이론』, 경문사 1986.

10 정성진 『마르크스와 트로츠키』, 한울아카데미 2006.